Vouloir guérir

DU MÊME AUTEUR

Aux Éditions Payot

Vouloir guérir. L'aide au malade atteint d'un cancer
La Langue secrète du corps
Ici et maintenant. Vivons pleinement
Exercices pratiques de psychogénéalogie pour découvrir ses secrets de famille, être fidèle aux ancêtres, choisir sa propre vie
Le Plaisir de vivre
Psychogénéalogie. Guérir les blessures familiales et se retrouver soi
Sortir du deuil. Surmonter son chagrin et réapprendre à vivre (avec E. Bissone Jeufroy)
Ces enfants malades de leurs parents (avec G. Devroede)
Le Psychodrame

Chez d'autres éditeurs

Aïe, mes aïeux ! (Desclée de Brouwer)
Le Jeu de rôle (ESF)

Chez des éditeurs anglo-saxons

« Health and death. Hidden links throught the family tree », *in* P.-F. Kellermann, K. Hudgins (dir.), *Psychodrama with Trauma Survivors. Acting Out Your Pain* (Jessica Kingsley)
« The drama of the seriously ill patient. Fifteen years experience of psychodrama and cancer », *in* P. Holmes, M. Karp (dir.), *Psychodrama. Inspiration and Technique* (Routledge)

Site web de l'auteur :
www.anneschutzenberger.com

Anne Ancelin
Schützenberger

Vouloir guérir

L'aide au malade atteint d'un cancer

PETITE
BIBLIO
PAYOT

Retrouvez l'ensemble des parutions
des Éditions Payot & Rivages sur

payot-rivages.fr

Note de l'éditeur. La présente édition poche de *Vouloir guérir* reprend le texte de la 9e édition du livre. L'auteur a procédé à quelques corrections de détails et a, en outre, ajouté une préface inédite.

PRÉFACE À L'ÉDITION DE POCHE

(2016)

Cela fait quarante ans que l'on sait, grâce notamment à deux Américains, Carl et Stephanie Simonton, que le cancer possède des aspects psychologiques. On ne tombe pas malade par hasard. Et cela fait trente ans que la psycho-neuro-immunologie étudie scientifiquement la manière dont les émotions influencent négativement ou positivement la résistance à la maladie. Hélas, la majorité des médecins ont une vision purement biologique du cancer. La première chose à faire serait donc de les *former* en grand nombre à la psychologie et à la psychosomatique dès le début de leurs études et de répéter cette formation tout le long de celles-ci.

Deuxième point : il est important de ne pas oublier de *déculpabiliser* les gens vis-à-vis du cancer. On n'est pas coupable d'être malade. Le cancer n'est ni une faute ni un châtiment, même si certaines victimes du cancer auraient tendance à le ressentir comme cela. Se sentir coupable, c'est aggraver la situation. Enlever ce sentiment de culpabilité permet de mobiliser *tout de suite* ses forces de guérison. « Pourquoi moi ? » n'est pas forcément la bonne question, car on la pose généralement trop tard.

D'où mon troisième point. Moins de stress, cela veut dire, entre autres, une meilleure qualité de vie. Certes. Mais n'oublions pas que, quoi que l'on fasse, on n'empêchera pas la mort de frapper, à temps ou à contre-temps. La vie a des aléas, elle n'est pas toujours à l'eau de rose, et le mieux, et qui est à la portée de tout un chacun, c'est d'*être mieux armés psychologiquement*, d'apprendre à développer une résistance face aux difficultés inhérentes à la vie.

Cette capacité de résistance a un nom : *hardiness*, un concept élaboré par Suzanne Kobasa au début des années 1980[1] et qui concerne la faculté de prendre de la distance et de croire en quelque chose. Ne pas dire : « La vie est épouvantable », mais : « C'est intéressant de voir ce qui va arriver. »

Pour résumer : il faudrait mieux former les médecins généralistes ainsi que les spécialistes ; il faudrait trouver une méthode pour que les gens ne se sentent pas coupables chaque fois qu'ils tombent malades ; et il faudrait apprendre aux gens à ne pas subir leur vie, mais à la vivre.

Paris, le 3 octobre 2015

---

1. Voir Anne Ancelin Schützenberger, *Le Plaisir de vivre*, Paris, Payot, coll. « Petite Bibliothèque Payot », 2011, p. 105-106 ; et *Psychogénéalogie. Guérir les blessures familiales et se retrouver soi*, Paris, Payot, coll. « Petite Bibliothèque Payot », 2012, p. 175-177.

Ce qui ne s'exprime pas par des mots
s'imprime et s'exprime par des maux.

A. A. S.

À ma mère qui a recommencé une nouvelle vie à 70 ans. Elle s'est mise à peindre à 75 ans, sous le nom d'Olga Ancelin, elle exposait des œuvres pleines de vie, de charme, de couleur et d'espoirs. Il n'y a pas d'âge pour être jeune et vivre pleinement.

[illegible] idéme [illegible]
des cho [illegible]
icament [illegible]
il suiv [illegible]
mouvem [illegible] début [illegible] de voy [illegible]
à grappe [illegible] outragé [illegible]
commen [illegible]

À Madame le Professeur Anne Ancelin Schützenberger

Madame,

Je pense que vous allez vous rappeler cette conversation téléphonique du jeudi 24 novembre 1983.

Après avoir en partie lu le livre de Carl Simonton, Guérir envers et contre tout, *j'ai pu vous joindre à Nice pour vous demander un rendez-vous. Je devais venir passer les fêtes de Noël à Toulon et vous m'avez répondu que vous étiez absente à ce moment-là.*

Je vous ai alors exposé ma situation : atteinte d'une tumeur maligne du sein depuis fin septembre 1983, je venais de subir une radiothérapie de 32 séances. On parlait d'opérer, d'enlever mon sein, et j'avais besoin de conseils judicieux. Très gentiment, vous m'avez orientée vers une thérapie complémentaire à base d'entretiens analytiques, de yoga, de visualisation de la tumeur cinq fois par jour, de prise quotidienne de vitamine C, de trouver trois fois par jour des choses agréables à faire, la prise aussi d'un médicament, le V. A...

J'ai suivi dans son ensemble votre programme ; le 25 novembre, j'ai débuté des cours de yoga tibétain à prépondérance énergétique ; le 29 novembre, j'ai commencé des entretiens analytiques avec une psychanalyste de ma ville. Je suis ces disciplines une fois par semaine chacune. En raison de mon activité professionnelle, je n'ai pu visualiser ma tumeur que trois fois le soir dans mon lit, avant de m'endormir. Les trois choses, je les ai mises en pratique au début seulement, car ensuite j'ai été prise par des tâches supplémentaires, dues aux ennuis de santé de mon mari (hernie discale et mini-intervention).

Mon médecin a été surpris et satisfait de me voir employer une telle méthode. Je dois dire aussi que j'ai prié Dieu, Notre-Dame-de-Lourdes et Saint-Antoine-de-Padoue.

Le 19 décembre, j'ai refait un bilan radiologique, il s'est avéré positif : de huit centimètres, ma tumeur avait régressé jusqu'à deux centimètres. La radiothérapeute était très étonnée et m'a orientée vers une équipe de médecins d'A. (capitale régionale) pour une méthode conservatrice à base de fils d'irridium, parce que cela devenait maintenant miraculeusement possible.

Le 10 janvier 1984, deux jours après mon anniversaire (42 ans), le médecin concerné a trouvé des résultats encore plus positifs par examen clinique et nouvelle mammographie. Cette tumeur a complètement disparu, ainsi que le ganglion axillaire.

La seule surprise désagréable pour moi : en raison de l'état inflammatoire du début, le médecin préconise six mois de chimiothérapie quand même. Inutile de vous dire combien j'appréhende autant la douleur de ces perfusions que la chute prévue de mes beaux cheveux, dans 99,9 % des cas.

Je tiens à vous remercier vivement de l'immense aide que vous m'avez apportée. Que faut-il faire ? Que puis-je visualiser à présent ?

J'ai eu beaucoup de courage jusqu'à présent, mais la lutte devient dure et j'ai besoin d'être aidée effi-

cacement. Je souhaite dans la mesure du possible continuer mon activité professionnelle.

J'ose espérer une réponse de votre part.

Avec mes remerciements, veuillez agréer, Madame, l'expression de mes sentiments distingués.

A.M.B., le 15 janvier 1984
(assistante sociale)

Je lui ai répondu. Elle va bien. Elle a revu dans sa ville son médecin traitant qui ne lui a pas fait sa « chimio ». Ce n'était plus nécessaire. Et on ne l'a pas opérée. Elle n'a plus rien au sein. Je ne l'ai jamais vue. Nous nous sommes parlé trois fois au téléphone. C'est tout. Son cancer a disparu – et rien n'a reparu un an après. J'ai insisté pour qu'elle continue à voir régulièrement son médecin (au moins pendant cinq ans) et pour qu'elle continue tout le traitement adjuvant et se visualise guérie, allant bien, trois fois par jour, pendant dix ans. Peut-être le fera-t-elle toute seule, toute sa vie ? Il a peut-être suffi que quelqu'un y croie, à sa guérison… pour qu'elle guérisse. Et aussi, qu'elle passe du rôle de malade à celui de soignant, elle soigne son mari malade et ne peut plus se permettre d'être malade elle-même – un beau renversement des rôles, comme on dit en psychodrame – et/ou qu'elle prenne un rôle actif face à sa maladie et à sa vie.

Nice, 1984
Renseignement pris, à nouveau en 1995 et en 2004,
elle va très bien et vit pleinement.
Argentière, Nice-Paris, 1995-1996-2004

En guise de présentation

Depuis 1978, je m'occupe de malades cancéreux en utilisant une approche globale psychosomatique, somatopsychique *(Mind-Body)* – une approche centrée sur la personne entière, utilisant essentiellement la compréhension du contexte et du milieu familial avec les « injonctions » et ses répétitions invisibles, la gestion du stress, la relaxation, la visualisation et la « réalisation automatique des prédictions », la compréhension analytique – pour aider les malades à guérir, en plus des soins médicaux qu'ils reçoivent.

J'ai utilisé à la fois l'approche, devenue classique, de Stephanie et Carl Simonton[1] et ma propre formation de clinicien, ayant une très longue expérience du psychodrame, de la psychanalyse, de la « groupe-analyse », de la dynamique des groupes, de la communication non verbale, de l'interaction, et aussi du rêve éveillé et de la visualisation.

En 1977, j'ai écrit un premier article sur ce sujet.

En 1979, j'ai participé à un colloque international sur le stress avec Hans Selye et quatre prix Nobel (dont une partie centrée sur *Stress et cancer*).

---

1. Carl Simonton, Stephanie M. Simonton, *Guérir envers et contre tout*, 3e éd., Paris, Épi, 1985.

Entre 1979 et 1984, j'ai fait de nombreuses conférences sur les aspects psychologiques et psychosomatiques du cancer, le cancer et le stress, et la relaxation-visualisation-reprogrammation. Celle de l'hôpital Édouard-Herriot à Lyon a été reproduite, sous forme d'article, dans la revue lyonnaise de psychiatrie de l'hôpital Saint-Jean-de-Dieu, *Entrevues* (1982, nº 3). Celles qu'a organisées en 1982 l'École des parents et des éducateurs (EPE) de Bruxelles ont été diffusées en Belgique et au Canada.

Je les avais sous les yeux lorsque j'ai traité le sujet à Paris, pour l'association « Le Corps à Vivre », en 1983, et c'est essentiellement le texte reproduit ici, à peine recorrigé et gardant volontairement la forme parlée. La deuxième partie reprend, en extrait, les questions et réponses, échanges des différentes rencontres auxquelles j'ai participé : entre autres, à l'hôpital Curie, à « Psychologie et Cancer », à la Concertation nationale sur le cancer, en 1982, et dans plusieurs universités.

Tant de personnes les ont demandées ou les ont ronéotypées (avec ou sans mon accord ou celui des organismes intéressés…) qu'il m'a paru plus simple d'imprimer.

Merci à ceux et celles qui m'ont invitée, qui ont pris et tapé les notes de mes conférences, et à ceux qui sont intervenus dans les discussions. Merci à ces malades qui m'ont tant enseigné. Merci aussi à Laure, Cendrine, Josette, Christine, Michel, Kristina, Luc, Pierre… et Marguerite-Marie.

Je remercie Jacques Donnars et la libraire Anne Valentin d'avoir insisté et fait amicalement ce qu'il fallait pour que cela paraisse très vite.

Nice, 1984

P.S. Merci à Fraga Tomazi de m'avoir réinvitée à Épi/DDB et provoqué une nouvelle édition revue et complétée de cet ouvrage, dix ans après.

Depuis, mon expérience clinique s'est élargie, et mes connaissances. Depuis, Carl et Stephanie Simonton se sont séparés. Carl Simonton travaille maintenant surtout sur les croyances et le changement de croyances qui retardent ou empêchent la guérison et expérimente aussi successivement différentes méthodes et approches avec des succès divers.

J'ai été invitée à des colloques et réunions de travail de psycho-neuro-immunologie (sur le cancer et le sida) en 1990 et ai été passionnée par les enquêtes sur les améliorations et rémissions spontanées… et l'extraordinaire congrès : « Le processus de guérison par-delà la souffrance ou la mort », sur les vrais facteurs de guérison réunissant en 1993 à Montréal, sous la présidence du dalaï-lama et l'égide scientifique du professeur Ghislain Devroede, 1 300 spécialistes du monde entier, des cancérologues, des psychanalystes, des chercheurs, des médecins de Lourdes, des psychodramatistes, des groupes analystes…, spécialistes de l'immunité… ayant tous des « guérisons spontanées », « miraculeuses », inattendues… par divers moyens, et démontrant qu'une guérison est possible tant qu'il y a de la vie et de l'espoir… avec prise de conscience de la situation et que l'espoir fait vivre.

Je suis devenue une « jeune grand-mère » et travaille beaucoup sur les répétitions familiales, le syndrome d'anniversaire et les accidents et maladies qui lui sont liés – pour les délier.

Argentière, Nice-Paris, 1995

Et ce qui a changé depuis ces dernières années, c'est, d'une part, mon travail en collaboration avec des équipes chirurgicales qui ont confirmé la fréquence de « syndrome d'anniversaire », à la fois maladie se déclarant comme par fidélité inconsciente et invisible à un parent malade et décédé – reprenant ses symptômes au même âge (cf. *Aïe mes aïeux !*, 15e édition élargie, 2001) et le « choix » de la date d'opération en « date d'anniversaire » et amélioration, voire guérison, lorsque cela apparaît et peut-être émotionnellement retenu et retravaillé (« perlaboré »).

Argentière, Nice-Paris, 3 janvier 2002

Et ce qui est nouveau depuis, c'est l'extension du concept de résilience et que certains s'en sortent envers et contre tous les handicaps, et mettant au défi les diagnostics.

Tous les jours, nous filtrons et éliminons les microbes, virus, voire cellules cancéreuses... Ce n'est pas d'en avoir qui bloque la vie. Tant qu'il y a de la vie et envie de vivre.

Nous naissons en perdant le paradis perdu de la sécurité du giron maternel in utero, et notre vie est faite de petits deuils successifs et renouveaux, si nous renonçons au chant des sirènes (de la mort) et repartons avec Orphée, vers la vie.

Paris, lundi 29 mars 2004 (mes 85 ans)
Anne Ancelin Schützenberger

PREMIÈRE PARTIE

Comment lutter contre la maladie ?

[illegible]

[illegible] siestes [illegible] je m'en [illegible] n'y a guère [illegible]

L'approche globale de la personne telle que nous l'utilisons depuis une vingtaine d'années

Cela fait plaisir d'exposer ce qui me tient le plus à cœur, à l'heure actuelle, c'est-à-dire la lutte contre le cancer, ses difficultés, ses drames, et la manière de le surmonter, dans beaucoup plus de cas, si on y mettait tous un tout petit peu plus du nôtre, si on rendait la parole au malade, à son vécu, à ses sentiments, à sa personne. Et si on pouvait lui permettre de se prendre en main, de voir les raisons qui peuvent l'avoir conduit à voir son envie de vivre diminuée, son dynamisme amoindri, et d'avoir permis, donc, à des microbes, à un virus, à de petites cellules malignes qui traînent, de s'installer dans son organisme, au lieu de s'en débarrasser au fur et à mesure…

Et si on comprenait comment les forces psychiques peuvent permettre de juguler, souvent, ces cellules malignes…

Et si, de plus, on mettait plusieurs cordes à son arc en soignant aussi la personne et non seulement la maladie…

Plusieurs personnes m'ont souvent demandé pourquoi je m'intéressais au cancer, et depuis quand.

Il n'y a pas de raison que je ne répète ici ce que j'ai écrit, en 1981, dans ma préface au livre *Guérir envers et contre tout* : je m'intéresse au problème du cancer depuis 1974, depuis que ma cousine, qui était comme une sœur pour moi, est morte d'un très, très bon cancer, très, très bien soigné, par les plus grands noms de la cancérologie française, onze mois après une chirurgie du sein, suivie de chimiothérapie pendant un an. Cela m'a paru absolument inacceptable qu'une personne dynamique et si bien soignée parte ainsi et si vite !

C'était une femme épanouie. Nathalie était médecin, épouse de chirurgien, heureuse, mère de famille satisfaite, grand-mère heureuse, professionnelle heureuse. Elle était la joie de vivre même. Cela m'a paru inadmissible qu'une vie soit ainsi coupée, fauchée trop tôt, qu'on puisse mourir d'un « très bon cancer » lorsqu'on est très bien soigné, et qu'on a un bon moral, un caractère gai et optimiste, une vie comblée et un bon soutien familial, conjugal, professionnel, social et médical.

Je me suis demandé pourquoi ? Pourquoi le cancer ? Pourquoi elle ?

J'ai alors posé la question à plusieurs de mes amis : « N'existe-t-il vraiment rien au monde qui aurait pu empêcher cela ? »

L'un d'eux m'a envoyé un article, paru dans une toute petite revue américaine que personne ne connaissait... Cela m'est particulièrement agréable de citer son nom, puisqu'il s'agit de Pierre Weil[1]. Il m'a permis, en 1975, de lire un article de Stephanie et Carl Simonton sur les aspects psychologiques du cancer, dans lequel ils se demandent : pourquoi le cancer arrive-t-il ? Comment peut-on s'en débarrasser lorsqu'on *mobilise* dans ce but *toutes les forces,*

1. Pierre Weil, professeur de psychologie à l'université de Belo Horizonte (Brésil), et spécialiste de méditation. Il était venu aussi à cette conférence.

médicales et aussi psychiques et mentales ? Pourquoi certains meurent-ils et d'autres survivent, avec le même diagnostic et le même pronostic ? Qu'est-ce qui fait la différence ? Les Simonton ont interrogé avec soin ces malades guérissant très bien ou miraculeusement guéris. Ils ont mis ensemble ce que ces gens faisaient pour une approche de soins, de *soins complémentaires à l'approche médicale classique*.

Je travaille donc ce problème depuis plus de dix ans. J'ai commencé par écrire, en 1977, un petit article pour présenter l'approche des Simonton telle que je la comprenais, parce que leur livre n'était pas encore paru et que cette approche de bon sens et d'espoir m'enthousiasmait.

Un certain nombre de gens ont ensuite forcé ma porte de professeur[1] en me disant : « Essayez donc. Depuis trente ans vous êtes psychothérapeute, pourquoi n'essayez-vous pas ? » J'ai donc essayé, avec des résultats un peu similaires à ceux des Simonton. Depuis, j'ai pris contact avec eux, mais je ne suis pas une élève des Simonton. J'ai aussi suivi plusieurs de leurs malades aux États-Unis et en Europe, malades que j'ai aidés en psychodrame et visualisation, et qui m'ont longuement décrit, en détail, ce qu'ils avaient fait à l'époque (1975-1980).

Carl Simonton et Stephanie Matthews Simonton, leurs constatations

Carl Simonton est un médecin, radiothérapeute spécialisé en cancérologie. Pendant une dizaine d'années, il a exercé à Travis, au Texas, puis s'est

1. Je suis professeur de psychologie sociale clinique à l'université de Nice depuis 1968 (devenue professeur émétite). Je continue à donner des conférences à l'université.

installé à Forth Worth et, depuis 1981, à Dallas. Il était marié[1] à l'époque avec une psychologue, Stephanie Matthews Simonton, qui s'intéressait beaucoup aux performances et réussites exceptionnelles sportives et professionnelles et a utilisé son expérience au service de la santé. Ils ont utilisé leur *bon sens* et *l'observation naïve.*

Ce qui les a beaucoup frappés c'est que, avec le même pronostic et le même diagnostic, un certain nombre de gens mouraient vite d'un cancer et que d'autres voyaient leur état devenir stationnaire, puis s'améliorer, jusqu'à ce qu'ils arrivent à ce qu'on appelle des « rémissions spontanées[2] ». Ils se sont dit qu'en interrogeant les gens qui faisaient des « rémissions spontanées », on pourrait savoir et comprendre ce qui se passait et étendre aux autres malades ce qu'avaient fait spontanément ceux qui guérissaient envers et contre tout – il est intéressant de se reporter au tableau n° 2 qui montre l'amélioration et la survie de malades atteints de cancer terminal, avec ou sans cette approche.

Ces personnes, miraculeusement guéries, qu'ils interrogèrent, présentaient un certain nombre de caractéristiques : ils étaient tous des malades très

1. Carl Simonton est remarié et travaille au Centre de recherches sur le cancer de Dallas. Après quinze ans, il a un peu changé ; il s'intéresse surtout maintenant aux préjugés, prédictions, prévisions, croyances et expérimente diverses approches avec plus ou moins de succès. En 1995, le Simonton Center est à Pacific Pallissades (Californie). Stephanie Matthews Simonton a travaillé aussi à Dallas et a écrit en 1984 un livre d'aide pour les familles des malades, *La Famille, son malade et le cancer*, Paris, Épi, 1985.

2. Le corps médical n'ose pas toujours parler de guérison d'un cancer, à moins de dix ou vingt ans de recul – ni le public, ni la famille. Voir dans la bibliographie les recherches sur les rémissions spontanées et aussi les Actes du congrès de Montréal sur les vrais facteurs de guérison.

graves, au pronostic réservé, et pour lesquels la médecine classique ne pouvait plus grand-chose. Ils avaient pourtant guéri.

Il s'agissait en général de « battants », c'est-à-dire de gens qui avaient envie de se battre, de vivre, envie de comprendre leur vie, et leur maladie. D'autre part, à peu près tous avaient découvert les « agressions » dont ils avaient été victimes, drames et souffrances de leur vie, et stress qu'ils avaient subis, ils avaient découvert ce à quoi ils étaient attachés, et qu'ils avaient perdu ; ils avaient pris conscience des rapports qui pouvaient exister entre le déclenchement de leur maladie et les stress, deuils, ou pour reprendre l'expression de Lawrence LeShan, la « perte d'objet d'amour », qu'ils avaient subis. Malgré cela, ils voulaient vivre. Envers et contre tout, parfois envers et contre tous.

Parfois, il s'agissait de gens qui avaient mal vécu des « accidents heureux » de l'existence. On peut mourir de joie, comme on meurt de chagrin. Pour certains, vivre c'est se battre, et la réussite les prive du sens de leur vie : la « bataille contre ». Il est important de le percevoir, et de le faire reconnaître.

Parmi ces guéris malgré le mauvais pronostic, il y avait ceux qui pratiquaient le sport, l'exercice physique.

Il y avait aussi ceux qui avaient réussi à créer autour d'eux un réseau de sympathie et qui s'appuyaient sur ce réseau pour être aidés, aller mieux.

Il faut parler aussi de ceux qui voulaient guérir, vivre ou survivre, pour achever quelque chose d'important et disaient, par exemple : « Je ne peux pas mourir, je ne peux pas m'en aller avant que ma fille ne se marie ! » ou « avant que mon fils ait un métier », ou encore « Je construis une maison (une fabrique) : j'en ai encore pour cinq ou six ans, je suis indispensable, il faut que je sois là ! »

Ces malades qui avaient eu une guérison inespérée, c'étaient souvent des gens qui avaient à réaliser des choses qu'ils avaient programmées, ou qui se voyaient, se visualisaient, allant bien et qui disaient : « Non, le cancer, ça va, ça vient, les médecins m'ont condamné, mais je vais m'en sortir ! »... et ils s'en sortaient.

Petit à petit, les Simonton ont dégagé une nouvelle manière d'aborder la maladie en considérant d'abord la psychologie du malade, les aspects psychosomatiques et somato-psychiques *(Mind-Body)*, approche fondée sur plusieurs points que nous allons aborder.

L'aspect psychologique de la maladie ou, plutôt, la psychologie du malade

Il est important d'être heureux et d'avoir des raisons de vivre, et d'espérer. Rappelons que déjà, au temps des Grecs, Gallien disait : « Les femmes gaies n'ont pas de cancer », et « une femme gaie guérit beaucoup plus qu'une femme triste ».

Au cours de récentes recherches, on a découvert que les veuves étaient plus souvent atteintes de cancer et mouraient plus que les femmes mariées. Le psychologue Lawrence LeShan (1982) a interviewé cinq cents personnes cancéreuses et, dans la plupart des cas, il a découvert une « perte d'objet d'amour » entre six mois et trois ans avant l'apparition du cancer.

Cette « perte d'objet d'amour » peut être la mort d'un conjoint ou d'un parent, surtout si on ne lui a pas dit au revoir, la mort d'un enfant, une non-promotion, un enfant qui se drogue, une maison qu'on perd, une mise en retraite prématurée, quelqu'un qui vous vole une idée, se l'approprie et se la fait breveter, alors que vous êtes en train de terminer une œuvre, un brevet, pour le perdre.

Cette « perte d'objet d'amour » réactive souvent une séparation ou une perte importante vécue dans l'enfance (parent ou grand-parent perdu par mort, divorce ou déménagement), un deuil non fait, non métabolisé, une perte sans droit d'en parler, sans la possibilité de dire au revoir.

Et cette perte, à l'âge adulte, réactivant une perte très ancienne – nous en reparlerons –, avait fait que la vie perdait tout sens, pour maintenant et pour l'avenir : il n'y avait plus d'espoir.

C'est dramatique d'être « coincé », sans espoir d'en sortir, sans raison de vivre, et en se sentant impuissant dans la situation.

C'est si difficile, si « stressant* » que cela a souvent des contrecoups physiques, avec parfois un effondrement des défenses immunitaires de la personne. Cela a été mis en évidence par Hans Selye, puis étudié par Henri Laborit.

Perte d'objet d'amour. Raison de vivre

On commence par rechercher si le malade a subi une agression, s'il a eu un accident, un changement de vie, un stress, un manque, un deuil, une « perte d'objet d'amour », deux mois à deux ans avant qu'on ne découvre son cancer. L'expérience des Simonton recoupe la mienne – les Simonton ont vu des milliers de malades, moi je n'en ai vu que des centaines – mais mon expérience en France, donc plus proche de vous, et un peu en Europe et en

---

* Tous les mots et expressions suivis d'un astérisque renvoient aux annexes en fin d'ouvrage.

Amérique, m'a permis de constater que les malades parlent très vite de leurs deuils, de la « perte d'objet d'amour » qu'ils ont subie.

Je suis aussi à mes heures perdues, psychanalyste, psychodramatiste, groupe-analyste, et je sais qu'au cours d'une psychanalyse, les gens ne comprennent le *fil directeur de leur vie* qu'après, parfois, deux, trois ou quatre ans.

Lors d'entretiens avec des malades cancéreux, en une heure ou deux, en général, ils parlent de stress, de deuil, de ressentiment. On « voit » la « perte d'objet d'amour », et on les entend s'écrier : « Ah ! ah !... C'est ce qui m'est arrivé, c'est à cause de ça que je suis tombé malade ! » On peut alors leur dire : « Puisque vous pensez que c'est à cause de ça que vous êtes tombé malade, est-ce que vous voulez mourir pour ça ? » Parfois ils répondent : « Oui », parfois : « Je ne sais pas »... et parfois : « Non ! non, finalement, je ne veux pas mourir pour ça ! » Confrontés à la mort, ils ont un sursaut de vie, un sursaut de désir de vivre. Une volonté de vivre et de survivre apparaît. Je leur explique que si ça a pu *permettre au cancer de s'installer* dans leur corps, *le changement* du ça, de cette cause, ou de leur manière d'y réagir, peut leur permettre *aussi de les en débarrasser.*

Recherche d'une « cause ».
Essayer de répondre au « pourquoi ? »

L'aspect psychosomatique et somato-psychique devient compréhensible et éventuellement réversible.

On cherche avec ces malades comment ils fonctionnent, dans quel contexte, et comment ils vivent :

leurs projets, leurs espoirs, leurs buts, ce à quoi ils se heurtent... leurs angoisses... On les aide à voir leur « scénario de vie », leur « script de vie », à se « recadrer », à se « reprogrammer », à changer.

Ils vont souvent déjà mieux après ce premier entretien, que j'appelle « l'entretien de débroussaillage ».

Je voudrais vous signaler au passage que pendant très longtemps, et jusqu'en 1983, je ne voyais que des « cancers terminaux ». Je ne parle donc que de personnes atteintes de cancer terminal, à qui leur médecin traitant ne donnait que quelques jours ou semaines de vie, et dont plusieurs, cinq ou dix ans après, sont en bonne santé et mènent une vie agréable.

Quand je parle de cancer terminal, je parle d'un diagnostic et d'un pronostic faits par les plus grandes sommités de la cancérologie classique française ou mondiale. (Notons que, vers 1980, les Simonton ne voyaient que des cancers terminaux ou des gens opérés depuis moins de six mois.)

Donc, quand les gens vont mieux ou vont bien, c'est très encourageant. Or, « qui peut le plus, peut le moins » : on peut aussi soigner un cancer qui n'est pas terminal, et ça marche ! Quand on a plusieurs flèches à son arc, on a plus de chances de toucher la cible de la guérison.

En premier lieu, il faut voir l'aspect psychologique des choses (deuil, stress, découragement, perte d'envie de vivre et de lutter...) et changer cet aspect psychologique.

S'occuper de ce que pense et ressent le malade permet aussi de répondre à une autre question que toute personne se pose quand elle a un cancer : « Pourquoi ? » – « Pourquoi le cancer ? », « Pourquoi moi ? », « Pourquoi maintenant ? » C'est une question angoissante à laquelle il n'y a pas de réponse. L'approche psychosomatique et psychologique du cancer, l'approche de la personne totale permet de répondre à cette question : « Pourquoi le cancer ? » – « Parce qu'il m'est arrivé *ceci*, qui a diminué mes résistances. » Et répondre au pourquoi, c'est *mettre en sens* l'événement, déjà commencer à respirer, à sortir de l'impasse, à voir une porte qui s'entrouvre...

Angoisse vécue autour du malade

Les malades cancéreux ont souvent une angoisse de mort paralysante, effrayante, sidérante, médusante, et cette angoisse tue plus que le cancer lui-même.

J'ai eu l'occasion de parler devant des groupes de médecins classiques et sceptiques en hôpital classique, qui me disaient : « On ne peut pas affirmer que l'on peut trouver la cause du cancer dans les deux ans avant que la maladie ne se déclare, car le cancer a débuté bien avant. » Je n'ai rien à répondre à cela, sauf qu'il peut y avoir une « petite crise à six mois ou deux ans avant l'apparition ou l'émergence du cancer, et qui active ou réactive autre chose, ce qui est une *surdétermination*. Peu importe si la cause trouvée par le « client » est vraie ou non ! Ce qui est important, c'est de trouver une raison et une explication. Les êtres sont démunis devant les coups du sort inattendus et inexplicables. Ils sont très angoissés, enfermés dans le château de Kafka, où tout est incompréhensible et où les choses les plus folles et les plus dramatiques vous arrivent.

Quand on trouve un fil directeur, à tort ou à raison, une explication, un sens à ce qui nous arrive, une grille d'analyse, cela permet de se reprendre en main : on sort du chaos. Les choses prennent sens. Je ne discuterai donc pas avec les médecins classiques si – oui ou non ? – toujours ? – un cancer a une cause dix ans avant qu'il n'apparaisse, je pense que les cancérologues appartenant aux écoles de médecines douces ou de médecine holistique trouvent des causes, les psychologues et psychanalystes aussi. Il y a des cancers lents, qui se développent à bas bruit ; il semble y avoir des cancers qui se déclenchent en six mois ou deux ans, qui « flambent » et qui « tuent » vite. Ce n'est pas exceptionnel. Cela peut être vrai. Je ne veux pas entrer dans cette discussion ici.

Ce qui est important, c'est de trouver une cause ; on permet alors au malade de se ressaisir, de se reprendre en main, de sortir de l'angoisse, de l'incompréhensible, du chaos. *La maladie prend sens.* Elle devient alors aussi une maladie psychosomatique et somato-psychique. Or nous savons qu'on peut reprendre en main, reconvertir une maladie psychosomatique, même avec des symptômes graves. En tous les cas – hypothèse ou réalité – cela marche !

Il ne faut pas penser qu'il est simple de guérir et que lorsque les gens ont compris pourquoi (pour qui) ils sont tombés gravement malades, tout va aller de soi. « On m'avait éduqué à mort… j'en mourais », disait Fritz Zorn (ce malade, très conscient du vide qu'a été sa vie entière, est mort avant la sortie de son livre).

On ne peut pas dire : « Petites métastases, voulez-vous vous en aller ! » et les voir s'en aller illico ! Mais je peux vous assurer que beaucoup de praticiens ont vu, et moi aussi, j'ai vu des métastases disparaître ! J'ai vu des malades arriver, qui avaient été ouverts sur la table d'opération, chez lesquels on avait trouvé des métastases partout, qu'on a refermés sans opérer et renvoyés mourir chez eux… et qui s'en sortaient.

Je pense à une femme qui avait des métastases dans l'intestin, l'estomac, le côlon, l'utérus, le vagin : elle a été ouverte, recousue en vitesse, et ramenée chez elle pour mourir. Elle a désespérément cherché une issue et de l'aide. Une malade lui a parlé de moi. Elle a quasi forcé ma porte, dans une ville, à l'étranger. Nous avons travaillé. Elle a trouvé les causes qui lui paraissaient plausibles ou probables de son cancer. Cette jeune femme de trente-cinq ans était mariée, mère de deux enfants. Elle était institutrice. À chaque rentrée scolaire, elle tombait malade – elle l'a attribué à des conflits avec ses collègues et son directeur d'école. Cette année-là, elle avait eu des conflits aigus. Puis le cancer. Pour elle, c'était ça l'explication. Je l'ai reçue trois fois. Nous avons travaillé ses problèmes, fait de la relaxation et de la visualisation. Elle voulait aller en vacances avec sa fille à la montagne, l'hiver suivant, vivre jusque-là. Nous avons programmé qu'elle le ferait. Deux mois après, elle n'avait plus de métastases. Plus une seule métastase : son médecin en était stupéfait, et moi aussi. Elle est partie au ski, avec sa fille, comme elle le voulait.

Statistiques et « prédictions »

Ne croyez pas que je vais ne vous raconter que des histoires gaies ! Je vais vous raconter des histoires tristes aussi.

C'était une de mes premières malades et j'ai commis là une de mes premières erreurs : il s'agissait du pouvoir médical, du pouvoir des statistiques et du pouvoir des mots.

Lorsque j'ai revu cette femme qui avait un cancer terminal, trois mois après, allant bien, je lui ai dit : « C'est extraordinaire, j'espère que vous êtes contente ! » Elle m'a répondu : « Je suis très contente ! » J'ai répliqué : « Avez-vous dit à votre médecin que nous avons travaillé ensemble ? » Elle m'a répondu : « Je n'ai pas osé ! » Cela se passait à l'étranger. J'ai pensé, à tort, que son médecin devait être mis au courant, à la fois pour qu'il continue à la suivre, elle (on doit toujours être vigilant avec le cancer, même le cancer stabilisé ou soi-disant guéri, ou apparemment guéri) et pour qu'il puisse donner cette même chance à d'autres malades, en utilisant une série de traitements adjuvants, dont cette approche. Elle m'a emmenée au centre anticancéreux de la ville où elle demeurait. J'ai demandé en sa présence à son médecin : « Monsieur, Mme T. dit que ses métastases ont disparu ; est-ce vrai ? » Il m'a répondu : « Oui, je vous montre le dossier. » Je lui ai proposé : « Ne voulez-vous pas, monsieur, que nous fassions un article commun pour publier cela ? » Il m'a répondu : « Madame, ce que je peux dire, c'est que c'est un miracle incompréhensible de la médecine ! Des cas comme celui-ci, je n'en ai jamais vu des guéris, donc je pense qu'elle va rechuter ! » Elle était là ; elle a entendu ; elle a rechuté huit jours après… et elle est morte.

Je ne veux pas dire que tous les médecins sont ainsi. De nombreux médecins sont admirables de compétence et dévouement, de bon cœur et bon sens, et sont aussi humains, larges d'esprit, ouverts aux thérapies adjuvantes, parce qu'ils se battent sur tous les fronts, sans en exclure un seul, et gardent toujours l'espoir. Mais un certain nombre d'entre eux qui se battent tous les jours contre le cancer, et qui voient tous les jours beaucoup de malades mourir, ont, malheureusement peut-être, une foi énorme dans les statistiques. Ils donnent davantage raison aux statistiques qu'aux « cas » qu'ils ont devant eux. Alors, donc : « Miracle incompréhensible de la médecine », les statistiques disaient que cette femme devait mourir, donc elle allait mourir. On l'a prédit. Il était certain de sa mort, bien qu'elle n'eût plus rien… et elle est morte.

C'est ce que nous appelons la *réalisation automatique des prédictions** : s'il ne lui avait pas « prédit la mort », peut-être que sa rémission aurait duré. Les travaux du sociologue Robert Merton sur la *prédiction destructrice*[1], reprenant ceux du XIXe siècle de John Venn sur la *prophétie suicide*, sont peu ou pas connus des médecins, qui ignorent souvent l'effet de ce qu'ils pensent, ou laissent deviner, sur l'évolution de leurs malades.

Par rapport aux statistiques, les Simonton comme moi-même avons une autre attitude : je rappelle que je ne voyais, comme eux, que des cancers terminaux. Je parle au passé parce que, depuis peu, j'ai accepté de voir aussi des cancers non terminaux. Je dis à la personne qui vient me voir : « Vous savez que vous avez un mauvais cancer, on vous a dit peut-être que vous n'en aviez pas pour longtemps. Mais moi, je crois aux statistiques sans y croire. On peut guérir d'un mauvais cancer… » Si on dit que c'est un cancer où il y a 50 % de chances de guérir, c'est un bon cancer. On ne sait jamais si le client que l'on a devant soi est dans les 50 % qui vont guérir ou dans les 50 % qui ne vont pas guérir, et je dis aussi : « Pour un cancer où vous avez une chance sur cent de vous en sortir, nous allons jouer cette chance, nous allons nous battre

1. Robert Merton, « La prédiction destructrice », in *Éléments de théorie et de méthode sociologique*, Paris, Plon, 1955, p. 162.

pour cette chance ! J'ai connu des gens qui étaient comme vous, et même pire, et qui vont bien maintenant. On y va ? »... Et on y va. Et, souvent, on gagne.

Mais ce que je dis, je le pense vraiment, toujours. J'ai vraiment vu des cancers dits terminaux régresser, et même disparaître, et les malades aller bien à nouveau.

Si on en guérit souvent envers et contre tout lorsque l'on veut vraiment guérir, si la guérison est en soi[1], *la guérison est aussi dans le* regard de l'autre sur soi.

Un « bon » ou un « mauvais » cancer, de « bonnes » ou de « mauvaises » statistiques : cela m'est complètement égal ! Ce qui est important, c'est le désir de se battre, c'est la personne qui vous parle, comment elle réagit.

Et, quand on se bat, on voit des miracles. On voit et on a vu des métastases régresser et disparaître. Cela ne veut pas dire qu'elles ne vont pas parfois revenir ! S'il y a une rechute, et que des métastases reviennent, on recommence à se battre et elles redisparaissent.

Je ne veux pas dire que tous les malades cancéreux guérissent à 100 %, mais qu'on peut se battre et gagner sur le malheur.

Le syndrome d'anniversaire

Depuis plus de vingt ans, j'ai remarqué chez de très nombreux malades que la maladie, l'accident, le cancer apparaît au même âge que chez un père,

1. Dennis Jaffe, *La guérison est en soi*, Paris, J'ai lu, 1993.

une mère, une sœur, une marraine aimés, comme par une fidélité inconsciente, une *loyauté invisible*, qui ne peut être déliée que difficilement,

– après prise de conscience,
– par un travail thérapeutique*.

Points clés de cette approche

Bien se soigner

Proposer au malade le meilleur de ce que la médecine peut offrir, et la meilleure aide psychologique que l'on puisse trouver.

Trouver un bon médecin

– Être suivi par une équipe thérapeutique.
– Faire une psychothérapie ou avoir un soutien thérapeutique.

Retrouver les causes extérieures de la diminution des forces de résistance à la maladie

Le premier point de cette approche, c'est donc de *trouver la cause* psychologique – professionnelle, familiale ou sociale – de la *diminution de la résistance à la maladie* et du cancer, et de voir, dans une *thérapie brève* – psychothérapie –, si on ne peut pas *renverser les rapports de la personne à son « objet d'amour » perdu*. Faire refleurir *l'envie de vivre*.

Aider le malade à lutter contre l'angoisse et à se relaxer

Le deuxième point, c'est de permettre au malade de *lutter contre l'angoisse*, en trouvant une raison plausible à sa maladie et en lui permettant de *se relaxer*. On fait des exercices de relaxation simples, souvent issus de la méthode Jacobson* (1974) – mais toutes les méthodes sont bonnes. Il vaut mieux, bien sûr, apprendre la relaxation avec l'aide d'un spécialiste, mais on peut aussi l'apprendre dans un livre spécialisé, ou dans le chapitre technique des livres sur l'aide au malade atteint de cancer. On fait de la relaxation pendant sept à dix minutes, trois à cinq fois par jour, ce que j'appelle le « rythme des tétées de bébés » ; ce qui est en même temps le rythme des prières dans les couvents, et également le rythme ou le muezzin appelle les musulmans à la prière.

La sagesse séculaire nous a montré qu'il fallait s'arrêter de temps en temps dans ce que l'on fait, pour reprendre souffle.

On apprend donc aux gens à lutter contre l'angoisse en faisant eux-mêmes de la relaxation, grâce à des méthodes simples de relaxation, de détente et de visualisation de choses positives.

Nous touchons là à quatre points importants. Voici les trois premiers :

Être suivi par une bonne *équipe médicale*.

Retrouver courage et paix intérieure, en la puisant auprès de quelqu'un qui pense et qui exprime que les choses (la maladie) ont un sens et qu'on « peut s'en sortir », si on les prend avec calme et méthode, même quand elles sont difficiles et incertaines.

Prendre, reprendre en main son destin, sa vie, sa guérison, après avoir repris souffle.

Visualisation dirigée, active et positive

Le quatrième point de cette approche – un aspect essentiel – c'est la *visualisation* positive* : on essaie de renforcer les défenses immunologiques du corps. Pour cela, on utilise deux moyens différents et complémentaires :

– d'une part, le malade poursuivra le traitement de son médecin, qui aura soin de recourir aussi à tous les moyens médicaux possibles pour renforcer l'immunité ;

– d'autre part, le malade va s'aider en visualisant la lutte de ses systèmes immunitaires contre la maladie : il va visualiser les globules blancs – ce qui est un symbole, bien sûr – circulant partout dans le sang, luttant contre les cellules cancéreuses et les détruisant.

Comme l'écrit Roland Glasser à propos des globules blancs :

> C'est une symbolisation parlante, imagée et souvent utile, bien que simplifiante au point de vue médical : les *anticorps*, le *complément*, la *properdine*, les *granulocytes*, les *macrophages*, nous protègent des bactéries et des champignons. Mais nos autres ennemis, les virus et les parasites, parce qu'ils sont les microbes intracellulaires qui nous infectent en pénétrant dans nos cellules saines, doivent être traités différemment. Les lymphocytes messagers, réagissant à ces infections, vont […] à la zone des cellules T du ganglion […] et en la

touchant […] elle […] va devenir un lymphocyte tueur […] qui quitte le ganglion, qui se jette dans le courant sanguin et part […] attaquer […] la cellule en question[1].

On peut préciser encore un peu plus :

Les cellules tueuses interviennent dans l'attaque des divers virus, dans le contrôle des cellules rendues anormales par le cancer, des parasites intracellulaires et dans le rejet des greffes. Un Suédois, Lennart Nilsson (Institut Karolinska, Stockholm), a réussi à photographier cette lutte victorieuse des cellules lymphocytes tueuses, qui se faufileraient « entre les cellules cancéreuses pour les attaquer de toutes parts, percer leur membrane et les détruire, laissant une coque vide inoffensive[2] ».

Il s'agit donc plutôt de lymphocytes, sortes d'« agents de sécurité » du système immunitaire, et de cellules macrophages qui jouent un rôle de surveillance, de nettoyage (« comme des super-femmes de ménage, des super-vidangeurs et des super-éboueurs »).

Aider le corps dans sa lutte en la visualisant

Je voudrais faire mienne la phrase de Schwartzenberg dans *Changer la mort*, où il nous dit que nous attrapons tous des cellules malignes tous les jours ;

1. Roland Glasser, *C'est le corps qui triomphe*, Paris, Robert Laffont, 1977, p. 110. Voir aussi les recherches récentes sur la vie et la mort des cellules : Jean-Claude Ameisen, *La Sculpture de vivant, le suicide cellulaire ou la mort créatrice* (1999), Paris, Points, 2014.

2. Voir *Fondamental*, n° 21, janvier 1984. On y retrouve les admirables photographies de cette lutte victorieuse contre les cellules malignes, faites par Nilsson, accompagnées de commentaires.

nous en avons tous. Et tous les jours, nous nous en débarrassons, sauf dans quelques cas, si nous avons une « overdose de stress », de fatigue, de déceptions, d'agressivité subie. S'il y a un trop-plein d'agressions de l'existence, contre lesquelles nous ne pouvons plus lutter, alors nous avons du mal à nous en débarrasser naturellement. Il faut donc aider le corps dans sa lutte.

Le cancer ne se déclare pas chaque fois qu'il y a des cellules malignes. L'homme en bonne santé s'en débarrasse chaque jour. Il y a des régressions spontanées du cancer et des quasi-miracles. Même quand il y a des cellules malignes, même quand le cancer commence à apparaître. On a même trouvé chez des yogis morts depuis des siècles des cancers enkystés et donc de personnes ayant vécu avec le cancer et s'en étant protégées. Linus Pauling[1] indique qu'on retrouve trente à quarante fois plus de cancers du pancréas et de la thyroïde dans les autopsies (de mort naturelle ou pour des causes autres que le cancer) que parmi les malades cancéreux. Ce qui prouve donc qu'il existe des cancers larvés avec lesquels certains vivent très bien et très longtemps.

Nous pouvons donc imaginer les globules blancs qui nettoient le corps de tout, qui font une surveillance générale. Cela peut être imaginé de deux façons : symboliquement, mais aussi de façon réaliste et médicalement précise. On demande aussi au malade de s'imaginer quelque chose, comme s'il était un enfant, pour se débarrasser de son cancer. Les gens ont les images les plus amusantes, les plus « vivides », les plus bizarres. Certains imaginent, par exemple, des armées de chevaliers du Moyen

---

1. Ewan Cameron, Linus Pauling, *La Vitamine C contre le cancer. La nature et les causes du cancer et le rôle de la vitamine C dans sa prévention ou son traitement*, Montréal, L'Étincelle, 1982, p. 144.

Âge qui partent, avec une lance et un bouclier, à l'assaut des cellules cancéreuses. Une malade imaginait son mari rentrant à l'intérieur de son corps avec une grosse éponge, épongeant les cellules cancéreuses et vidant l'éponge à l'extérieur. Une autre malade imaginait des tortues rentrant partout, suçant, mordant et enlevant les cellules cancéreuses, puis s'en débarrassant en les rejetant à l'extérieur. Une autre les balayait dehors puis passait un aspirateur géant.

Dans la lutte contre la maladie, on se sert de tout – et de ce qui vient à l'esprit – en visualisant.

On prend des images réalistes – médicalement exactes – et aussi des images tout à fait imaginaires – comme un enfant ou un poète pourrait en avoir, comme ce qui vient spontanément à l'esprit du malade, par simple association de pensée. On propose donc au malade de bien se détendre, de commencer par faire un peu de relaxation et, *en état de relaxation*, de *visualiser les globules blancs luttant contre le cancer et détruisant les cellules malignes*. C'est une très bonne image pour le grand public que l'image des globules blancs – chacun sait que les globules rouges nourrissent le corps et que les globules blancs le nettoient et luttent « contre les microbes ». Mais c'est peut-être une image un peu simpliste pour les médecins, les infirmières, les kinésithérapeutes. Ils peuvent la remplacer (si cela leur vient spontanément à l'esprit) par des images plus réalistes et plus médicales de l'ensemble des *défenses immunitaires* : la moelle osseuse du sternum et des crêtes iliaques, les ganglions lymphatiques…

On demande aussi au malade d'imaginer le fonctionnement immunologique de son corps – et de l'imaginer fonctionnant mieux et plus vite… – de voir, d'imaginer, de visualiser* la lutte efficace et victorieuse contre le cancer, de se voir guéri et allant tout à fait bien.

Le malade peut utiliser des planches anatomiques pour mieux imaginer certains organes, et les voir sains – mais l'inconscient s'organise et « le corps comprend », et ce n'est donc pas nécessaire.

Dessiner sa maladie

Ensuite, on propose au patient de parler de ce qu'il (elle) a vu – puis de le *dessiner* en le commentant (il est important que ce soit analysé de temps en temps).

L'image mentale positive

L'espérance :

S'imaginer guéri ou pouvant être guéri.

Se voir guéri et allant tout à fait bien.

La force de l'image mentale positive.

La force et l'énergie de l'espoir.

On demande aussi au malade de s'imaginer – de se visualiser – *guéri, allant tout à fait bien et menant une vie agréable*.

Nous rentrons là – et je vais en reparler – dans la *réalisation automatique des prédictions** ou dans ce qu'on appelle « l'effet Pygmalion ».

Le docteur Émile Coué disait déjà, à Nancy, au XIXe siècle – ou plutôt faisait répéter par ses malades : « *Tous les jours et à tous points de vue, je vais de mieux en mieux.* » Et un grand nombre de ses malades allaient effectivement de mieux en mieux, alors qu'ils étaient malades depuis longtemps et souvent gravement.

Coué conseillait de répéter cette phrase plusieurs fois une vingtaine de fois, trois fois par jour, de la répéter d'un ton monocorde de litanie, assez longtemps pour l'entendre et pour que l'inconscient ait bien le temps de l'enregistrer et d'y réagir.

Il faut :

– que la chose soit possible éventuellement (les métastases peuvent disparaître, un foie peut repousser, un bras ne peut pas repousser) ;

– qu'on la désire réellement profondément et pas seulement qu'on croie qu'on la désire et qu'on dise aux autres ou même à soi qu'on le veut. Bien des gens disent vouloir guérir, mais en fait ne veulent pas de toutes leurs fibres être en bonne santé (l'analyse des dessins permet de le voir) ;

– qu'on la voie réalisée dans l'avenir et dans son esprit.

Visualiser le résultat déjà obtenu

C'est peut-être une manière un peu simpliste de s'exprimer, que la méthode Coué, mais c'est très utile en visualisation.

L'approche positive, visuelle, imagée, vue en visualisation du bon résultat obtenu (vu d'avance – la « prédiction », la « projection dans le futur ») de la méthode Coué est encore utilisée actuellement, directement ou indirectement. Les œuvres complètes de Coué viennent même d'être rééditées. Cette approche a été reprise – à peine adaptée – vers 1968 puis réutilisée par Simonton[1] (et aussi par Joseph Murphy[2]).

---

1. Carl Simonton, Stephanie M. Simonton, James Creighton James, *Guérir envers et contre tout. Le guide quotidien du malade et de ses proches pour surmonter le cancer* (1968), Paris, Épi, 1982.

2. Joseph Murphy, *Exploitez la puissance de votre subconscient* (1962), Genève/Paris, Ariston/Tchou, 2006.

Bien entendu, il s'agit peut-être d'une forme d'autosuggestion ou d'autohypnose positive, faite par le malade lui-même sur lui-même – mais je préfère parler *de prédiction positive* et de *réalisation automatique des prédictions.*

Je tiens à préciser que je n'ai jamais fait d'hypnose, que je n'ai jamais appris l'hypnose, que les Simonton n'en font pas non plus.

On dit parfois qu'une prédiction agit : dire, se dire, prédire qu'on va aller bien, se voir aller de mieux en mieux, guérir, se voir guéri, peut être proche d'une action autohypnotique.

C'est ce que Moreno appelle en psychodrame* une projection dans le futur. Voir positivement, corriger, transformer son langage, transforme déjà l'interaction, la pensée, l'attitude devant la vie et la maladie.

On demande, de plus, au malade de *se voir guéri*, et de se voir guéri totalement, d'une façon globale et symbolique, et aussi de se voir guéri d'une façon réaliste. C'est-à-dire de voir son cancer localisé, de voir des poumons, un sein, des os, un foie… sains, de regarder des planches anatomiques, avec un organe entièrement sain, de façon à l'avoir bien en tête, de bien se l'imaginer, de bien le « visualiser »…

Je pense à une jeune femme qui a eu un cancer de l'os du bras, traité à Villejuif, classiquement, par « rayons ». Je reparlerai de Line plus tard. Le cancer a été irradié et, irradié, l'os est en principe mort. On voulait amputer le bras droit, comme on le fait en principe toujours pour un sarcome du bras. En attendant, on a mis à cette jeune fille une plaque provisoire qui s'est cassée deux ans après, et qui a aussi déchiqueté la tête de l'humérus. Nous avons beaucoup travaillé ensemble. Elle ne voulait pas mourir ; elle voulait vivre normalement, garder son bras et aussi retravailler. Nous avons essayé de revitaliser l'os. Au grand étonnement de tout le monde et du corps médical classique, l'os a repris vie, comme si on avait pu revitaliser un os en principe complètement mort.

On vient de faire une greffe sur cet os. Les progrès sont spectaculaires. Le chirurgien a donc confirmé que l'os avait repris vie. La greffe prend. On demande donc à la malade opérée de « voir » la greffe prendre, et bien prendre, et elle demande à la moelle osseuse de bien fonctionner, du centre vers l'extérieur ; et cela marche !

Enfin, disons que « ça a marché », et que tout se passe comme s'il s'agissait d'une guérison d'un cancer gravissime.

L'exercice physique

Résumons et reprenons cette approche. D'abord, de bons soins médicaux, puis l'aspect psychologique, les « causes du cancer » et le désir de ne pas en mourir et surtout la volonté de vivre. Puis la relaxation et, en état de relaxation, la visualisation du corps fonctionnant bien, guéri, la personne allant tout à fait bien et menant une vie agréable.

Divers chercheurs, médecins et psychologues ont remarqué aussi que *les gens qui font de l'exercice physique vont mieux que les autres* et, par conséquent, on demande aux malades de faire de l'exercice physique trois fois par semaine, pendant une heure, à heure fixe – même au lit pour commencer.

Il y a des gens qui peuvent faire de l'exercice physique et d'autres qui se font tirer l'oreille et se trouvent des excuses. Par exemple, quand un malade est couché au lit « avec des tubes partout », on se demande : « Que peut-il faire ? » Or il peut toujours bouger un index et, s'il décide de faire l'exercice, les lundis, mercredis et vendredis de 16 heures à 17 heures, il arrête tout de 16 heures à 17 heures et il bouge un index, puis une main, puis les muscles d'un bras, puis… La plupart des malades sont capables de se lever pour aller aux toilettes. Au lieu d'y aller une fois, on leur demande d'aller et venir entre leur lit et les toilettes, jusqu'à ce qu'ils « fassent de l'exercice physique » – et de programmer ensuite quand ils sont mieux, de faire le tour du bâtiment, puis de marcher… ou de faire, ensuite, ce qu'ils ont envie de faire, que ce soit une promenade, du golf, du tennis, de la natation… Ceux qui exercent leur corps physiquement ou qui travaillent avec le yoga ou la méthode Feldenkrais[1], ou toute autre méthode de ce genre, vont plus rapidement mieux. Dans le yoga et dans le Feldenkrais, on fait travailler le corps physiquement et mentalement. On s'imagine en train de faire des exercices. Les muscles alors travaillent, et le moral va mieux, le corps va mieux.

L'être est un : l'esprit agit sur le corps, le corps agit sur l'esprit. Le psychique, le mental et le physique sont imbriqués et liés. *Le corps, l'esprit, le cœur font un tout…*

Que fait-on encore dans une approche ?

Se faire plaisir…

Les bonheurs, les petites joies de la vie font partie de l'existence et de la guérison et de l'envie de vivre ; et on n'y pense pas toujours assez.

Mozart a écrit « les petits riens ».

Il y a une chanson célèbre, *Le P'tit Bonheur*, chantée à nouveau par Mouloudji ; Félix Leclerc

1. Voir les textes de Moses Feldenkrais en bibliographie.

chante : « C'était un petit bonheur que j'avais ramassé… J'ai beau le supplier… Il me reste la vie… »

On dresse une liste des choses agréables à faire et financièrement pas chères. De cette liste, on en fera au minimum quatre, quatre choses chaque jour. Cette liste, on l'écrit, on l'affiche, on décide de faire ces choses, on crée un espace pour le faire, on se programme, on le fait réellement.

Cette liste est une prescription médicale.

Je vais vous citer en vrac une liste de choses agréables que beaucoup de malades imaginent pouvoir faire aisément, et qu'ils font réellement, facilement, et qui jalonnent leur vie quotidienne de moments de calme et de joie.

On sait, en se réveillant, que la journée offrira des choses agréables.

- … une fleur, un oiseau, un air de chanson, un raton laveur…
- regarder le ciel, le soleil, les nuages, la lune, les étoiles…
- voir la pluie tomber sur un arbre, regarder les gouttes…
- écouter le chant des oiseaux…
- observer les pigeons sur la fenêtre, ou nourrir les oiseaux…
- lire un roman…
- respirer et se détendre… s'étirer longuement…
- écouter de la musique (radio, télévision, disque ou concert, piano, cassette)…
- aller au musée, ou dans un parc…
- parler au téléphone avec des amis…
- recevoir des visites agréables…
- rire avec les « copains »…
- aller voir une exposition florale…
- voir grandir et fleurir une fleur…

- aller « en ville »...
- aller au cinéma, au théâtre, au café, au restaurant...
- aller à la piscine...
- faire du tennis, ou du golf, du footing, du jogging... nager... marcher...
- descendre se promener dans le jardin
- un petit déjeuner à la terrasse d'un café, avec des croissants chauds...
- marcher dans les bois...
- me parfumer...
- me réveiller au soleil...
- manger des coquillages...
- manger un fruit exotique...
- faire la fête...
- voir se lever le soleil...
- rêver et m'en souvenir...
- me faire masser...
- me faire frictionner avec de la bonne eau de Cologne...
- prendre une bonne douche...
- faire un bon repas (« se faire une petite bouffe »)...
- partir en week-end avec son conjoint ou ami(e), ou aller chez des amis...
- prévoir un petit voyage...
- admirer une fleur, respirer une fleur...
- soigner ou planter une fleur, une plante, un arbre...
- commencer à faire de la peinture...
- faire un sac, un coussin brodé...
- réciter un poème ou écouter un poème...
- caresser un chat ou un chien...
- embrasser quelqu'un que j'aime beaucoup (nommer qui au besoin)...
- prendre une heure de bonne détente...
- dormir à mon gré...
- faire la grasse matinée...

- le petit déjeuner au lit, avec des croissants chauds…
- se balancer doucement dans un fauteuil à bascule, sous une véranda, au soleil…

Des choses agréables, il y en a beaucoup qui sont faisables, même au lit, même malade, et sans dépenser beaucoup d'argent. Il y en a beaucoup dont on peut faire le projet dès maintenant et le réaliser bientôt… ou espérer le faire un jour… et en jouir dans sa tête dès maintenant. On peut ainsi faire (et prévoir) aussi :

- partir en Irlande, me promener en carriole, aller à Venise, à Rome, à Paris, à New York, à Vienne… à Tahiti… aux Antilles… à la montagne…
- aller voir un ballet à l'Opéra…
- avoir un chien (un chat, un canari, une plante verte)…
- développer mes propres photos (apprendre à)…
- tisser (apprendre à)…
- avoir une chambre à moi…
- avoir un lit confortable…
- avoir des draps doux, propres, bien tirés…
- acheter une robe (des chaussures, etc.)…
- faire mon pain…
- faire les magasins (« magasiner »)…
- faire du vélo…
- marcher sans sac à main, ni paquet…
- aller chez le coiffeur…
- m'acheter des vêtements neufs…
- apprendre une autre langue…
- bouger, chanter, rire…
- me faire de nouveaux amis…
- déménager…
- avoir une bonne « chaîne » pour écouter de la musique douce…

- assister au carnaval des enfants…
- participer à une bataille de fleurs…
- aller voir le pays d'où vient ma famille…
- partir en vacances…
- avoir une femme de ménage ou quelqu'un qui m'aide à ranger et à nettoyer…
- qu'on s'occupe de mes papiers : rangement, réponse et envoi du courrier, qu'on règle les démarches pour moi : Sécurité sociale, impôts, factures…
- m'occuper de moi (qu'on s'occupe gentiment de moi)…
- diverses autres choses…
- …
- … ce qui vous plaît, vous détend, vous fait rire, vous fait oublier les ennuis, problèmes, soucis du quotidien, ce (et ceux) qui vous ouvre(nt) les portes du futur et apporte(nt) paix, calme, détente, joie, espoir…

Du temps pour vivre – du temps pour soi

L'ordonnance prescrit donc quatre choses agréables à effectuer tous les jours. On peut aussi parler du « *devoir sacré de l'égoïsme* ».

Il est important de rire, de prendre plaisir à la vie, de se détendre, de se faire plaisir. Il est important de savoir qu'on va avoir de bons moments, de se programmer de la joie.

Pour les gens sérieux que nous sommes, ne faire tout le temps que ce que l'on a envie de faire : c'est très difficile ! C'est même horriblement difficile ! On prescrit donc au malade grave de ne faire que ce qu'il a envie de faire à 100 % et à 100 % du temps, de ne voir que ceux qu'il désire voir.

Bien entendu, de nombreux cancers sont liés à l'environnement ; il y a des produits dangereux à manipuler, des atmosphères cancérigènes.

Mais si, de plus, on regarde l'aspect psychosomatique du cancer, on trouve, avec Lawrence LeShan, deux sortes de cancer : les *cancers du stress* et les *cancers de dévouement.* On parle toujours du stress, on oublie toujours le dévouement.

Il y a des gens qui en sont à un tel point de dévouement, d'oblativité, qu'ils s'en oublient eux-mêmes (religieuses, infirmières, médecins, professeurs très gentils, mères de famille qui s'usent pour mari et enfants...). Dans beaucoup de professions, les gens pensent trop aux autres et s'oublient eux-mêmes.

Même s'il est souvent vrai que le narcissisme et la centration sur soi de certains laissent par contrecoup beaucoup de travail aux autres.

Aller mieux, arrêter l'évolution de la maladie, guérir, c'est aussi arrêter le temps qui s'écoule et vivre autrement. On pourrait presque dire que ce n'est pas possible, que cela semble difficile de guérir, si on ne prend pas un tout petit peu de temps pour soi, si on ne s'autorise pas à vivre.

Guérir, c'est aussi concentrer toute son énergie à guérir.

Friedman[1] – en étudiant les cardiaques, mais cela s'adresse aussi aux autres – a décrit deux sortes de personnes : les malades ayant un comportement de type A, toujours actifs, ambitieux, pressés, surchargés de travail, stressés, travaillant même le soir, et en week-end (qui rechutent souvent), et un comportement de type B, calmes, souvent sereins, qui

1. Voir Meyer Friedman, Ray Rosenman, *Type A Behavior and Your Heart*, New York, Ballantine, 1984.

ne paraissent pas pressés, prennent leur temps, faisant du sport ou de la musique, et arrivent par ailleurs aux mêmes résultats professionnels (et qui guérissent bien – et ne rechutent plus, ou moins).

Aller mieux, stabiliser les bons résultats, guérir, passe souvent par une révision déchirante de l'emploi du temps et des tâches qu'on se croyait devoir accomplir.

Alors, on essaye d'apprendre aux malades, quel que soit leur problème, à prendre tous les jours du temps pour eux. En particulier, on leur rappelle l'obligation de faire de la relaxation trois à cinq fois par jour, à avoir sous les yeux une liste de choses agréables – et à en faire quatre tous les jours.

C'est les obliger à prendre du temps pour eux-mêmes, et se faire plaisir. Et aussi à *se projeter dans l'avenir.*

C'est les aider à *prendre plaisir à vivre.*

Réseau de soutien et d'affection

Il est souvent difficile de lutter pour guérir tout(e) seul(e) ; on demande donc au malade de se créer un *réseau de supports*, un réseau affectif de guérison et qui peut être familial, amical, affectif, une aide par téléphone ou par lettre, par livre, disque, un support lointain… (On peut même apporter une aide efficace par la pensée positive à distance.) On demande au malade de se trouver des amis, des personnes qu'il connaît ou, même, qu'il ne connaît pas, qui pourraient avoir, par rapport à lui, des pensées positives. Certains malades se sont mis en rapport avec des groupes charismatiques, qui prient pour eux (qu'ils soient croyants ou pas), ou des groupes de prière pour malades, ou des groupes d'aide aux malades, ou des groupes d'anciens malades… Il est important de ne pas être seul pour lutter contre la maladie, d'être entouré… et bien entouré.

On est trop seul dans notre monde survolté, surindustrialisé, urbain. Il faudrait se recréer un village (même si c'est un village planétaire, avec des amis lointains), un *réseau de guérison*. C'est ce que le psychiatre Ross Speck a créé en thérapie familiale[1], sous le nom de « réseau de guérison ». On recrée autour du malade une « famille amicale » qui va lui donner du support, voire créer des rituels de guérison qui vont favoriser le retour à la santé de façon quasi miraculeuse.

Speck appelle cette concentration groupale d'aide et d'énergie : « retribalisation ».

Le « guide intérieur » ou la « sagesse intérieure »

Une aide efficace et toujours disponible peut venir aussi de ce que l'on appelle « le guide intérieur ». On demande au malade, en état de relaxation (ou en « état sophronique* »), de laisser venir en visualisation quelqu'un qui pourrait, dans son esprit, lui venir en aide. *Une image surgit spontanément*, très différente suivant les cas ; pour les uns, un sage, un lama tibétain, la Sainte Vierge, leur ange gardien ou leur saint patron, parfois une forme indistincte nimbée de lumière ; pour d'autres, Bambi le chevreuil, Tarzan ou Superman ; ou encore, le Père Noël, le bon médecin de leur enfance, un ours… Il peut s'agir d'un grand-père ou d'une grand-mère morte… d'un ami… d'une image importante… d'un

1. Ross Speck, Carolyn Atteneuve, *Family Networks*, New York, Pantheon, 1973.

héros célèbre historique, ou d'un héros de film ou de roman... Une fois cette image mentale apparue, on leur demande de prendre ce guide intérieur comme ami et conseiller et de discuter avec lui de tous leurs problèmes, lorsqu'ils en ont besoin, et d'écouter ce que ce guide dit. Monopoliser un être imaginaire, demander à un guide intérieur de venir n'importe quand : c'est plus facile que de s'adresser à un ami réel ou à un psychothérapeute. Le guide intérieur est là jour et nuit ; il peut venir à chaque instant.

On n'a pas à chercher et trouver un guide, car il apparaît spontanément en relaxation-visualisation. C'est un « guide intérieur », une « sagesse intérieure ».

On peut aussi se choisir deux guides – et ensuite parler à trois.

Il y a encore plusieurs choses dans cette approche (en plus de bons soins médicaux et d'une bonne hygiène de vie).

Surmonter le ressentiment

Pour être détendu et pouvoir mobiliser toute son énergie à guérir, il faut se débarrasser de ce qui vous mange, de ce qui vous démange, de ce qui vous ronge de l'intérieur, de la haine, de l'ambivalence ou de l'agressivité que l'on ressent par rapport à d'autres. Travailler et surmonter le ressentiment.

C'est très important de découvrir son ressentiment et son agressivité (par exemple vis-à-vis d'une mère morte quand on avait neuf ans, et qui vous a donc « abandonné ») et de pouvoir l'exprimer et le travailler et s'en débarrasser. On est souvent rongé par l'amertume, le regret, l'agressivité, le ressentiment… ressentiment souvent inexprimé et qu'on ressasse, ou refoule. C'est destructeur. Il est plus efficace de l'exprimer éventuellement avec violence, d'admettre ces sentiments et, plutôt que « vouloir la mort du pêcheur » ou de l'agresseur, s'imaginer réconcilié avec lui… (« Ne tirez pas sur le pianiste »). Il faut parfois revivre d'abord l'agressivité pour pouvoir ensuite surmonter son ressentiment.

On guérit du cancer, le plus souvent, à la fois à l'aide de bons soins médicaux et lorsqu'on arrive à changer sa manière de penser, de vivre, de réagir aux difficultés, de gérer le stress…

Ania Francos écrit dans *Sauve-toi, Lola* qu'une fois qu'on a le cancer (comme malade) ou qu'on s'approche de près du cancer (comme soignant), « c'est comme si on changeait de monde » – on est « en cancer pour la vie[1] ». « C'est un mode de vie, d'être, de pensée, qu'on garde même une fois guéri. »

D'une certaine façon, elle a peut-être raison : lorsque la maladie vous fait découvrir vos vraies valeurs, vos vrais intérêts, vos faux et vos vrais amis et un mode de vie autre, plus sain, plus centré, on a souvent intérêt à continuer… plutôt que de reprendre l'ancien mode de vie stressant et retomber malade.

D'ailleurs, lorsque la maladie devient l'occasion de réfléchir et prendre un bon tournant, le reste devient souvent secondaire. La qualité de vie prime.

Regarder la mort en face change la vie.

---

1. Ania Francos, *Sauve-toi, Lola*, Paris, Bernard Barrault, 1983.

Les bénéfices secondaires de la maladie

Dans cette approche, on travaille la mort et la rechute, qui sont toujours craintes.

On travaille aussi les bénéfices secondaires de la rechute et de la maladie. Il y a des êtres qui pensent que, s'ils vont mourir, cela va culpabiliser leur conjoint, leurs parents, leur sœur, leur entourage… On peut faire alors, avec le malade, un petit psychodrame* ou une séance de gestalt-thérapie : on lui demande s'il préfère vraiment mourir pour culpabiliser son entourage et le voir de « là-haut » – du ciel – ou d'ailleurs, ou bien rester vivant et s'arranger avec lui (elle, eux)… Le malade décide parfois de ne pas mourir et de s'arranger avec son entourage plutôt que de chercher à le culpabiliser ou à se venger (après tout, une fois mort, on n'est pas certain de voir le remords ou le chagrin de ceux qui restent vivants et de « profiter » de cette vengeance).

Je pense à une malade – qui allait de mieux en rechutes, et en mieux – et qui m'a dit quelque chose d'étonnant : « Mais les bénéfices secondaires dans la maladie, je n'en ai pas ! Ce que vous me demandez est affreux ! Je suis venue vous voir justement parce que je veux guérir ! » J'ai redemandé : « Non, vraiment, aucun bénéfice du cancer ? » « Non ! » J'ai encore insisté : « Quels sont l'avantage et les bénéfices de votre maladie ? » Elle a murmuré : « Quand je suis à l'hôpital, que le diagnostic est mauvais et que je suis opérée, alors ma sœur vient me voir, et c'est le seul moment où elle n'est pas jalouse de moi ! » Brusquement, elle s'est mise à pleurer : « Je me rends compte que je parle non pas comme si j'avais cinquante ans, mais comme si j'en avais trois ! et effectivement, quand j'avais trois ans, ma sœur était jalouse de moi ! Ma sœur a vraiment des sentiments totalement positifs à mon égard lorsque je suis mourante, et uniquement lorsque je le suis ! » Nous avons travaillé ensemble ses sentiments, l'ambivalence familiale. Elle a été opérée. Elle va bien. Elle n'a plus besoin d'être mourante pour avoir de bons rapports avec sa sœur ! Et elle se stabilise et s'améliore.

Les bénéfices secondaires de la maladie sont nombreux ; le stress professionnel diminue : plus besoin de terminer un travail à temps, d'obtenir une promotion, d'être parfait professionnellement, d'être un fils ou un mari parfait… une mère dévouée… de prendre des décisions familiales…

Il faut décider – et ce n'est pas facile – si on veut mourir, continuer à être malade, pour conserver ces bénéfices, ou bien si on peut trouver un autre moyen de s'arranger avec son entourage, familial et professionnel.

Bien sûr, ce n'est hélas pas automatique : il peut arriver parfois qu'on travaille son ressentiment et qu'on rechute quand même – mais moins qu'autrement, et parfois jamais.

Le malade considéré comme une personne à part entière qu'on informe et consulte. « Un certain abandon du pouvoir médical »

Un autre point de vue est important : celui de la médecine de la personne entière, de la personne totale, la médecine holistique : voir la personne entière, et aussi dans son contexte personnel, familial, socioprofessionnel et culturel, et pas seulement l'organe malade.

Un autre aspect important, c'est que le malade, considéré comme une personne, redevient actif, un partenaire actif. Cette médecine est effectuée par le malade. Il y prend une part active, à sa guérison et à son traitement. Il est le chef d'orchestre de tout ce qui lui arrive ; c'est lui qui décide vers quel médecin il ira, qui décide de faire les exercices et qui décide quelle thérapie il aura. C'est lui qui décide tout. Le médecin, les équipes thérapeutiques ne sont que les assistants du malade et non pas inversement.

C'est donc à la fois pour le médecin un changement de « centration » (centré sur la personne de son client et non plus sur la maladie ou l'organe atteint) et un renoncement à une certaine toute-puissance – le partage du savoir médical et du pouvoir médical avec le malade.

On traite trop souvent le malade en enfant à qui on cache tout.

Dire la vérité au malade ?

À propos de « dire la vérité au malade », je voudrais raconter une histoire personnelle, parce qu'elle m'est restée sur le cœur.

J'habite une ville de province et il se trouve que le concierge de l'université où je travaille et que la concierge de l'immeuble où j'habitais sont, l'un et l'autre, morts du cancer. Quand le concierge de l'université est mort – c'était un gros fumeur – je ne connaissais pas grand-chose au cancer. Je me suis donc contentée de les entourer : lui, sa femme et ses enfants. Mais, lorsque ma concierge est tombée malade, je travaillais déjà avec cette approche. Je suis donc allée voir le mari de la concierge pour lui proposer d'aider sa femme. Il m'a répondu qu'il tenait à protéger ses sentiments à elle et *donc*, on lui cachait son mal. Il ne voulait pas qu'elle sache la vérité, parce que cela pourrait lui donner un choc. J'ai insisté. Je lui ai donné des articles de Simonton et des articles personnels. Il voulait toujours protéger les sentiments de sa femme, ne pas lui faire peur, ne pas lui faire de peine, ne pas l'inquiéter (comme si une femme intelligente ne s'inquiétait pas de se voir souffrante !) Il l'a enterrée avec beaucoup de fleurs et de larmes, il est resté un an prostré, parce qu'elle était morte. Je pense à elle, à lui, avec tristesse, affection et émotion. Mais je pense aussi qu'il aurait peut-être mieux valu qu'il le dise à sa femme, qu'elle avait un cancer, et qu'on lui laisse la chance de se battre contre.

On n'a pas le droit – il me semble – de ne pas le dire[1].

On n'a pas le droit de ne pas se battre, sur tous les fronts, y compris sur le front psychologique. Cette femme aurait peut-être survécu à son cancer gravissime…

Mais, dans ce cas, « survivre » aurait peut-être signifié changer de médecin et de médecine, prendre un médecin plus « battant » qui aurait pris le risque (quel risque ? elle était condamnée) d'essayer des protocoles divers (chimiothérapie, radiothérapie, chirurgie, immunothérapie…) et peut-être, aussi, des méthodes adjuvantes : alimentation différente, exercice, vitaminothérapie, changer de régime, « remonter » le terrain par des méthodes douces… utiliser ses forces mentales aussi…

Dire la vérité ne veut pas dire l'asséner !

On peut être clair, parler à la fois de maladie très grave et de la nécessité de mobiliser toutes

---

1. Le Pr Léon Schwartzenberg recommandait de dire la vérité mais de ne jamais abandonner le malade… Parler lorsque le malade le demande, mais respecter son déni, et surtout son espoir.

les forces en présence, et le dire en le pensant, en étant vraiment présent, en étant là.

Être là, veut dire que le médecin est présent, donne du temps et de sa personne, et n'abandonne pas le malade, même si le pronostic n'est pas bon.

On peut se demander comment dire la vérité au malade et quand ? et quoi ? et comment ?

On peut se demander pourquoi on dit la vérité au cardiaque et pas au cancéreux. Pourquoi ? C'est aussi grave et vital.

La dynamique de la relation médecin/malade est importante

De nombreux entretiens entre médecins et malades ont été filmés. J'ai vu, acheté, étudié longuement, au ralenti, ces films pris dans divers hôpitaux et services. On y voit très bien la distinction entre ce qui est dit volontairement par les mots et ce qui est exprimé par le langage du corps[1]. Il y a une manière d'éviter le regard pour ne pas répondre au malade qui s'inquiète de son état ; ou de détourner la conversation, ou d'asséner des vérités tragiques, ou d'être exagérément gai et optimiste… ce qui trahit le mauvais pronostic.

C'est très parlant, la communication non verbale*, le « langage du corps ».

Beaucoup de malades disent avoir vu la mort dans le regard de leur médecin qui pourtant ne leur disait rien, avec des mots ou des encouragements du bout des lèvres. Et qu'ils ont deviné la mort, parce que le médecin restait sur le pas de leur porte, ne rentrait plus dans leur chambre et répondait à côté ; ou parce que le personnel ne venait plus bavarder et mettait très longtemps à répondre à la sonnette ;

---

1. Voir Anne Ancelin Schützenberger, *La Langue secrète du corps*, Paris, Payot, 2015.

ou parce que leur famille ne venait plus ou les submergeait de cadeaux !

Parler à un malade à mauvais pronostic est difficile.

Partager l'information médicale, discuter les options tous ensemble n'est pas aisé.

Pour un médecin et thérapeute dévoué, disponible et prenant en charge « son » malade, c'est très difficile d'abandonner le pouvoir médical et de le remettre au malade lui-même, de changer la centration, de « se centrer sur le client », comme dirait Carl Rogers. C'est partager son savoir avec le malade, le prendre comme une sorte de partenaire dans la décision à prendre, c'est écouter longuement et tenir compte du vécu du malade. Et aussi, c'est prendre le temps de parler, d'expliquer, d'écouter, voire d'entendre le non-dit... On se centre sur la personne, sur le malade. C'est le ressenti du malade qui est fondamental – plus important que le diagnostic, le pronostic, les statistiques.

L'essentiel du traitement repose sur le malade ; il n'est plus l'objet partiel soigné par des équipes thérapeutiques.

Le malade est la personne centrale, il se sert des équipes thérapeutiques.

La vérité au malade et l'accompagnement

Cette approche se fonde sur quelques conditions préalables. Pour agir efficacement, il est utile de pouvoir utiliser un éventail de possibilités, de ne pas se sentir « coincé », quelque part.

Pour agir, il faut se sentir libre, et, par conséquent, être à l'aise, exprimer ce que l'on désire exprimer. Tenter ce qu'on a envie de tenter. Le thérapeute ne peut pas être à l'aise en mentant. Le mensonge pieux est difficile. Une des conditions de cette méthode : c'est donc que le malade sache la vérité sur son état. Les malades qui viennent me voir savent. Être vrai, authentique dans la relation, c'est fondamental.

On entre souvent dans une polémique dont on n'a pas fini de discuter : dire ou ne pas dire la vérité au malade ? Je ne suis pas particulièrement nationaliste ; mais je me refuse à penser que les cancéreux français sont fragiles et ne peuvent pas supporter ce que les Américains, les Canadiens, les Anglais et d'autres ressortissants d'autres pays supportent très bien, et qui les aide : la vérité. Dans les pays anglo-saxons, il est obligatoire de dire la vérité aux malades. En France, non ! 90 % des cancérologues français ne disaient pas la ou pas toute la vérité en 1982 (Concertation nationale sur le cancer). Si les Français avaient raison de mentir, les statistiques de survie et de guérison du cancer devraient être meilleures en France, où on ne dit pas la vérité, que dans les pays anglo-saxons, où on dit la vérité ! Or, il n'en est rien…

Par conséquent, je pense qu'on ne risque rien à dire la vérité. Mais « dire la vérité » ne veut pas dire asséner une vérité et s'enfuir – mais parler vrai, être à l'écoute du malade et respecter ses sentiments. Je pense aussi qu'on n'a, moralement, pas le droit de priver une personne de la possibilité de mettre ses affaires en ordre, de priver un être humain de la possibilité d'avoir un sursaut d'énergie qui lui permettra de transformer sa vie et de se battre pour peut-être guérir.

Il vaut mieux être vivant, connaître la vérité et se battre, que mort – mort pour avoir été ménagé

En fait, ce problème de dire ou pas la vérité est lié à l'attitude profonde du médecin et ce qu'il ressent – souvent sans le savoir – face à la mort ; à la manière dont lui-même traite ou évacue sa propre *angoisse de mort*. Sa mort à lui (mort à venir, comme pour chacun d'entre nous) peut être liée aussi à la manière dont il a vécu autrefois la mort de parents, d'amis, de proches. On touche là une zone d'ombre, et que notre civilisation évacue.

L'attitude du médecin, des soignants, du psychothérapeute devant la mort est essentielle et leur lucidité sur soi, fondamentale.

Lawrence LeShan écrit : « Il était évidemment nécessaire que j'aie clarifié mes propres problèmes, dus au caractère mortel de la maladie de mes clients. Dans toute psychothérapie individuelle sérieuse, il y a communication constante entre l'inconscient du client et celui du thérapeute. Si celui-là éprouve un sentiment d'inutilité ou de désespoir du fait qu'il travaille avec une personne appelée à mourir bientôt (du moins d'après le diagnostic), il risque de le communiquer à son client[1]. »

Kierkegaard écrivait déjà : « Il me faut découvrir ma vérité, ce à quoi me raccrocher, tandis que le monde croule autour de moi. »

Je ne nie pas qu'il y ait des personnes qui vivent très mal le choc de la vérité et se laissent alors mourir ! C'est vrai ! Cependant, parler vrai ne veut pas dire être « brutal ». Mais il y a d'autres malades « qui se laissent aller à se battre » et à vivre ! C'est aussi important ! elles le prennent comme un défi, cette lutte.

Certaines forces de survie ne se réveillent que lorsqu'on est acculé. On se bat pour sa vie. Avec l'énergie du désespoir.

---

1. Lawrence L. LeShan, *Vous pouvez lutter pour votre vie. Les facteurs psychiques dans l'origine du cancer*, Paris, Robert Laffont, 1982, p. 104-105.

Il faudrait rajouter qu'il y a des traditions séculaires différentes entre pays et cultures ; les Anglo-Saxons protestants ont une foi inébranlable dans le progrès – et les progrès de la médecine – comme dans la « Conquête de l'Ouest » et des « nouvelles frontières », et sont habitués à serrer les dents, faire front, et se débrouiller par eux-mêmes, et aussi compter sur la solidarité des voisins – il est obligatoire en Amérique du Nord de dire le diagnostic ; les Latins, et Méditerranéens, catholiques et musulmans, ont la parole plus fleurie et « diplomatique », savent que toute vérité n'est pas bonne à dire, et que les mots n'engagent pas toujours et ne servent parfois qu'à « sauver la face ». On retrouve peut-être ici le clivage entre pays de droit écrit (le droit romain) et de droit coutumier – importance de la jurisprudence pour les Anglo-Saxons (de l'échange).

Mais faut-il sauver la face ou la vie ?

Mais « être authentique », être vrai, ne doit pas faire illusion. Il y a aussi, dans les sciences humaines, chez Carl Rogers, dans la psychologie humaniste, un certain mythe de la transparence et de l'authenticité. Il ne faut pas s'y laisser piéger. On peut être sincère et non lucide.

Dire ou ne pas dire la vérité au malade est lié au pronostic et aussi à ce que le médecin pense pouvoir essayer malgré tout, à son pessimisme (lié aux statistiques, par exemple) ou à son optimisme (certains médecins sont des « battants ») et à son habitude de galvaniser l'entourage et le malade et d'obtenir des résultats. Mais quand tout lui paraît perdu : c'est difficile ! Il y a un jeu qui me paraît pervers : soit de ne pas dire la vérité, soit de l'asséner et de fuir, alors que le malade a besoin de présence.

Mais il ne faut pas prendre les statistiques au pied de la lettre et laisser sa chance au bienfait de la guérison et aux guérisons dites spontanées qui arrivent plus souvent que l'on croit – surtout si on y croit.

Effectivement, si l'on pense qu'il n'y a rien à faire, c'est beaucoup plus difficile de dire la vérité ! Les médecins, les psychologues ou les membres de la famille qui n'arrivent pas à la dire ne sont peut-être pas tout à fait au clair eux-mêmes, sur leur propre rapport à la maladie et à la mort. C'est fondamentalement important que les équipes qui travaillent avec les cancéreux, en particulier les équipes hospitalières, aient des « lieux de parole », des « groupes Balint[1] » où parler. Cela leur permettrait de dire la vérité et de parler avec les malades, de pouvoir écouter et accompagner le malade dans ce qu'il vit, de lui donner au moins de la présence, et écouter sa famille ; et de pouvoir parler de leurs malades qui vont mal, qui ont mal, qui vont mourir ; parler de la culpabilité de ne pas pouvoir guérir tout le monde ; de l'angoisse devant la mort : la leur et celle de leurs parents – autant que celle du malade et de sa famille. On est alors plus libre d'aider le malade à exprimer ou faire ce qu'il a envie ou besoin de faire (mettre ses papiers ou ses sentiments en ordre…).

On est alors plus libre pour se battre contre la maladie.

Et quand on se bat bien, tous ensemble, malade, médecin, soignants et famille… on a plus de chances de gagner.

1. Groupes Balint : groupes de réflexion entre soignants, et d'analyse des sentiments des soignants, et des rapports avec leur pratique, selon la technique du médecin psychanalyste Michael Balint, animés par un psychanalyste chevronné.

De la réalisation automatique des prédictions

Que l'espoir soit vu dans le regard de l'autre !

Je voudrais faire une parenthèse sur les travaux de recherche de Robert Rosenthal, de l'université de Harvard, à propos des prédictions dans le domaine scolaire. Rosenthal, reprenant les travaux du sociologue Robert Merton sur la « prédiction créatrice », s'est intéressé aux cancres. Dans un livre intéressant, *Pygmalion* à *l'école*, il décrit sa recherche. Il voulait comprendre pourquoi et comment de très mauvais élèves devenaient brusquement ou miraculeusement de très bons élèves en changeant de maître, d'école ou de méthode. Il a fait passer des tests à des élèves dans une école. Il les a soigneusement « rangés dans la corbeille à papier » (il ne les a pas corrigés). Il a choisi des cancres au hasard et il est allé dire aux professeurs de ces cancres invétérés qu'il s'agissait d'enfants ou d'adolescents intelligents, mais timides, qui, avec des encouragements, pourraient mieux faire ! Il a été très étonné de constater que ces cancres ont progressé, ont eu, pour la première fois, de bonnes notes aux examens écrits et sont devenus de bons élèves avant la fin de l'année. Rien, pourtant, n'avait changé dans leur situation objective : leur quotient intellectuel était le même, et souvent bas ; il n'y avait pas de livres chez eux ; on ne faisait pas d'études dans leurs familles d'origine ou, par exemple, elles étaient récemment émigrées (donc ne parlaient pas bien la langue du pays d'accueil). Ces élèves avaient objectivement tout pour continuer à être de mauvais élèves. Or, ils faisaient de grands progrès.

Rien n'avait changé, sauf le regard que le maître portait sur eux !

Rosenthal, statisticien, chercheur précis, psychosociologue, spécialiste de l'interaction et de la communication non verbale, étonné de ces résultats, a refait les mêmes études, les mêmes enquêtes, dans d'autres écoles américaines, puis dans une vingtaine de cultures et de civilisations différentes, avec les mêmes résultats. Il a appelé ce changement positif : « L'effet Pygmalion » ou « la réalisation automatique des prédictions ». Lorsqu'un professeur prédit que le cancre de l'année passée le sera encore l'année suivante, il le reste ; si le professeur prédit qu'il est intelligent, timide et qu'il va faire des progrès, l'élève en fait… Je ne dis pas que les « idiots congénitaux » et les « débiles profonds » n'existent pas ; il y en a quelques-uns. Mais une partie des débiles, des mauvais élèves, pourraient devenir intelligents si on les traitait autrement, si on les traitait comme de bons élèves intelligents en herbe, si on faisait confiance au potentiel de leurs capacités, s'ils se donnaient à fond.

Quand on applique « la réalisation automatique des prédictions » dans le domaine de la santé, on remarque que, lorsque le médecin prédit la mort du malade, conformément aux statistiques, très souvent, le malade meurt ! Mais lorsqu'il prédit que le malade, contrairement aux statistiques, a de fortes chances de s'en sortir, il a de bien meilleures chances de s'en sortir et, souvent, il s'en sort.

Motivation, croyance en la guérison

Le docteur Carl Simonton et Stephanie Matthews Simonton ont fait une étude statistique sur le cancer terminal, publiée en 1974[1], sur ses 152 premiers cas

1. Nous regrettons qu'ils n'en aient pas publié d'autres depuis plus de quarante ans.

de malades gravissimes[1], venant en radiothérapie avec un diagnostic de cancer terminal*. Il soignait, en service public, en tant que radiothérapeute, des malades de toutes sortes, du « tout-venant ». Ceux qui ne croyaient pas à la méthode, qui l'appliquaient du bout des lèvres, ont à peine progressé. Ceux qui y croyaient un peu et faisaient régulièrement des exercices, ont un peu progressé. Ceux qui y croyaient assez ont fait de sensibles progrès. Ceux qui y croyaient beaucoup, qui étaient totalement motivés, innovaient dans le domaine de la créativité – il n'y en a eu malheureusement que 9 sur les 152, et ces neuf ont survécu pendant plus de cinq ans, à l'époque où cet article est sorti. Certains vivent encore dix ans après (alors qu'il s'agissait de cancers terminaux). J'en connais quelques-uns : le cancer terminal est stoppé depuis douze ans. La rémission est totale. Ils vont bien. Cela prouve que la motivation réelle est très importante. Et aussi qu'on peut stopper parfois même un cancer terminal et le faire régresser.

On peut donc dire que l'espoir fait vivre et que l'énergie du désespoir, liée à l'espoir de s'en sortir envers et contre tout, et même contre tous, fait vivre. Cette méthode apporte un espoir dans une situation où l'obscurité, l'angoisse, le marasme, le silence et le pessimisme sont de règle.

Nous avons dirigé, en 1981-1983, une première recherche exploratoire sur cette méthode, sur une petite échelle, Michèle Jaillet, sous notre direction, a interviewé douze malades ayant un cancer grave similaire, six soignés par les méthodes classiques et six malades soignés à la fois par une approche médicale classique et de plus avec une approche issue de

---

1. Anne Ancelin Schützenberger, « Récits de vie, image mentale et cancer », *Entrevues*, n° 3, 1982.

la méthode Simonton, dans différentes villes et par différents thérapeutes[1]. En quelques mois, la moitié de l'échantillon traité de façon classique était morte et un an après, tous les malades traités en parallèle par l'approche issue de celle de Simonton, non seulement allaient bien mais retravaillaient. Ce qui est apparu dans les entretiens, c'est que les malades traités par l'approche classique vivaient dans l'angoisse de la mort, la panique, essayaient de survivre plutôt mal que bien, alors que les malades traités avec l'approche adjuvante de la méthode Simonton parlaient de vivre et de revivre et affirmaient que *l'expérience de la maladie leur avait permis de mieux se connaître, de s'épanouir, de « se réaliser »* – tous ayant un pronostic réservé.

Depuis 1989, Carl Simonton a même axé l'essentiel de son travail sur la *mise en évidence et l'identification des croyances du malade* et de son entourage, concernant l'évolution de la maladie et les suites – et sur la transformation de ces croyances, pour les rendre plus utiles et plus positives – car pour lui elles sont souvent négatives, nocives, non réalistes, et empêchent le malade d'aller mieux ou même de guérir –, et même bloquent tout travail. Et il pense toujours en 1996 que « le patient doit avoir le meilleur de ce que la médecine peut offrir, et le meilleur de ce que la psychologie peut offrir[2] ».

---

1. Michèle Jaillet, mémoire de maîtrise de l'Institut international supérieur de formation des cadres de santé, université de Lyon II, avec questionnaires et entretiens en profondeur, sous la direction d'Anne Ancelin Schützenberger, 1983.

2. *« I have always believed that patients are best treated with the best that medicine has to offer and the best that counselling has to offer. Nothing has changed in this aspect of my counselling of cancer patients »*, fax du 28 mai 1996, de Carl Simonton à Anne Ancelin Schützenberger, trad. de son assistant.

Étant médecin radiothérapeute et cancérologue, et pragmatique, mais ni psychothérapeute ni psychanalyste, Carl Simonton essaye diverses approches thérapeutiques de courte durée pour changer ces croyances (et a tenté plusieurs approches californiennes de thérapies brèves, avec des succès variables). Il continue d'expérimenter.

Consonance, congruence

Je voudrais pour terminer vous dire que c'est une approche qui paraît *simple*, mais qui est fondée sur *l'honnêteté totale du thérapeute.*

On ne peut pas faire semblant de croire qu'un malade guérira peut-être, si on ne le pense pas. Il y a une dissonance évidente et perceptible par le malade entre ce que l'on dit et ce que l'on ressent, quand ce que l'on dit et ce que l'on ressent ne sont pas en accord. Quand on ment, quand on biaise, on se trahit par l'expression du corps, par sa manière d'être, de se tenir (à distance), par un geste (absent ou forcé), par la *kinésie,* la *mimo-gestualité*, par la respiration, l'échange de regards ou son absence, de fuite de la rencontre, par une certaine utilisation des lieux et de l'espace : le rapprochement ou l'éloignement, la proxémie, l'orientation du corps, et/ou son accessibilité… Les spécialistes de la communication non verbale ont étudié ces problèmes, les « lapsus gestuels » et « fuite du comportement ». On sait que s'il y a dissonance entre ce qui est dit ou non dit par les mots, et ce qui est exprimé par l'attitude ou le « langage du corps », l'interlocuteur réagit par rapport à ce qu'il ressent et non pas aux mots.

On ne peut donc utiliser cette approche que si l'on y croit vraiment, à la guérison éventuelle du malade qui s'adresse à vous.

Croire que *ce malade-ci*, cette personne unique, à qui l'on parle, *peut guérir*[1].

Psychothérapie complémentaire

On a souvent, et à tort, réduit cette manière de travailler à « relaxation et visualisation positive ». De fait, *recadrage* et *psychothérapie* sont des facteurs essentiels de cette méthode, conjointement au traitement médical.

Toutes les méthodes de psychothérapie sont bonnes – à condition, bien sûr, qu'elles s'inscrivent dans les règles de la déontologie (non-ingérence, non-emprise, confidentialité respect inconditionnel de la personne et de sa liberté), que ce soient des méthodes éprouvées depuis au moins une vingtaine d'années, et que le thérapeute soit bien formé et responsable.

Comme chacun sait, toute méthode vaut essentiellement ce que vaut le spécialiste, et s'il convient réellement au malade à cette période particulière de sa vie et de sa lutte contre la maladie et une certaine dépression. Il nous semble qu'aller au plus près de chez soi est le mieux. Nous dirions toutefois, avec le médecin psychanalyste Colette Chiland[2], que la cure psychanalytique classique doit être légèrement aménagée, pour donner éventuellement un peu plus de soutien au malade – et aussi que les chercheurs

---

1. « Peut guérir » : qui *peut* guérir, mais pas forcément qui *va* guérir.

2. Colette Chiland, « Psychanalyse et cancer », *Psychologie française*, numéro spécial, 1981.

anglais (1991) n'ont peut-être pas tort de mettre en garde contre les méthodes comportementales, basées sur le conditionnement, pour lutter contre les maladies physiques graves et contre les réunions en grands groupes.

Une importante recherche[1], avec de gros moyens (méthodologiques et statistiques), a mis en évidence *l'importance* essentielle *d'une psychothérapie* et surtout d'une psychothérapie de groupe*[2] (même de six mois seulement) pour la lutte contre le cancer, pour augmenter – et au moins doubler – la durée de survie de malades atteints de cancer du sein.

Dessiner sa maladie et la lutte contre la maladie

On demande au malade de dessiner sa maladie et sa lutte contre la maladie – ce qui lui permet d'aller mieux et/ou de guérir –, un dessin ou parfois une sorte de « bande dessinée ». On analyse ensuite ces dessins, comme éclairage de ses sentiments, croyances, angoisses.

---

1. Dr David Spiegel (dir.), « The Effect of Psychosocial Treatment on Survival of Patients with Metastasic Breast Cancer », *Lancet*, vol. II, 8668, 14 oct. 1989, p. 888-891 ; travaux présentés et discutés aussi dans *Le Quotidien du médecin*, 9 novembre 1990, et surtout dans *Advances*, 7 mars 1991, p. 10-18.

2. Classiquement, on parle de psychothérapie de groupe en groupes restreints face à face (six à huit personnes en groupe-analyse, huit à douze ou quinze avec une approche active). Au-delà, il s'agit d'autre chose.

Après vingt ans d'expérience

Je pense, dis et crois toujours que le malade doit avoir le meilleur de ce que la science et la médecine peuvent offrir, le meilleur de ce que la psychologie et la psychothérapie proposent, et aussi du soutien et d'une bonne hygiène de vie – et pouvoir se faire plaisir et vivre au mieux de ses possibilités. Et que ce que font spontanément les malades qui guérissent le mieux peut aider les autres à aller mieux et « s'en sortir ».

Beaucoup de mes collègues médecins et psychothérapeutes pensent de même.

Je rejoins tout à fait Carl Simonton[1], lorsqu'il disait, au colloque international interdisciplinaire de psycho-neuro-immunologie[2], que ce qui est fondamental pour la guérison et la survie ce sont les *croyances* du malade – et aussi celles de son entourage. Ces croyances devraient être réexaminées (opinions-croyances sur la maladie et son évolution, les traitements, l'avenir…) et au besoin changées : une croyance n'est pas un fait.

Les « faux espoirs » sont moins néfastes que les fausses craintes (souvent mortifères) et le manque d'envie de vivre.

À ce même colloque de cancérologues et chercheurs en cancérologie et sida, en 1990, j'ai présenté le « syndrome d'anniversaire » : ma constatation que

---

1. Par contre, je ne suis pas tout à fait d'accord avec toutes les expérimentations de nouvelles thérapies et psychothérapies qu'il fait depuis quelques années, avec différentes méthodes, et plus ou moins de succès, et les considère donc, aussi, comme ses propres croyances à lui ou celles de son entourage, ni avec les réunions de plusieurs centaines de personnes, devenant alors dangereusement influençables (pour moi, les méthodes doivent faire leur preuve d'abord, avant d'être recommandées).

2. Société germanique de cancérologie, Tutzig, 1990.

souvent les gens tombent malades – ont un accident ou le cancer – à l'âge, parfois même à l'époque, où un de leurs proches l'a eu (tel que le grand-père, la marraine, la mère, la tante, la sœur, etc.) par un phénomène d'identification inconsciente, ou de « loyauté familiale inconsciente ». Cette « répétition invisible » peut être mise en évidence, travaillée et surmontée, pour « s'en sortir » et aller mieux[1].

Rappelons qu'une recherche scientifique sérieuse sur les malades adultes entrant dans un grand hôpital a montré que le « syndrome d'anniversaire » était statistiquement significatif de mère à fille pour la psychose d'adultes, selon les travaux classiques de Joséphine Hilgard. Nous sommes nombreux maintenant à le constater aussi pour le cancer et autres maladies.

Le *syndrome d'anniversaire*, la fragilisation de la période anniversaire d'un deuil, d'une perte, d'un événement personnel, familial, national, historique, devant une difficulté, ou à la suite d'un traumatisme familial, sont à examiner et à travailler autant que la gestion du stress, du ressentiment et des croyances, pour mieux surmonter la maladie.

Le syndrome d'anniversaire

Cela est mon apport personnel à cette approche.

En travaillant avec le *génosociogramme* sur les « coïncidences » de dates, d'âge, de configurations,

1. Anne Ancelin Schützenberger, *Aie, mes aïeux !, Liens transgénérationnels, secrets de famille, syndrome d'anniversaire et pratique du génosociogramme* (1993), Paris, Desclée de Brouwer (Nouvelle éd. rev. compl. 2001, 15e édition élargie), et *cf.* annexe p. 143.

on voit apparaître des *répétitions de maladies* – trop fréquentes et systématiques pour être imputées au hasard[1].

Sur trois à sept générations, on voit par exemple un accident de voiture au moment de l'entrée à la grande école, un cancer à trente-trois ans, un premier enfant naturel, un départ au loin…

Rappelons que dans son travail de recherche de thèse de doctorat (1953), Joséphine Hilgard a mis en évidence, de façon « statistiquement significative », la répétition familiale d'un internement psychiatrique pour psychose au même âge (mère et fille, adultes), chacune ayant un enfant du même âge (double syndrome d'anniversaire).

Puisque c'est prouvé pour certaines psychoses d'adulte, cela pourrait être vrai aussi pour d'autres maladies, comme le cancer. L'évidence clinique est là déjà. Nous avons trouvé ce syndrome d'anniversaire pour près du cinquième des malades atteints de cancer, qui nous ont consultés.

Beaucoup de malades ont eu un sursaut de vie, un élan vital et une amélioration de leur santé après avoir vu et s'être libéré de la « loyauté familiale invisible » et de la répétition des symptômes.

Concept de hardiness*

Une autre piste de recherche intéressante, cernant les maladies graves, et le cancer, c'est celle concernant les *survivants*. Il semble prouvé que ceux qui survivent le mieux à l'attaque de la maladie grave et à ce stress sont justement ceux qui auraient les mêmes caractéristiques que ceux qui ont le mieux survécu aux situations de danger grave, comme les

1. Voir Anne Ancelin Schützenberger, *Aïe, mes aïeux !, op. cit.*

camps d'internement ennemis pendant la guerre. Étudiés en particulier en Amérique (sur les survivants des camps japonais) par les chercheurs en psycho-neuro-immunologie, à la suite de Suzanne Kobasa (concept de *hardiness*), ces survivants seraient à la fois capables de mettre des limites aux demandes d'autrui (et de se défendre), d'être impliqués dans la situation difficile, mais aussi de vivre la maladie grave comme un « défi », de se trouver « une certaine valeur », et de se passionner pour quelque chose.

Cet amour de la vie pourrait se transmettre, voire s'enseigner.

Beaucoup de malades *trouvent ce ressort et ces ressources* en soi, ou dans un entourage compréhensif et tonique, dans l'art, le sport ou dans la nature. D'autres le trouvent grâce à un « réseau de soutien » ou à la psychothérapie.

Forrester avait déjà démontré en 1985 qu'un minimum de dix semaines de psychothérapie hebdomadaire améliorait l'humeur et l'appétit des malades atteints de cancer, et Spiegel, en 1990, que six mois de psychothérapie doublaient au moins la durée de survie.

D'autres recherches[1] semblent démontrer que les « malades difficiles » ou réputés « mauvais coucheurs », « râleurs » ou « non coopérants » dans les services hospitaliers, guérissent mieux et plus vite et survivent mieux que les autres*.

1. Voir, entre autres, M. H. Antonie et D. A. Goldstein « The distribution of Repressive Coping Styles among Non-Metastatic and Metastatic Breast Cancer Patients as Compared to Non-Cancer Patients », *Psychology & Health*, 1989, p. 245-258.

L'espoir

On a beaucoup critiqué certaines approches donnant de l'*espoir*, en parlant de *faux espoir* donné aux malades. Cette remarque nous paraît scientifiquement inexacte et humainement malsaine.

Citons le médecin-chirurgien Bernie Siegel : « Nous avions pris pour devise une phrase extraite du livre des Simonton, “Face à l'incertitude, pourquoi ne pas choisir l'espoir ?”. Certains confrères conseillent à leurs patients de m'éviter parce que je risquai de leur donner de “faux espoirs”. Je prétends qu'il n'existe rien de tel. L'espoir n'est pas une donnée statistique, mais physiologique ! […] Le concept de “faux espoir” doit être éliminé du vocabulaire médical […]. [Cela] consiste simplement à expliquer aux malades qu'ils ne sont pas obligés de réagir conformément aux statistiques. […] Le refus d'espérer n'est rien d'autre que la décision de mourir[1]. »

Nous partageons ce point de vue.

Je suis optimiste, envers et contre tout, et surtout vis-à-vis des statistiques*[2]. Je crois réellement au Père Noël (ce que la science commence à explorer sous le nom de *serendipity**[3]), aussi la chance m'a souvent souri.

Rappelons-nous que Norman Cousins vient de démontrer – à l'aide des recherches récentes en

---

1. Bernie Siegel, *Messages de vie*, Paris, Robert Laffont, 1991, p. 42-43.

2. La courbe de Gauss nous apprend à voir soit la majorité des cas (2/3, 3/4) soit que 1/4 sont « autres » et 1/10, aux deux extrémités, très très différents de cette majorité.

3. Anne Ancelin Schützenberger, « La sérendipité », *Annales de la faculté des lettres de l'université de Nice*, Hommages au doyen Weiss, juin 1996. Voir aussi Anne Ancelin Schützenberger, *La Plaisir de vivre*, Paris, Payot, coll. « Petite Bibliothèque Payot », 2011, p. 17-42.

psycho-neuro-immunologie – dans *La Biologie de l'espoir* (1991) l'élan physiologique que donne l'espoir – et la décompensation et dépression immunologique que produit le désespoir.

Il n'y a pas de mal à espérer en la vie et en la médecine et, en espérant, à profiter pleinement de la vie et de la beauté, du jour – sans nier la mort ni faire taire l'angoisse. Pour moi, le jour est beau, même sous la pluie et l'orage, la neige et la tempête.

Un travail thérapeutique sur les *loyautés familiales invisibles* et inconscientes, et la mise en évidence du *syndrome d'anniversaire**[1], de la fragilisation de la période d'anniversaire d'un deuil ou d'une perte permet souvent de sortir de cette « mauvaise période difficile de fragilisation », de surmonter la maladie et de stopper la répétition néfaste, de renverser la vapeur, de *recadrer autrement* les événements et la maladie.

Identité et regard social

On est, on existe de par le regard d'autrui.

« L'attente quant-au-rôle » d'autrui sur vous fonde généralement l'identité et le statut et le rôle de malade est un rôle difficile, car n'existant pas comme actif dans les siècles précédents.

Un changement se produit dans la société, de par le progrès de la médecine et de l'hygiène de vie. On guérit enfin des maladies et on vit bien plus longtemps qu'autrefois. On vit bien plus longtemps qu'au Moyen Âge (avec ses disettes, ses épidémies et ses « bouches inutiles »), et au XIXe siècle et même qu'avant 1930. On guérit bien de la plupart des maladies et accidents de la vie, mais les croyances et les préjugés ont la vie dure, ce qui rend souvent difficile le dialogue médecin-malade. Car

---

1. Voir le minigénosociogramme de Jules, plus loin, p. 255.

médecins et soignants sont encore souvent dans le rôle de la toute-puissance, et les malades relégués au rang de partie du corps à soigner (souvent sans explications suffisantes et suffisamment claires).

Mon apport est essentiellement triple[1]

En tant que clinicienne, et psychanalyste[2], il me paraît important de tenir compte de *l'inconscient*, des processus de projection du malade sur le médecin et du thérapeute sur le malade (transfert et contre-transfert positif et négatif phénomènes d'espoir et de dénégation ou de déni, d'ambivalence), et leur accessibilité par la « voie royale » de l'analyse des dessins, des rêves, des lapsus et actes manqués des soignants et des soignés. Ce qui apparaîtra dans ce que le malade *dit* ou *pourra dire* est lié à la *capacité d'écoute de l'angoisse de l'autre* et aux qualités de *contenant (holding)* du psychothérapeute.

Il me paraît important et même fondamental de mettre *la maladie dans le contexte total de la vie du malade*, de sa famille et de son milieu, c'est-à-dire de faire une *anamnèse sous forme d'arbre généalogique (génosociogramme)*, enrichi des *principaux événements de vie*, sur trois à sept générations, avec la mise en évidence de loyautés familiales invisibles et inconscientes, de *répétitions familiales*, d'âge et de date clés pour certaines familles et certaines personnes, et de la *fragilisation de l'année anniversaire*[3] d'un deuil ou d'une perte, et permet souvent de sortir de cette mauvaise passe et de recadrer autrement accident, maladie ou rechute liés à l'anniver-

---

1. Voir plus haut, p. 76.

2. Je suis élève de Françoise Dolto, et j'avais fait avant sept ans de psychanalyse avec Robert Gessain, à l'époque directeur du musée de l'Homme, anthropologue et médecin des expéditions de Paul-Émile Victor chez les Esquimaux.

3. Voir Anne Ancelin Schützenberger, *Aïe, mes aïeux !*, *op. cit.*

saire d'événements personnels, familiaux, culturels ou historiques.

En tant que groupe-analyste* et psychodramatiste*[1], je travaille avec *l'inconscient* individuel, l'inconscient collectif et le *co-inconscient* familial et groupal, en individuel ou en groupes restreints face à face et constate la transmission de traumatismes « non digérés » et donc de deuils non faits de génération en génération.

À l'heure actuelle, nous sommes d'accord avec Carl Simonton pour noter l'importance des *croyances* du sujet dans l'évolution de la maladie, et du suivi médical et thérapeutique.

Je crois – nous sommes nombreux à le penser – *par contre* que le fait de choisir une approche comportementaliste et cognitiviste uniquement risque d'occulter les méandres de l'inconscient et son surgissement inopiné et la dynamique propre du sujet et que le problème des croyances et prédictions inconscientes du malade – et du médecin – est complexe, subtil et s'élabore en psychothérapie (au niveau où l'inconscient choisit de s'exprimer) – et aussi qu'il peut être dangereux de travailler en grands groupes.

Je trouve très importants les travaux de C.B. Thomas (1973) mettant en évidence des facteurs psychologiques indicateurs de cinq maladies graves – dont le cancer.

La vie devient souvent « intenable » et la maladie survient souvent lorsqu'une personne :

– se sent impuissante face à une situation de stress ;

---

1. J'ai travaillé avec S.H. Foulkes et Eduardo Cortesao en groupe analyse, et J.L. Moreno – et aussi James Enneis en psychodrame triadique.

– retient ses émotions ou est incapable de les exprimer ;

– ressent un manque de liens avec un de ses parents, ou les deux, ou avec un enfant.

Renverser la vapeur me paraît fondamental et urgent face au cancer, d'où… éclairage psychothérapeutique, liste des plaisirs, réseau de soutien et tout ce qui étonne, amuse, intéresse, fascine, passionne pour déclencher *le sursaut de survie…* comme d'insister pour que le malade continue à se faire suivre par un très bon médecin.

Et finalement, je crois que la foi soulève les montagnes, *que l'espoir fait vivre* et transforme tout, donc l'évolution de la maladie, et apporte souvent une guérison inespérée. Ce que confirment les recherches actuelles sur les *survivants* des catastrophes et les rémissions spontanées.

Survivants et rémissions spontanées

De nombreuses autres recherches faites depuis montrent de très nombreux cas de rémissions dites spontanées (environ un cas sur quatre-vingts à cent mille malades, selon les recherches d'Everson et Cole, 1956, cité par le Pr Ghislain Devroede, 1996*[1]). Des études récentes sur plus de quatre cents malades ayant guéri envers et contre tout ont été faites par Johanes Schilder*[2], qui a créé en Hollande un centre d'exploration et de recherches

1. Ghislain Devroede, colloque de Paris sur la violence, 1996, et *in* Luc Bessette (dir.), *Le Travail du deuil comme processus de guérison*, Montréal, MNH Publications, 1995.

2. Du Helen Dowing Institute for Biopsychosocial Medicine, de Rotterdam (recherches 1990-1996).

sur des malades ayant eu des guérisons spontancées vérifiées.

Pour les cancers graves, il nous paraît important de toujours travailler sur la fourchette : état stationnaire, rechute, voire issue fatale, rémission inespérée, c'est-à-dire *d'être réaliste, mais de garder l'espoir et de savoir qu'il y a de nombreux cas de rémissions spontanées et guérisons inattendues*, imprévisibles – mais/et arrivant.

Un chercheur sérieux de Bethesda, Candace Pert (codécouvreur des endorphines, ou « morphines naturelles » du cerveau), met beaucoup d'espoir dans les neuropeptides (et la peptide T) et le système limbique, pour expliquer l'élan donné par l'amour, l'espoir, les émotions positives, et l'amélioration de la santé*[1].

Rappelons aussi la récente recherche bibliographique de Brendan O'Reagan (1993) sur les *rémissions spontanées*. Pour vérifier si elles étaient réellement aussi rares que certains médecins classiques le disaient, il a passé au crible la littérature médicale sérieuse, classique et reconnue : 800 journaux en 200 langues, et trouvé et publié 3 500 références de cas cliniques et études documentées de rémissions (nombreuses de ces études décrivent plusieurs cas).

Nous savons donc maintenant que les « rémissions spontanées » ou « guérisons inexplicables » sont bien plus fréquentes qu'on ne le dit – et encore, cette étude de l'Institut de noétique ne tenait pas compte des nombreux cas rapportés par les « médecines parallèles » et thérapies non conventionnelles.

---

1. Voir aussi Norman Cousins, *La Biologie de l'espoir. Le Rôle du moral dans la guérison* (Paris, Seuil, 1991) sur les ravages des traumatismes de vérités assénées, de secrets, et *l'élan vital* redonné par l'espoir sans mentir, en réouvrant les portes de l'avenir, car *nul ne sait le jour ni l'heure…*

SECONDE PARTIE

Questions – Réponses – Échanges
Cas cliniques

Échanges et discussions sont très souvent enrichissants. Aussi les avons-nous gardés, en partie reproduits ici.

En effet, nous rapportons ici des échanges et des questions de plusieurs conférences-débats, du *Corps à vivre*, dans divers hôpitaux – Curie, Cochin (Paris) ; Émile-Henriot Saint-Joseph, Écoles d'infirmières (Lyon), Karolinska (Stockholm) ; Copenhague, New York, Bruxelles... – au Chemin neuf, à Harmonie et Espoir, au cours de réunions de Psychologie et cancer et de la Concertation nationale sur le cancer (France, 1982), aux stages « Je dis non à la maladie... », à « P'Somatics », IFEPP, EPE, L'Arbresle..., plusieurs universités (par discrétion, nous avons enlevé les noms des intervenants). L'auteur sera *A. A. S.*

Nous avons mis en encadrés quelques réponses longues, développements et explications de quelques techniques ou terminologies psychologiques.

Le malade et ses problèmes

Raisons de vivre – vérité au malade ?

A. G. (infirmière) : J'ai travaillé à l'hôpital Gustave-Roussy avec des enfants cancéreux. Je crois à la guérison. Mon intérêt pour le cancer vient de mon vécu de la maladie de ma mère, qui a eu un cancer du rein il y a vingt ans. Lorsqu'elle a été prise en charge par les médecins, ils nous ont prévenus qu'elle ne vivrait pas au-delà de six mois. Il y a vingt ans, le plus petit d'entre nous (nous étions dix enfants) avait trois ans. Ma mère a subi trois mois de cobaltothérapie. On ne lui a jamais vraiment dit qu'elle était cancéreuse. Les médecins lui ont toujours dit : « Le traitement est bien fait ; tu vas t'en sortir ! » Ma mère se sentait utile. Elle a eu le désir de vivre : si elle mourait, nous étions tous perdus, nous étions si jeunes ! Il fallait qu'elle vive pour nous.

A. A. S. : Un but pour survivre : l'impression, ou la certitude, que l'on a, qu'il faut vivre pour élever des enfants ou pour finir un travail, qu'on veut se battre, qu'on se bat avec énergie, qu'on se bat non seulement pour sa vie, pour son intégrité corporelle, mais aussi sa famille, c'est très important.

A. G. : Mon père était très présent. Ma mère vit toujours. Il y a quatre ans, elle a présenté des troubles généraux. On a fait un scanner. Elle n'a rien. Elle est tout à fait bien ! J'avais vingt ans lorsque le cancer s'est déclaré. J'en ai beaucoup souffert. Je vivais dans l'angoisse de sa mort. Tous les soirs, lorsque j'allais au lit, je me disais : « C'est un jour de moins », avec l'impression qu'il fallait que les jours passent vite, parce que c'était un jour de moins pour ma mère.

J'ai travaillé avec quelques cancéreux, notamment avec un garçon de dix-huit ans. Le médecin ne voulait pas qu'il fasse de l'exercice physique, qu'il fasse son service militaire. Il ne voulait pas qu'il travaille beaucoup. J'ai dit, moi, qu'il le pouvait. Nous avons fait de la gymnastique en imaginaire. Il avait une tumeur du bras et, lorsqu'il souffrait, il ne pouvait plus le bouger. Grâce aux exercices, sa douleur s'est atténuée. Je lui ai alors suggéré d'aller en imaginaire se promener dans les bois, dans la nature, conseillé de regarder les fleurs. Il m'a répondu qu'il croyait préférable d'y aller lui-même en vrai. Tous les mois, il venait à l'hôpital pour sa chimiothérapie. Aux trois dernières cures, il n'a pas perdu ses cheveux. Il va bien.

Dr R. S. : Pendant une dizaine d'années, j'ai tenu la consultation de chimiothérapie à la clinique gynécologique de l'hôpital Broca. À l'époque, on n'appliquait la chimiothérapie qu'aux cas terminaux. Nous avions fréquemment des cancers de l'ovaire. Souvent, il y avait des métastases partout ; on effectuait tout de même une intervention « pour voir ». Au cours de celle-ci, on ne faisait rien du tout :

on ouvrait et on refermait. Il nous est arrivé de revoir certaines malades cinq, six ou dix ans après, sûres d'avoir été guéries puisqu'on leur avait tout enlevé ! Il y avait, parmi les médecins, deux attitudes : certains – et c'était mon cas – adhéraient à ces images, à ce leurre positif. Cela rendait d'autres de mes collègues furieux de penser qu'il fallait laisser croire... Deux clans se formaient au « staff » : ceux qui prédisaient la mort et ceux qui disaient : « On a vu des cas s'en sortir. » Avec une collègue, un peu en secret, nous adhérions à l'espoir de ces malades. Nous faisions du Simonton sans le savoir !

A. A. S. : C'est important, l'espoir de guérir, et du malade, et du médecin*[1]. Dans les cas de « rémission », on parle souvent d'erreurs de diagnostic. Il peut y en avoir une... Il ne peut y en avoir des centaines, faites par des médecins sérieux !

Dr R. S. : Il se passait quelque chose : on avait enlevé le mal ! Pour le malade ouvert et refermé, on lui avait enlevé sa maladie.

Dr J. D. : Vous posez un problème important. Anne, avec beaucoup de justesse, a posé la nécessité de l'honnêteté des Simonton. Voilà que tu nous apportes, toi, quelque chose qui est au niveau de

1. Dans les statistiques internationales, on admet 1 % de « rémissions spontanées » de cancers. L'espoir, l'espoir partagé d'amélioration et de guérison, la lutte « tous azimuts », la volonté de guérir, peuvent faire plus – beaucoup plus – comme de nombreux spécialistes l'ont démontré au Congrès de Montréal de juin 1993 sur les *processus de guérison*, voir Luc Bessette (dir.), *Le Travail du deuil comme processus de guérison*, Montréal, MNH Publications, 1995. Voir aussi Carlyle Hirsberg, Brendan O'Reagan, *Spontaneous Remission : An Annoted Bibliography*, San Francisco, Institute of Noetic Sciences, 1993.

la prédiction, mais qui contient, tout de même, quelque part, un pieux mensonge ! On n'a pas dit à ces malades que leur intervention avait été purement exploratrice ! – ni, donc, qu'on ne leur avait rien enlevé.

A. A. S. : Il me semble que, dans ce cas-là, *la prédiction positive* est ce qu'il y a de plus important dans la méthode. Et la *prédiction positive du malade sur lui-même.* Vous (médecin) avez conforté le malade dans sa prédiction positive sur lui-même. *Le malade se croyait guéri, se prédisait guérissant.*

Dr J. D. : J'aime beaucoup cette idée. Je crois que c'est un des rares cas où, effectivement, il peut être légitime de ne pas dire la vérité.

A. A. S. : De toute façon, il me semble que, là, le malade ne vous demandait pas la vérité. Il vous disait son vécu.

Que le médecin, que le thérapeute, soit capable d'avoir une écoute attentive, d'entendre, de percevoir, d'entrevoir ce que le malade exprime ou tente d'exprimer : c'est fondamental !

Le vécu du malade est plus important que la « vérité vraie » objective.

Dr K. S. : Ce n'est pas « la » vérité – c'est « sa » vérité.

A. G. : Si on avait dit à ma mère qu'elle avait un cancer, avec cette idée qu'elle avait de condamnation à mort, que se serait-il passé ? Les médecins ne lui ont pas dit la vérité, mais ils l'ont toujours réconfortée en lui disant : « Ça va aller très bien ! » Ils l'ont prise très affectueusement en charge. Si on dit au malade, en n'y croyant pas : « Vous avez un cancer, vous allez guérir », il le ressent.

A. A. S. : Je dirai plus : si on ne croit pas à la guérison possible, qu'on le dise avec des mots ou qu'on ne le dise pas, le malade le ressent de toute façon ! On laisse échapper ce que l'on pense de mille subtiles façons ! *Le langage du corps, le « non-dit », est aussi parlant que le dit.* Le langage par omission, la communication non verbale, expriment beaucoup de sentiments et, même, des faits. Ne pas répondre à une question, c'est répondre négativement à un espoir de vie ; c'est donner un verdict de mort indirect.

Dr E. G. : Si on y croit, en revanche, ça marche ! Il faut donc dire la vérité. Si on y croit, ce n'est pas une condamnation à mort. Cela signifie qu'on va s'en sortir.

Pour élargir le débat, que pensez-vous des femmes qui veulent garder leur cancer dans leur sein et éviter leur mutilation ? On ne les a pas ouvertes, et elles veulent s'en sortir… et elles s'en sortent !

On peut voir, dans ces cas, des tumeurs grosses comme un abricot, devenir – en un mois ou deux – des petits noyaux de cerise difficilement palpables, avec une sorte d'échappement, une saturation de la maladie, qu'on pourrait appeler « guérison », peut-être, mais presque définitive…

A. A. S. : Merci de votre apport…

Des tumeurs malignes diminuer et disparaître, j'en ai très souvent vu, aussi.

Dans la visualisation d'un noyau cancéreux, n'importe où, par exemple dans un sein, vous le voyez diminuer – et on le sent effectivement diminuer –, passer de la grosseur d'une pêche à celle d'un noyau de cerise ou d'une tête d'épingle !

J'attribue ceci à l'importance de la visualisation, à *l'importance du désir de guérir, et de guérir tout à fait*, sans amputation, à la *réalisation automatique des prédictions*.

J'ai essayé de comprendre comment cela pouvait être possible. L'explication que je me donne, c'est que la visualisation agit au niveau du cerveau, au niveau des lobes frontaux et, à partir de là, sur le circuit, hypothalamus-surrénales, réveillant le fonctionnement immunologique du corps, le noyau cancéreux, alors, diminue. Je l'ai observé. D'autres aussi ont observé la diminution de tumeurs, ou leur disparition, avec l'apparition de l'espoir.

Dr E. G. (sophrologue) : L'inverse est vrai : le *stress bloque* la fonction hypothalamus-surrénalienne, un excès de cortisol, immuno-dépresseur, passe dans le sang, et les défenses diminuent. Cela se dose toute la journée. On peut prouver au patient qu'il a perdu ses défenses et, dans le suivi, on peut lui apporter, mois par mois, ou tous les deux mois, son amélioration, aussi bien cliniquement que sur le papier. C'est un test important. Je crois qu'aucune médecine seule ne détient la vérité. Ce n'est pas la sophorologie* seule qui va guérir le patient, mais une convergence de médecines et aussi une espèce d'ambiance qui fait qu'il est pris en charge, et pas seulement par une seule personne. Les médecins ne viennent pas s'imposer en disant à la famille qu'il est foutu, ce qui fait que la famille a les yeux de travers quand ils se serrent la main… Il faut arriver à trouver des gens qui, tous, croient que le patient va guérir… C'est très difficile…

A. A. S. : La convergence de soins, une ambiance tonique, de super-optimisme, c'est très important ! Mais c'est important quand c'est authentique et vrai. Et qu'il ne s'agit pas d'un optimisme de façade.

Il est mauvais, voire néfaste, d'occulter l'angoisse ainsi que la crainte de la rechute et de la mort. Il faut pouvoir en parler. Certains malades, quand ils vont mal, ne supportent pas la vue de bien-portants qui se dorent la pilule. Il est essentiel d'être vrai, et clair sur ses sentiments, et aussi de pouvoir garder un espoir, même face à un pronostic incertain. Le malade doit pouvoir parler de son angoisse de mort et être écouté.

C'est très important d'apprendre à un malade à se choisir des médecins optimistes, des équipes thérapeutiques, des infirmières, des kinésithérapeutes, des sophrologues, des psychothérapeutes gais, « battants », optimistes, de s'entourer de gens qui portent sur lui un regard optimiste ; c'est essentiel de ne s'entourer que de gens qui l'aident à espérer et à vivre, et de fuir les autres, y compris ne pas voir les membres de sa famille qui sont pessimistes, et ne voir, de sa famille et de ses amis, que ceux qui sont optimistes, que ceux dont la présence et le contact lui font du bien, ceux qui le « rechargent », ceux qui rayonnent de joie de vivre et dont le désir de vivre et faire vivre est communicatif.

On a souvent, il est vrai, à lutter contre le pessimisme ambiant, contre l'idée répandue dans la société comme quoi « cancer égale mort », contre le découragement général ; mais petit à petit, la société change.

Et change d'autant plus qu'on guérit d'autant plus de cancers et que médecine et statistiques s'améliorent. Et que les malades guéris témoignent (voir dans la bibliographie les ouvrages de malades guéris).

Dr E. G. : Le gros problème, c'est qu'ils sont pris entre les chimiothérapeutes, les radiothérapeutes, la famille, etc. et vous, si vous voulez les guérir, vous allez les guérir. Mais si vous faites attention à tout ce qu'on dit autour de vous, et aux avis contraires, vous êtes perdu !

Régression des cancers mortels

Dr Ph. Q. : Depuis que je travaille en groupe et en supervision avec une psychanalyste et une psychodramatiste, mes malades évoluent autrement.

Je voudrais rapporter le cas d'un malade avec des métastases cérébrales. En principe, il en avait pour moins de six mois de survie. Il n'y avait rien à faire. Et puis j'ai lu le livre des Simonton, et je vous ai entendu en parler à Lyon. Je suis devenu enthousiaste. J'en ai aussi parlé en supervision et la psychanalyste a parlé de la vie qui refleurit. Vous disiez que vous avez vu des métastases régresser. J'ai dit à sa femme qu'on peut guérir des métastases. Elle se préparait à être veuve bientôt. Elle est sortie bouleversée de ce que je lui avais dit, de cette porte qui s'ouvrait. Ça a changé beaucoup de choses dans leur couple. Au deuxième scanner, les métastases cérébrales de ce malade ont régressé. Maintenant, je ressens qu'il pourra s'en sortir.

A. A. S. : On a vu des métastases osseuses disparaître. Un cancer du foie régresser… Cameron et Pauling rapportent le cas d'une femme de cinquante-cinq ans mariée à un médecin et qui avait un cancer au cerveau, une tumeur de 2,5 cm de diamètre située en profondeur dans l'hémisphère cérébral, et qui refusa une opération pour ne pas risquer de souffrir d'une paralysie permanente du bras et de la jambe, bien qu'elle fût en principe condamnée. Sur la recommandation d'une amie, elle fit en septembre 1978 une cure désespérée de 10 grammes de vitamine C par jour. Fin décembre, le scanner cérébral ne décelait plus aucun indice de la présence de la tumeur. Elle continue à prendre une mégadose de vitamine C par jour et semble s'être complètement remise de sa maladie mortelle. Les chirurgiens du centre médical de Stanford considèrent qu'elle a eu une régression de son cancer.

Ils citent aussi le cas de M. R. dont le cancer du pancréas a régressé après des mégadoses de vitamine C, et qui vécut ensuite une vie active et survit depuis plus d'un an à son cancer terminal.

Tout *cela favorise les régressions spontanées.* Beaucoup de spécialistes différents, utilisant des méthodes différentes, rapportent des cas de régression spontanée, qu'ils attribuent à leur méthode particulière. On sait aussi qu'on a retrouvé des cancers encapsulés, donc devenus non agissants, chez les lamas du Tibet ou les yogis des Indes, morts il y a des siècles.

Je voudrais reprendre ici le commentaire qu'a fait une malade qui se bat pour survivre et n'est pas tranquillisée du fait que ses analyses soient bonnes, que ses examens soient bons. En effet, elle avait l'impression d'avoir le cancer et on ne le détectait pas, alors qu'elle se sentait très mal, jusqu'à ce que, finalement, dans le scepticisme général, une biopsie mammaire ait révélé un cancer avancé au milieu d'une mastose : elle a été soignée et « tirée de là » de justesse.

Il faudrait rappeler qu'il faut rester vigilant et qu'un examen négatif ne veut pas forcément dire qu'on se porte très bien, mais qu'à ce moment-là, par ce moyen-là, on ne le voit pas (scanner négatif, mammographie négative, scintigraphie négative). Le cancer peut être présent quand même, et il faut rester vigilant. C'est la raison pour laquelle on recommande de *garder la vigilance au moins pendant une dizaine d'années* après la disparition des symptômes.

De même, si l'on prend des mégadoses de vitamine C, il ne faut jamais sevrer d'un coup. Un arrêt pourrait être dangereux, dit Pauling. Il est utile aussi de continuer les exercices de relaxation et de visualisation du corps guéri… et les exercices de surveillance… pendant cinq ans à partir de la disparition des symptômes. Et aussi des examens médicaux de contrôle.

Un exemple clinique : Line

J'ai envie de vous raconter une histoire extraordinaire : il s'agit d'une jeune fille qui avait un cancer grave, un sarcome. On lui avait prédit quinze jours de survie. Les professeurs Schwartzenberg et Mathé avaient prévenu la famille, la famille le lui a dit ; elle est alors venue me trouver à l'université (c'était une étudiante de notre doyen, et que je ne connaissais pas). Elle sortait de Villejuif. On lui avait fait de la radiothérapie d'un os du bras. Nous avons beaucoup travaillé, en relaxation-visualisation, psychothérapie, psychodrame, prédiction positive ; et elle allait mieux. On lui avait mis une plaque provisoire qui ne pouvait pas ne pas casser, parce que le chirurgien avait prévu qu'elle mourrait sûrement et que, sinon, elle serait amputée du bras, donc qu'il n'était pas nécessaire de mettre une vraie plaque ! Trois ans après, elle n'était pas morte et avait toujours son bras. Mais la plaque commençait à jouer, les vis bougeaient et commençaient à détruire l'os du bras et de l'épaule et à sortir du côté de la peau. Cela commençait à devenir dangereux pour elle. Elle a fini par trouver un chirurgien qui a consenti à ouvrir, enlever la plaque, sans toucher à l'os et sans amputer. On a beaucoup cherché une solution pour consolider son bras, irradié, cassé en deux endroits, ornemental mais présent. C'était important pour cette jeune fille de trente ans de garder ses deux bras. C'est elle qui a trouvé la solution en lisant livres et revues, en s'informant, en cherchant et en téléphonant « partout ». Elle a finalement trouvé un chirurgien dans une autre ville, qui a proposé d'essayer une nouvelle idée technique : consolider son bras par de longs fils, des « clous » minces. On a mis les clous, c'était bon, mais ça n'a pas tenu. Sa mère, qui l'aimait beaucoup, qui voulait la protéger, qui voulait son bien et, « par conséquent », l'amputation (« puisque c'est l'avis de Villejuif »), et donc qui ne voulait pas comprendre qu'elle refuse l'amputation, lui a donné, sans le faire exprès, un coup de sac à main, qui a cassé l'os ; sa mère lui avait demandé de l'accompagner dans un supermarché pour faire des courses ! On a donc cherché avec cette malade ce que l'on pouvait faire. Le chirurgien avait proposé d'essayer une greffe, qu'elle a refusée pendant un an ; elle portait son bras en écharpe, mais cela ne pouvait pas durer longtemps. Elle était dans une situation médicalement très difficile : les clous cassés, son bras en écharpe (elle disait qu'elle avait seulement un bras ornemental) et refusant la greffe. Nous avons travaillé avec elle en psychodrame pour la préparer aux opérations, par du *jeu de rôles*. Pour elle : la greffe, c'était la mort !

Nous avons essayé de comprendre pourquoi. J'ai essayé de remonter dans son histoire familiale, en utilisant le génosociogramme*, technique issue de la généalogie et du sociogramme de Moreno* : on demande aux gens de raconter et de faire leur histoire familiale sur trois et cinq générations, et de dessiner, en même temps, leur arbre généalogique, en mentionnant dessus à la fois les vivants et les morts, les naissances, mais aussi les fausses couches et les enfants mort-nés, en indiquant les prénoms de tous, l'âge et les causes des décès, le lieu (ville, pays) où ils vivaient (en précisant également qui vivait sous le même toit), les maladies et les liens entre eux – ou absence de liens. C'est ce qu'on appelle un génosociogramme transgénérationnel. Elle a donc découvert que sa grand-mère et son arrière-grand-mère étaient toutes les deux mortes après une chute, au cours de laquelle chacune d'elles s'était cassé le col du fémur ! Chacune.

Si elle avait peur qu'on lui prenne une greffe dans sa hanche, c'est que, pour elle, c'était une condamnation à mort, puisque sa grand-mère « en » était morte.

Nous avons beaucoup travaillé sur ses souvenirs et ses associations de pensées et je lui ai demandé aussi de faire une enquête plus précise du point de vue familial. Elle a parlé à sa grand-tante, à de vieux voisins de sa famille. Elle a découvert que sa grand-mère n'était pas morte à la suite d'une chute où elle s'était cassé le col du fémur[1], mais qu'elle avait eu deux fractures ; ce n'était donc pas de la première fracture qu'elle était morte, mais après la deuxième, et d'autre chose ! Après tout ce travail, elle a pu accepter qu'on lui prenne de l'os de la hanche et qu'on lui fasse une greffe. Elle a donc changé sa prédiction. Elle s'est reprogrammée.

---

1. Dans son idée, le col du fémur est lié à la hanche : c'est le bassin.

Elle avait peur de mourir de l'opération. Elle avait peur qu'on ne l'ampute à son insu une fois endormie, sur la table d'opération, que le chirurgien soit obligé d'amputer. Elle croyait beaucoup aux thérapies douces, aux médecines naturelles, elle avait peur des médecines classiques.

Elle avait peur aussi qu'on lui donne trop d'anesthésie, trop de drogues pour dormir. Elle voulait essayer la sophrologie, l'acupuncture. Elle a lu, dans un journal, qu'il y avait, à Metz, un sophrologue qui employait l'acupuncture pour des opérations. Elle lui a téléphoné pour lui demander s'il acceptait de venir dans le Midi. Nous avons cherché et trouvé une sophrologue à Marseille, qui a accepté de venir le jour de l'opération. En même temps, j'ai joué avec elle, en psychodrame, en *jeu de rôles*, plusieurs fois, son opération. Elle avait du mal à imaginer, à voir comment on allait modeler son os, le déroulement de l'intervention. Elle a demandé au chirurgien à quel endroit il allait prendre la greffe – à droite ou à gauche ? Il a répondu que cela lui était complètement égal. Nous avons donc joué en psychodrame si on allait la lui prendre sur la hanche droite ou sur la gauche. On a essayé avec elle des deux côtés et joué (mime parlant en aparté) le réveil postopératoire. Elle a joué la malade, opérée, au réveil, et essayé plusieurs positions : elle a préféré avoir un seul côté touché et pansé, et un côté entièrement sain et mobile ; elle a fait connaître sa préférence au chirurgien, lequel a accepté son choix et opéré.

En psychothérapie de groupe (groupe-analyse et psychodrame) et en thérapie individuelle, elle avait parlé de son angoisse de n'être pas tout à fait guérie et surtout d'être amputée. Elle craignait surtout l'amputation et la mort, ou la mutilation définitive sur la table opératoire, sans son accord, par erreur, voire par malchance.

Nous avons joué sa mort sur la table d'opération, son amputation sur la table d'opération, son réveil avec douleur et son réveil sans douleur, et avec ses deux bras.

Au cours d'une série de séances, elle avait raconté ses rêves et avait dessiné son cancer (guéri), son os se reconstituant, et son bras refonctionnant. On a joué aussi, en *jeu de rôles*, en psychodrame* (en mime parlé), sa mort.

Elle a été « morte » sur la table d'opération (elle faisait la morte), « morte » sur son lit, sa famille en pleurs autour d'elle, son père si sévère, sa mère, sa sœur, tous la regrettant. On a « joué » ces situations pour qu'elle les ressente et les vive des deux côtés : on a « joué » un « renversement de rôles » et elle a été le curé faisant son homélie, puis un parent disant : « la pauvre… notre chère Line, que nous aimions tant pour son intelligence, sa culture, son bon cœur, sa serviabilité, sa gentillesse… quel dommage qu'elle n'ait pas pu… se faire titulariser dans l'enseignement, avoir sa maison, s'installer, avoir un enfant[1]… faire ceci ou cela » (elle – Line – parlait de ce qu'elle aurait aimé faire si elle avait pu faire ce dont elle avait envie et si elle pouvait vivre…).

Il y avait là tout un programme, de quoi donner envie de vivre pour le réaliser…

Une autre fois, on a « joué » l'opération. Elle a fait tantôt l'opérée (elle) et tantôt le chirurgien, disant (en tant que chirurgien) : « C'est difficile, on

1. Elle a accouché en 1985, d'un très beau bébé et est très heureuse. Dix ans après, elle et son fils vont très bien. En 2001, l'Institut Villejuif a constaté sa survie et sa vie, avec ses deux bras (elle est le seul cas, avec le fils Kennedy, de survie d'un œstéosarcome à long terme). En 2004, elle a toujours ses deux bras et va bien.

a dit que c'est impossible, mais j'y arrive. Ça fait cinq heures qu'on est dessus, mais on tient bon, ça marche, tout est en place, tout va bien, c'est parfait… tout ira bien… »

Pour ceux qui croient à l'empathie, à la transmission de pensée, au fait de penser aux autres, voire de prier, on pourrait peut-être dire que ce qu'elle a imaginé et dit « pour le chirurgien », quelque part, a aidé le chirurgien à bien opérer, pour cette première opération qu'il faisait. Et il est certain que le bon moral préopératoire du malade encourage et aide le médecin et le chirurgien.

Nous avons joué et convenu d'avance, en psychodrame, qu'elle se réveillerait à telle heure, qu'elle aurait un peu mal, mais que ce serait supportable (elle voulait refuser la morphine, et même l'aspirine). C'était une grosse intervention, une première mondiale. Elle a décidé que cela irait. Nous avons donc imaginé – visualisé – avec elle, qu'elle aurait un peu mal au réveil, mais qu'elle verrait sa douleur diminuer, puis disparaître. Je lui ai enregistré une cassette. Il est venu une sophrologue qu'elle ne connaissait pas, qui lui a aussi enregistré une cassette. La sophrologue l'a préparée avant l'intervention.

Elle s'est adressée directement à un acupuncteur d'une autre ville dont elle avait entendu parler dans une revue ; lequel avait accepté de se déplacer pour l'opération – ou plutôt, la date de l'opération avait été fixée en fonction de la double disponibilité du chirurgien et de l'acupuncteur. (Elle avait proposé de payer elle-même les frais de transport et espérait que la Sécurité sociale accepterait de la prendre en charge ensuite.) Le chirurgien avait accepté tous ses désirs (ou caprices, ou demandes nécessaires pour son moral) à la condition que l'anesthésiste soit d'accord. Celui-ci a donné son accord – double fait remarquable pour des médecins classiques intervenant dans une clinique conventionnée n'utilisant que des méthodes classiques.

L'acupuncteur est rentré avec Line en salle d'opération. Elle a eu en fait le dixième des doses habituelles d'anesthésie. Tout s'est bien passé[1].

J'avais été en rapport avec des gens qui travaillent au Centre de posturologie de l'hôpital Sainte-Anne à Paris ; ils avaient parlé de l'importance des aimants pour diminuer la douleur et détendre les muscles. On lui avait donc donné des aimants à poser. En fait, un ami médecin de Nice s'est déplacé à vingt-trois heures pour les lui apporter et lui expliquer comment les placer, le long des points de suture, sur ou sous le bandage. Il fallait surtout qu'elle mette les aimants derrière les oreilles et aux points de prélèvement iliaques de sa greffe. Elle l'a fait – ou plutôt des amis l'ont fait pour elle à la clinique. Elle s'est réveillée en forme. Elle a été la seule personne de toute la clinique à ne pas avoir mal en postopératoire. Elle n'a pas eu besoin de calmants ni d'analgésiques. Quand la douleur s'est réveillée, elle a refait de la visualisation, elle s'est imaginé la douleur diminuant, et la douleur a diminué[2]. Au troisième jour, elle s'est levée ; elle a fait quelques pas. Elle est sortie de clinique huit jours après. Trois semaines après, elle

---

1. On dit que le Dr Bismuth (hôpital Paul-Brousse, Villejuif) effectue certaines opérations sous acupuncture. L'équipe du professeur Carra (hôpital Necker, Paris) expérimente des opérations avec anesthésie et acupuncture – en particulier avec le Dr Giraudeau, de Morange, près de Metz (hôpital à Hagondange). Mais avec Line, il s'agissait d'une préparation psychologique : psychodramatique d'une opération chirurgicale.

2. Il arrive que la douleur postopératoire lèse les poumons. Dans ce cas, il n'y avait pas de douleur postopératoire. Et vingt ans après, elle a toujours l'usage de ses bras, ce qui tient du miracle.

est revenue voir son chirurgien pour un contrôle. On a ouvert ensuite le plâtre : la greffe avait l'air de prendre. Or l'équipe médico-chirurgicale de Paris disait que l'os était irradié à mort ! En Europe, c'est le seul cas qui ait gardé son bras, dit-on, et qui ait survécu ! C'était un cancer terminal… il y a six ans. À Villejuif, ils n'en revenaient pas de la revoir vivante et en bonne santé, lorsqu'elle est venue les revoir, en accompagnant un malade !

C'est une histoire vraie, un exemple de thérapie conjointe, de psychothérapie et de visualisation, et de lutte d'une malade pour garder et tous ses membres, et son corps entier, et sa vie.

C'est un exemple de méthodes douces – et de psychodrame et de visualisation – associées aux méthodes classiques (radiothérapie, chimiothérapie, chirurgie), en synergie. C'est un cas très exceptionnel, à la fois par l'envie de vivre de la malade, et de vivre en conservant son corps entier, et d'être traitée en adulte et en partenaire, et aussi de pouvoir décider pour elle-même. C'est très exceptionnel, mais ça a très bien marché, avec à la fois un peu de diplomatie et d'obstination.

Mais elle savait ce qu'elle voulait : elle voulait vivre et vivre avec ses deux bras ; et elle n'avait rien à perdre. Puisque le diagnostic était de cancer terminal, et que personne n'avait jamais survécu dans son cas, ni sans amputation.

Quelques semaines plus tard, elle est revenue pour un contrôle chez le chirurgien, afin de voir si tout se passait bien et si sa greffe commençait à prendre. Tout semblait aller bien ; le médecin (chirurgien) avait été précis, bref, technique, laconique, comme le sont souvent les chirurgiens.

Mais, après ce contrôle, elle s'est stressée. Elle m'a téléphoné en province – je faisais une conférence à l'hôpital X –, elle m'a jointe par téléphone, le soir à l'hôtel, affolée : le médecin lui avait dit qu'il voyait des bandes blanches et que « le greffon meurt et renaît, meurt et renaît ». Elle a donc eu peur que le greffon n'ait pas pris ! Et la douleur est revenue ! Nous avons parlé au téléphone, nous avons essayé de « voir », de comprendre, de visualiser, d'imaginer ce que c'était qu'un « greffon ». Nous lui avons expliqué que le greffon devait vivre, lui, l'intervention comme une fracture et que, par conséquent, il pouvait y avoir des bandes blanches le long de la greffe ; qu'il n'y avait pas de quoi s'affoler ! (Il y avait par hasard et par chance une infirmière en chirurgie auprès de moi, quand le téléphone a sonné.) J'ai senti sa respiration, sa voix, son ton se calmer et la douleur, en dix minutes de conversation, a disparu ; elle m'a retéléphoné depuis.

Elle va très bien. Cette histoire de sarcome du bras (cancer terminal) irradié, non amputé et greffé est très étonnante. Un an après la greffe, elle va bien et se sert de ses deux bras. C'est une première mondiale* !

Un médecin âgé et malade

A. A. S. : Peut-être faudrait-il que je complète ce que je disais tout à l'heure, avec des exemples de fins différentes ? Je ne dis pas que la méthode Simonton sauve tout le monde ! Sûrement pas. Elle sauve un certain nombre de personnes, autrement condamnées. Mais il y a aussi de très nombreux cas où elle supprime la douleur, augmente les délais de survie, et de survie dans des conditions plaisantes, agréables. Elle aide de nombreuses personnes à surmonter maladie et rechutes – et, si ça ne s'arrange pas – elle permet aux gens de mourir après avoir eu une fin humainement acceptable.

En voici un exemple :

Un de mes élèves, médecin, avait son père, lui aussi médecin, atteint d'un cancer grave de la gorge. Il a proposé à son père et à sa mère que je vienne les voir. Ils ont refusé. Quelques mois après, leur médecin de famille et ami a annoncé à la femme de ce monsieur que son mari ne passerait pas la semaine et probablement pas vingt-quatre heures. Ils m'ont alors appelée. J'ai accepté de venir. Quand je suis arrivée, je me suis demandé pourquoi on m'avait appelée. Il paraissait évident que cet homme allait mourir bientôt et qu'on ne pouvait plus rien faire pour lui.

Le monsieur était comme un « légume ». Il avait des tuyaux partout. Il ne bougeait pas de son lit, il était maigre comme un clou, pâle et même terreux. Il avait été opéré de la gorge et avait du mal à parler. Il faisait des borborygmes que, moi, je ne pouvais pas comprendre. On m'a laissée avec lui et je me suis dit : « Il m'a demandé de venir, il a donc eu envie de me voir. On ne risque rien d'essayer ! » J'ai cherché avec lui quelles pouvaient être les causes de son cancer et les causes de sa maladie grave et, peut-être, de son envie de mourir. Il les a trouvées. On a cherché ensemble si, malgré tout, il ne voulait pas essayer d'aller mieux, de vivre encore un peu, de faire des choses pour lui et les siens, des choses qui lui tenaient à cœur. Je ne peux pas rapporter ce qu'il m'a dit, parce que je ne l'ai pas compris, parce qu'il était à peine audible ; lui, en tout cas, avait l'air de comprendre ce qu'il m'expliquait et cela lui paraissait important. Je lui ai alors demandé s'il désirait que je lui enseigne et enregistre une séance de relaxation et de visualisation. Il a répondu oui. Et on l'a visualisé allant mieux et se levant...

Il s'est expliqué par sons et par gestes, et aussi par l'entremise de sa femme qui, par moments, servait d'interprète et, à d'autres, nous laissait seuls. L'effet de notre entretien a été fulgurant ! Cela ressemble à un conte de Noël. Il a pris sept kilos en cinq jours. Il n'est pas mort. Peu après l'entretien, il est descendu au salon, avec sa famille. Trois jours après, il assistait à la messe de Noël. Il a assisté au baptême de son premier petit-fils. Il a été dans son jardin. Il a fait son testament. Il a fait venir ses enfants, ses petits-enfants ; il a parlé longuement à son fils, à sa fille qui avait pu venir de loin. Il a eu trois mois de survie agréables. Puis, « brusquement », il s'est senti « pas bien ». On a appelé une ambulance. Il est mort très vite et calmement, entre sa maison et l'hôpital, dans l'ambulance, dans les bras de sa femme qui l'accompagnait.

Au lieu d'avoir une longue et pénible agonie, il a eu trois semaines de survie agréables et il est mort en une heure.

On rentre, à ce moment-là, dans une possibilité de survie où on peut *dire au revoir* à la vie et, même, vivre pleinement, comme on en a envie, et la mort survient, rapide et acceptable.

Rappelons en passant que certains « malades terminaux » ont un sursaut de vie et vont mieux – pendant très longtemps. Les malades Bob et Rosette, des Simonton, dont j'ai entendu parler par des amis vont très bien – plus de dix ans après. Je connais des rémissions de plus de trente ans... et qui vont bien.

*Commentaires sur les rémissions spontanées**[1]

Dr M. B. : J'ai vu à Paris, dans un service de médecine tropicale (CHU Claude-Bernard), le Professeur Coulaud : il m'a raconté l'histoire d'un de ses patients, haut fonctionnaire d'un État africain, atteint d'un cancer primitif du foie au stade terminal (survie à un mois). À la proposition de son chef d'État, le malade a quitté l'hôpital parisien pour rentrer chez lui en Afrique, où il a vu un guérisseur. Il n'est pas mort – au contraire. Depuis sept ans, il est en excellente santé. Il est revenu à Paris voir son médecin, qui le considère comme guéri.

Dire au revoir

A. A. S. : Il m'est arrivé de venir au chevet de malades moribonds inconnus, appelée par leur famille, et de les aider à avoir un sursaut de vie, un net mieux... pour quelque temps ou pour longtemps. Si c'est peu de temps – quelques jours, quelques semaines, quelques mois – c'est un temps important pour eux, qui ont tous pu terminer des choses importantes, voire vitales, et qui ont eu des fins rapides et qui paraissaient douces.

L'important me semble, ici, que les gens puissent partir à leur gré, de la façon qu'ils souhaitaient, sans souffrances, et en ayant pu finir ce qu'ils voulaient

---

1. Rappelons que Brendan O'Reagan a trouvé 3 500 références de rémissions spontanées dans 800 journaux médicaux classiques (Carlyle Hirsberg, Brendan O'Reagan, *Spontaneous Remission*, *op. cit.*). Résumé publié dans les Actes du congrès de Montréal sur les vrais facteurs de guérison (voir Luc Bessette [dir.], *Le Travail du deuil comme processus de guérison*, *op. cit.*).

terminer, et mettre leurs affaires en ordre, et dire au revoir à ceux qui leur sont chers.

Dire au revoir est très très important

Un médecin a même écrit un livre qui s'appelle *Je ne lui ai pas dit au revoir*[1], et analysé dans sa thèse les méfaits – sur trois générations – du fait de n'avoir pas pu dire au revoir, faire le deuil, clore une relation.

Pour moi, j'ai pu être là – ma fille aussi – lorsque ma mère est morte. Ce que je considère comme une grande chance, qu'elle soit morte dans mes bras, avec nous, et en privé – et qu'on lui ait évité l'hôpital et la solitude.

Lorsque ma sœur est morte à quatorze ans, pour me ménager, on ne m'a pas permis de la voir et je sais que j'en veux toujours à ceux qui ont pris cette décision pour moi – malgré mon jeune âge de l'époque.

Pouvoir compléter, achever, clore une relation, avoir la possibilité de clarifier des choses, voire de poser des questions, est important.

Par exemple, c'était important pour moi lorsque J. L. Moreno[2], mon « patron » en psychodrame, a senti sa fin venir, après son attaque, qu'il ait choisi de prévenir quelques intimes (dont moi, en France, par téléphone) et que j'aie eu la possibilité, en prévenant mon doyen, mon ministre et ma famille, de quitter mon travail (avec leur accord) et de partir de l'autre côté de l'Atlantique, d'aller à son chevet (chez lui, à Beacon, New York) et

1. Claudine Vegh, *Je ne lui ai pas dit au revoir*, Paris, Gallimard, 1979.

2. Le docteur J. L. Moreno (1889-1974) est le créateur du psychodrame, de la sociométrie, de la technique de « projection dans l'avenir », de la psychothérapie de groupe… et mon « patron ». Je suis une de ses élèves et une de ses « filles adoptives ».

de lui dire au revoir. J'ai pu l'accompagner – avec sa femme et les siens – pendant quelques jours, quelques nuits… le veiller, lui apporter du champagne de France et voir le plaisir qu'il prenait à en boire une goutte – lui qui ne s'alimentait plus –, à écouter avec lui de la musique, à lui lire ou réciter des poèmes, à lui rappeler de bons souvenirs, à être présente…

Et nous étions plusieurs, de ses élèves et de sa famille, à l'accompagner avec sa femme pour ses derniers jours – car ces dernières heures se sont transformées en de très nombreux jours et semaines de 1974 – peut-être parce qu'il était bien avec nous…

Dépression – le « cafard »

Que faire contre la dépression, le cafard ?

A. A. S. : Le plus terrible pour un malade cancéreux, c'est d'avoir l'impression qu'il n'a plus aucun contrôle sur sa situation. C'est ce qui le conduit à l'absence d'espoir, au désespoir… à la dépression.

On peut recourir à la médication classique contre la dépression, à la psychothérapie de soutien, à la diététique. On peut aussi l'écouter avec attention.

La méthode que nous employons ouvre la porte de l'espoir et de la participation active du malade. Et l'on arrive aussi à lutter contre cet état dépressif, lié au choc du cancer, à l'idée du mal incurable qui vous atteint sans savoir pourquoi. Cet état, c'est ce que Seligman appelle *« le désespoir, l'absence d'espoir et le sentiment d'impuissance*[1] ».

---

1. Martin E. P. Seligman, *Helplessness: On Depression, Development and Death*, San Francisco, W.H. Freeman, 1975.

Avoir un peu d'espoir, cela permet de tenir, de surmonter le coup… C'est important d'avoir prise sur la vie, sur son destin.

William Schutz cite trois besoins fondamentaux* pour que l'homme vive : *l'affection* (reçue), *l'inclusion* (dans un groupe), et *le contrôle de sa situation*.

Notre méthode *rend le malade actif*. Donc, il recommence (commence) à avoir prise sur son destin.

Un médecin avance que lorsqu'il dit la vérité à un dépressif, loin de s'enfoncer dans la dépression, celui-ci s'en sort, parce qu'il a un but. Il sait ce qu'il a. Cela donne un mobile à sa dépression : il va mettre tout en œuvre pour s'en sortir.

Dire la vérité sur son état à un malade cancéreux dépressif, cela peut accentuer la dépression. Mais on a déjà un malade grave en dépression, et sans espoir, et dont le médecin n'a pas non plus l'espoir de le guérir. Vous êtes sûr que le malade va mourir ; vous l'exprimez quelque part indirectement. Vous lui donnez tout de même une petite chance de survie, une petite chance qu'il aille mieux, en lui parlant vrai ; même si cela lui donne un choc, car le choc peut être salutaire et lui donner *envie et pouvoir de se battre à mort… contre la mort…* et avoir une bonne chance de gagner.

Un témoignage

M. X. : Je peux apporter un témoignage, mais pas au même stade de la maladie que celui que vous avez évoqué. Il y a sept mois, j'ai été opéré d'un cancer, un cancer très grave, puisqu'il n'y avait que 20 % de chance de survie d'après les statistiques. La méthode et les modalités de thérapie que vous avez énumérées et qui m'ont passionné, je ne les ai pas vécues, puisque j'ai été opéré. Mais, par contre, j'ai été très troublé par tout ce que vous avez énuméré dans cette démarche pour faire reculer le cancer. Je l'ai appliqué sans initiation particulière. Je pense donc que votre méthode, non seulement est valable avant, mais aussi après. Et je n'ai jamais été aussi bien, aussi en forme qu'aujourd'hui ! Le chirurgien m'a dit : « Vous êtes un cas ! » Tout ce que vous avez dit, Madame, l'optimisme, cette espèce de réconciliation avec l'univers, ce recul du bruit (télévision, radio, bruits de voitures), je peux, grâce à un lieu de retraite dans Paris, être dans le silence, me livrer à la méditation, ce qui est une thérapie extraordinaire ! Avant, je n'avais pas le temps. J'ajoute – ce qui intéresse ceux qui m'ont demandé d'écrire mon passage si près de la mort et ma résurrection, quand j'étais si mal et qu'on m'a cru mourant – l'importance de la spiritualité, s'ajoutant à la joie de vivre que j'ai retrouvée... Vous parliez de l'enfance retrouvée : il y a des odeurs de l'âge de douze ans que j'ai retrouvées dans mon olfactivité, d'une façon incroyable, comme si je revivais mon adolescence ! Tout ce que vous avez énuméré, Madame, je tiens à l'attester, non pas tellement pour la guérison d'un cancer, mais pour le bien-être après avoir frôlé la mort. C'est comme une nouvelle vie, comme une résurrection. Votre démarche est excellente, puisque je l'ai appliquée et qu'elle est certainement la cause de cette résurrection...

L'aide thérapeutique

Jeu de rôle et visualisation

Comment aider le malade à retrouver les causes de stress important et son envie de vivre ?

A. A. S. : On peut utiliser le jeu de rôle, le psychodrame, et « aller en arrière » comme dans une sorte de film se rembobinant, par une série de flash-back, comme on dit au cinéma, une sorte de machine à remonter le temps, avec une série de « jeux » (saynètes, « vignettes ») successifs : par exemple en prenant des temps au hasard : au lycée, juste la veille du bachot – à mon entrée en 6e, lors de ma communion, lors de la 7e, lorsque je suis allé(e) en classe la première fois... lors de la naissance de mon frère... lorsque j'avais trois ans... au lit, souffrant(e), malade...

Pour ceux qui n'ont pas l'habitude ou la possibilité d'utiliser le psychodrame, ou d'autres méthodes utilisant le jeu de rôle, on peut, par exemple, se mettre d'abord en état de relaxation et utiliser la visualisation : on peut s'imaginer descendre lentement un escalier pour s'asseoir dans un théâtre, puis lever les yeux et regarder la scène. Puis, le rideau va s'ouvrir et on va « voir jouer » une scène traumatisante – ou une série de scènes – sur ce théâtre.

On peut remplacer le théâtre par un écran de télévision (placé haut sur le mur). On peut utiliser une « machine à remonter le temps », et aussi donner une autre fin, un autre dénouement, aux situations.

On peut, au besoin, imaginer une pièce (dans laquelle on descend) avec une horloge et un calendrier ; on y inscrit une date, puis une autre (date et heure) et on imagine – dans un tableau encadré au mur – une scène et des personnages : on « re-vit » (revoit, rejoue, imagine de façon *vivide*) ce qui se passe comme si c'était ici et maintenant, dans un « présent vivant », intensément, avec *eccéité*[1].

On peut alors, et revivre les sentiments (en les remettant au présent), et exprimer ce qu'on n'a pas pu exprimer alors (par exemple, chagrin, colère, angoisse, peur, ressentiment, agression, affection...), et parfois donner une autre fin à ce qui s'est passé. On peut, par exemple, choisir de pouvoir être présent à la mort d'un parent (mort dans son enfance) et lui dire au revoir – ou le faire revenir de là où il est, pour s'expliquer avec lui, terminer ce qu'il y avait à dire, à expliquer, à exprimer, à clarifier, et dire au revoir.

C'est très important, de pouvoir dire ce qu'on a sur le cœur, et terminer[2] *une relation, achever un travail ou un projet... pour pouvoir « tourner la page » et passer à autre chose, sans traîner le passé avec soi.*

---

1. Du latin *ecce*, « voici », désignant une présence vivante qui colle à l'instant présent, ici et maintenant.

2. En 1927, Bluma Zeigarnik et Kurt Lewin ont démontré que les tâches inachevées restent dans l'esprit plus que ce qui est achevé (effet Zeigarnik). Il faut donc clore (les tensions, le stress, faire le deuil, clore la Gestalt) pour tourner la page et oublier vraiment.

Combien de fois, avec un malade, on a joué la mort de parents, exprimant la colère d'avoir été abandonné (ce qui était interdit vis-à-vis d'une mort par maladie ou guerre), le sentiment d'abandon... et après, les vrais sentiments se sont débloqués, et l'énergie, et l'envie de vivre et de faire des choses sont revenues...

Lawrence LeShan[1] a la même expérience, qu'il décrit ainsi : « Les processus de la maladie ayant résolu – pour le malade – le choix crucial (vivre ou ne pas vivre), l'énergie psychique auparavant bloquée par ce conflit se trouve libérée » et donc disponible pour se battre, guérir, revivre, vivre enfin.

On peut aussi (pour les soignants débutants ou ceux qui travaillent seuls sur leurs problèmes) recourir au *Guide d'évaluation ou d'autoévaluation du stress et d'événements de vie* de Holmes et Rahe* et aussi utiliser le journal personnel, la technique du journal intime, soit spontanément, soit en utilisant celle très précise d'Ira Progoff[2] avec son cahier préparé, avec une entrée différente pour les moments de choix, de décision, les « tournants » importants de la vie, les personnes avec qui on a des problèmes, des conflits, un dialogue dans son travail, avec son propre corps, avec la société, dans lequel on peut inscrire ses rêves, ses désirs, son imagerie mentale, son futur...

On peut aussi rectifier son mode d'alimentation (beaucoup de médecins conseillent aux cancéreux de diminuer sucres, sauces, graisses et viandes, voire de les supprimer) en même temps que se faire soutenir

---

1. Lawrence L. LeShan, *Vous pouvez lutter pour votre vie. Les facteurs psychiques dans l'origine du cancer*, Paris, Robert Laffont, 1982.

2. Ira Progoff, *Le Journal intime intensif* (1975), Montréal, Éditions de l'Homme, 1984.

avec calcium, médication de terrain, sport, exercices physiques, visualisation, vitamines. Pauling indique même dans son ouvrage sur le cancer (écrit avec le cancérologue Cameron)[1] qu'il pense que le traitement au Lactille agit parce qu'il était combiné à un régime végétarien, un grand apport de minéraux, de vitamine A et des mégadoses de vitamines C, permettant au patient d'avoir un contrôle sur son état de santé.

On peut aussi créer ou recréer un réseau d'amitié et de support.

On peut aussi utiliser (et je le fais souvent en psychodrame) de petites vignettes ou même simplement faire une remémoration (avec images mentales) de moments de bonheur et de joie…

C'est étonnant de se rappeler des moments de joie, re-penser et re-voir en esprit, ré-écouter, re-sentir, re-vivre le soleil sur la peau, une matinée au printemps, le son d'une cascade, le bruit de l'eau qui coule, le bruissement du feuillage, suivre en pensée et en imagination le vol d'un oiseau dans le ciel, ou la danse d'un chat, ou la course d'un lièvre dans un sous-bois, un moment de tendresse dans l'enfance, ou de bonnes vacances… Le calme, le bonheur vous envahit, le corps se détend, l'esprit se détend…

Ne pas sous-estimer les petits moments de bonheur et de joie…

Faire ce qu'on a envie de faire, ce qu'on a plaisir à faire, faire ce qui vous donne la paix de l'esprit et vous délivre des problèmes quotidiens, être avec ceux qui vous donnent de la joie…

---

1. Linus Pauling, Ewan Cameron, *La Vitamine C contre le cancer. La nature et les causes du cancer et le rôle de la vitamine C dans sa prévention ou son traitement* (1979), Montréal, L'Étincelle, 1982.

La relation médecin/malade

Pouvez-vous décrire la relation qui s'établit entre ceux qui pratiquent cette méthode et le patient ?

A. A. S. : La relation soignant/soigné, c'est très important. On peut parler, en utilisant la terminologie de Freud, de *transfert.* Il faudrait dire que c'est un mélange de *transfert* (positif) de la part du malade et de *contre-transfert* positif de la part du thérapeute ; il s'établit aussi une *très bonne communication*, vraie et profonde, que J. L. Moreno appelle le *tele*[1], un mélange de transfert et d'empathie, une communication à distance réelle et efficace, utile et présente, un co-inconscient – c'est-à-dire une relation entre les inconscients et la création d'un inconscient commun. Freud parle d'inconscient individuel, Jung d'inconscient collectif, Moreno de co-inconscient familial ou groupal, au moment où il y en a besoin. Il y a aussi une part de transfert du médecin sur le malade : ce malade peut lui rappeler son père ou sa mère malade ou mort ou ayant le cancer, ou un parent… et il réagira en fonction de son expérience passée.

Reprenons le cas clinique de la malade de tout à l'heure – Line – que l'on a réussi à opérer avec l'aide de la sophrologie et du psychodrame, ou, plus exactement, qui a réussi à se faire opérer comme elle le voulait, et ce par un chirurgien classique qui le faisait pour la première fois, une « première ».

---

1. Terme de psychodrame de Moreno, du grec *tele* (comme dans télégraphe), c'est-à-dire communication synchrone subjective et vérifiée par la réalité ; communication à distance avec « transfert » et « empathie ». J. L. Moreno, *Psychodrama*, vol. 2, III, Beacon (N. Y.), Beacon House, 1959. Voir aussi Anne Ancelin Schützenberger, *Le Jeu de rôle* (1975), 5e éd., Paris, ESF, 1995.

Line était venue me voir, à la veille de son opération, pour une séance de psychodrame personnel, préparatoire à l'opération. Après la séance, elle est rentrée chez elle, en me disant : « J'avais pensé aller chez ma sœur, il est un peu tard, je vais rentrer chez moi. Je suis un peu mal à l'aise de dormir seule à la maison ; mais il est tard, je serai couchée dans une demi-heure. Je prendrai la voiture demain matin à sept heures pour aller en clinique me faire opérer. Je m'y rendrai toute seule. Ça ira bien... » Une ou deux heures après, au moment où, moi, j'allais me coucher, j'ai eu un sentiment de malaise par rapport à elle. J'ai pris alors le téléphone pour l'appeler. Je suis tombée sur quelqu'un avec une drôle de respiration. Elle m'a dit : « C'est merveilleux que vous m'appeliez maintenant, j'ai eu un pépin de voiture, on m'a ramenée, je viens de rentrer. Je n'étais pas très tranquille. Cela me rassure de pouvoir parler avec vous. Je mets mon réveil et demain matin, à six heures, je vais partir pour aller à l'hôpital de Marseille. Je vais bien maintenant. Merci, bonne nuit. »

Je me suis dit en moi-même : « Je l'appellerai à l'hôpital demain. » Je m'étais fixé une certaine heure pour l'appeler. Mais j'ai été occupée, retardée. Je ne l'ai pas appelée à sept heures du matin. J'ai appelé l'hôpital à 9 h 25. La standardiste me dit : « Je ne sais pas si cette personne est déjà arrivée. Je vais voir. »

Et elle ajoute : « Je la vois traverser la rue, elle arrive, elle ouvre la porte, elle avance, attendez une seconde... », elle lui tend l'appareil et j'entends : « Qui m'appelle ? Ah, c'est vous, Anne Schützenberger ! C'est extraordinaire, j'ai été retardée, j'arrive juste et vous m'appelez ! »

Il y a là, il me semble, ce que mon bon maître Moreno appelle le *tele*, cette communication à distance, qui « passe ». Par rapport à cette malade, trois fois j'ai appelé à l'improviste, à des moments qui, pour elle, étaient importants. J'ai appelé lorsqu'elle était en salle d'opération. Je me disais : « On a tout programmé pour que tout aille bien. » Dans cette clinique, ils ont été très gentils : ils m'ont passé la salle d'opération. Une infirmière m'a répondu que tout se passait bien. J'ai appelé[1] le lendemain ; ça tombait bien : elle commençait à avoir mal. En fait, la visite de sa famille l'avait bouleversée. Sa mère et son père étaient venus la voir. La mère avait fait un scandale terrible, parce qu'elle s'était fait opérer en catimini et qu'elle ne lui avait pas demandé, à elle – sa propre mère – de l'accompagner à l'hôpital, mais à des amis ! Je l'ai donc appelée en fait, et « par hasard », les trois ou quatre fois où elle était vraiment angoissée et avait besoin de moi. Cela a été très important pour elle de sentir que, « par hasard », j'appelais au téléphone au moment où elle avait besoin d'aide et où elle n'aurait pas su comment me trouver, ou n'aurait pas osé…

Une autre fois, on a bien voulu dans le service de réanimation postchirurgical d'un grand hôpital parisien brancher spécialement un téléphone pour qu'une opérée puisse me parler à son réveil, et que je lui fasse une séance de relaxation calmante – après une très longue opération délicate.

Je ne sais pas très bien comment décrire ce genre de rapport dont il s'agit : des rapports « professionnels amicaux attentifs »… En tout cas, ce sont des rapports qu'en terminologie psychanalytique on appellerait un bon mélange de *transfert*

1. Mais en général, pour tous les malades – malades graves opérés –, je préfère attendre qu'ils appellent, ou fassent téléphoner. On est plus certain de « tomber pile ». Ce cas, c'est l'exception à ma règle de non-ingérence et de neutralité bienveillante.

positif (de confiance de la part du malade) et de *contre-transfert positif* (d'intérêt positif et amical de la part du thérapeute, de prise en charge aux moments de crise – et de liberté et de presque distance aux autres –, de présence, d'écoute attentive, d'empathie), et qu'en termes de psychodrame, en termes « moréniens », on appellerait *tele* positif et co-inconscient de groupe. Et aussi de « hasard heureux » (sérendipité).

Maintenant qu'elle va bien et mène une vie normale, elle n'a plus besoin de moi et nous n'avons donc plus ce *tele* ni de relations[1].

« *Être là* » (Dasein) – « *L'Être-le-là* »

A. A. S. : La prise en charge et la disponibilité doivent être réelles. Il faut *être là*, que la qualité d'écoute et de présence se sente *(l'étant*, avec *eccéité*, « l'être-le-là » comme disent les existentialistes).

C'est très important d'être à tout moment, à la fois disponible pour les malades, et de garder une certaine réserve, de ne pas confondre vie professionnelle et vie privée. Empathie n'est pas forcément sympathie et certainement pas fusion, au contraire.

Quand je pars en vacances, je dis où. Quand je pars en congrès, je dis où. Parfois, même pour un repas en ville, je laisse mes coordonnées. Il y a parfois des urgences. Ces malades peuvent me téléphoner et savent que, si je ne suis pas rentrée à dix heures du soir, ils me trouveront à minuit. Ils pourront me joindre à tel hôtel ou tel lieu de congrès,

1. Tous les cinq ou dix ans, Line donne de ses (bonnes) nouvelles.

tel hôpital, telle école… même en vacances, même en week-end, même à l'étranger. Cela donne un sentiment de sécurité (Noël 2001).

Personne n'a jamais abusé de ce téléphone.

Mais il a servi en cas de crise, de douleur insupportable, de rechute, qui a pu être colmatée à temps (une rechute n'est qu'une brèche).

C'est très important que le malade sache que, n'importe quand, il peut vous appeler, même la nuit.

Je ne sais pas comment vous appelleriez ce genre de relation ? Je dirai : un « *tele* qui marche bien », selon Moreno, une « communication vraie dans les deux sens ». On pourrait aussi parler en termes d'écoute attentive, de *focusing*, de centration sur l'autre, ici et maintenant, d'*eccéité*, de présence vivante et vivifiante.

P. W. : Comme on l'a montré, nous avons plusieurs « corps », liés au corps physique ; de ce point de vue, un travail de visualisation en posture de relaxation est une intervention sur le « corps subtil », ou système subtil qui, comme on le sait, correspond à l'émission d'ondes électro-encéphaliques *alpha* et *thêta*. C'est sans doute dans le « système énergétique subtil » que se situe le *programme* du cancer, et d'ailleurs de toute maladie. La visualisation de phagocytose provoque une substitution du programme pathogène par un programme « sain ». Comme les corps subtils forment un immense réseau de tout le système subtil de l'univers, on observe souvent des interactions Psi parapsychologiques entre thérapeute et clients, en psychanalyse et psychodrame entre autres. C'est le co-conscient ou le *tele* de Moreno, dont vient de parler Anne. D'ailleurs Moreno, dans une publication posthume parue dans *Group Psychotherapy* (N. Y., Beacon), définit le *tele* comme étant de nature « ésotérique », ce qui va bien à l'appui de ce que je viens de dire. Il y aurait encore beaucoup de choses à commenter, car l'expérience des Simonton pose tout le problème de la nature probablement extra-cérébrale du programme de la maladie (hologramme, ondes alpha*[1]... ?).

Dr A. D. : Je voudrais limiter mon intervention au danger du « transfert délirant », danger dans lequel le sophrologue* risque parfois de tomber et que la technique d'Anne Ancelin m'a paru prévenir.

Sidonie, qui se savait atteinte d'un cancer du sein, semblait utiliser toutes ses ressources psychiques pour lutter contre la tumeur ; je me suis laissé prendre au piège de ce qu'elle disait faute d'avoir su prendre une place dans la construction du protocole. J'ai vu cette femme déraper dans une conception de plus en plus irréaliste de sa spiritualité, ou plutôt, je l'ai vue dévoyer un discours sur sa propre spiritualité dont, après tout, je ne savais rien, dans le but de prouver qu'elle m'était supérieure, à moi son médecin, ainsi qu'à son mari. Finalement, j'ai l'impression qu'au lieu de s'attaquer au cancer, elle s'en est servie comme d'un bouclier pour empêcher toute critique de la part de son entourage. Elle est donc morte, en protégeant son idéalisme, peut-être au prix de sa dépouille corporelle...

---

1. Voir les travaux du neurobiologiste Jean-Paul Tassin (Inserm), son cours au Collège de France (2003-2004) et son hypothèse que le substrat biologique de la transmission se ferait selon un mode analogique, inconscient, en quelques centaines de millisecondes.

Le pouvoir des mots et de la présence

A. A. S. : J'ai envie de rapporter d'autres cas cliniques.

J'ai reçu en entretien une ancienne étudiante, une jeune femme de trente ans, ayant un enfant de quatre ans ; elle avait une grosseur maligne dans le sein. Je lui ai demandé d'imaginer son cancer. Elle a vu une grosse bête tapie dans une immense caverne. Je me suis inquiétée de savoir comment elle allait la déloger. Elle s'est écriée : « Je vais prendre un parapluie !... », « Est-ce une arme bien efficace ? », lui ai-je demandé. Elle m'a répondu : « Non, mais je ne peux pas attaquer. Je ne peux pas détruire, même détruire la maladie ! – Allez-vous le laisser là ? – Non, mais tout le monde a le droit de vivre, y compris le cancer. Il faudrait qu'il me prenne d'abord un bras ou une jambe pour que j'ose l'attaquer ! » Je lui ai dit alors : « Vous avez un enfant petit ? » Elle m'a répondu : « Qu'est-ce que cela fait ? Ma mère et mon mari l'élèveraient parfaitement ! » Elle est revenue me voir trois semaines après, en me disant : « Je me suis rendu compte de ce que je vous avais dit ! Maintenant, oui, je vais me mettre à attaquer mon cancer ! » Mais elle ne voulait pas lui faire de mal, à son cancer. Il fallait que le cancer ait le droit de vivre aussi !

Une autre personne est venue me voir avec une énorme grosseur, comme une poche ou un œuf, sur le cou. Elle parlait de sa mère malade, de son célibat, de son désir de mariage et d'enfants. Au bout d'une demi-heure d'entretien, je lui ai dit : « Est-ce que, par hasard, vous ne seriez pas enceinte du cou ? » Là, il est arrivé quelque chose qui nous a beaucoup gênées toutes les deux – tellement c'était surprenant. Elle avait rendez-vous, le lendemain, chez le chirurgien pour se faire opérer ; or, le lendemain, la bosse avait disparu ! Cela lui a fait très peur, à moi aussi d'ailleurs : il ne faut pas sous-estimer la puissance du verbe ! Cette femme va très bien : elle n'a pas été opérée. Cinq ans après, elle va toujours très bien et n'a pas eu d'autres symptômes. Elle a d'ailleurs fait, près de chez elle, une psychothérapie de deux ans, ensuite, pour compléter.

Disponibilité

Dr W. Z. : Il faut beaucoup d'énergie et de motivation pour travailler avec ces malades. Personnellement, j'ai des difficultés. J'ai, dans ma clientèle, trois ou quatre femmes qui sont guéries, que je ne suis pas pour un cancer, que je vois trois ou quatre ans après leur intervention. Mais pour commencer un traitement où il faut, tous les jours, vivre avec cet espoir, craindre le désespoir, être disponible jour et nuit…

A. A. S. : Si vous croyez qu'on voit, ou parle, tous les jours, avec chaque malade qu'on suit, c'est que je ne me suis pas bien expliquée du tout !

On apprend aux gens à se prendre en charge eux-mêmes. On leur apprend les techniques de relaxation et de visualisation et de « guide intérieur ». On les aide à débrouiller leur stress. En fait, il suffirait de les voir une fois ou deux. Cela dépend du temps qu'il faut aux malades pour intégrer les techniques, selon cette approche, de relaxation, visualisation, guide intérieur, cela dépend du genre de problèmes qu'ils ont… Mais, en général, s'ils ressentent le besoin d'une psychothérapie, ils la font, parallèlement aux entretiens de base et de « déblayage » selon la méthode Simonton. On ne leur parle pas tous les jours. On les voit même très peu. Plus ils ont de dynamisme, plus ils ont de motivation, et moins on a besoin de les voir. Ce n'est pas du maternage. C'est un *étayage* et une *écoute attentive*. Chaque malade se prend en charge lui-même et demande parfois un coup de main.

Il ne faut que quelques heures pour trouver la « cause » (apparente) ayant pu déclencher le cancer ou plutôt l'overdose de stress et/ou la perte d'objet d'amour ayant pu diminuer l'immunité naturelle du malade, et pour apprendre à se relaxer, à se reprendre en main, et à avoir ou créer une visualisation volontaire active. Les Simonton enseignaient leur méthode en un week-end de couples (le ou la malade et son conjoint, en un petit groupe résidentiel de couples de malades), parfois deux week-ends, puis les gens repartent chez eux. Mais le contrat thérapeutique prévoyait qu'on puisse téléphoner au thérapeute ou à l'un des cothérapeutes ou assistants de l'équipe.

L'écoute du malade

On n'apprend pas au médecin à écouter les malades. On est souvent à la course, pressé par le temps.

Il y a ce qu'on sait sur la maladie, que l'on apprend à l'université, ce que l'on sait sur le malade, d'après son dossier et son anamnèse. Il y a également ce qu'on ressent (comme soignant ou comme soigné) si l'on apprend à se laisser aller à son instinct, à son ressenti profond et à se mettre à l'écoute de la petite voix ténue qui se fait entendre derrière ce que dit le malade et qui exprime son ressenti, son vécu, et souvent beaucoup de choses :

tout un ensemble et un contexte qui nous permettraient de comprendre le pourquoi de sa maladie, le pourquoi et le comment de sa rechute, sur quelles forces compter, pour qu'il aille mieux… Le médecin est souvent partagé entre ce qu'il ressent du malade, ce qu'il ressent face au malade, et son savoir médical, biologique et physiologique. C'est souvent dans cet écart, dans cette *écoute attentive*, que se loge la possibilité de guérison envers et contre tout, la possibilité d'aider le malade à utiliser son sursaut de vie devant le danger mortel, et de pouvoir ensemble galvaniser son énergie.

« Ça parle sur l'autre scène », si nous écoutons Freud et Groddeck. Ça parle aussi et nous dit des choses bien importantes si nous écoutons ce que nous disait Socrate de son *daimon*, ce bon génie ou ce bon démon qui lui disait toujours s'il pouvait aller quelque part ou s'il devait faire attention et renoncer. C'est une manière de nommer le sixième sens, d'écouter « avec la troisième oreille », de voir avec le « troisième œil », de développer sa perception interpersonnelle, sa perception de ce que ce sixième sens perçoit en soi. C'est ce que des chercheurs en communication non verbale et interaction appellent depuis 1956 la *nouvelle communication*[1], la perception de l'interaction : écouter, écouter l'autre, avec attention, présence, eccéité et bienveillance, écouter en soi ce qui parle ou s'exprime, oser voir le reflet d'une émotion dans le visage, les yeux, les tensions, les gestes, ce qui se dégage comme impression profonde de la personne qu'on a devant

1. Yves Winkin, *La Nouvelle Communication*, Paris, Seuil, 2000 ; Anne Ancelin Schützenberger, *Contribution à l'étude de la communication non verbale* (1976), Lille, Université de Lille-III – Paris, Librairie Honoré Champion, 1979 et *La Langue secrète du corps*, Paris, Payot, 2015 ; Shirley Weitz, *Nonverbal Communication*, 2e éd., New York, Oxford University Press, 1979.

soi. Oser prendre son temps, voir, percevoir, ne pas interrompre, et relancer au besoin, entendre : la crainte, le stress, l'anxiété, mais aussi l'espoir.

Oser se faire confiance, oser croire son intuition, oser tabler sur son « flair » et son sens clinique, qu'on soit médecin, qu'on soit soignant, ou qu'on soit malade.

Oser faire confiance à son hémisphère droit, son cerveau droit. Savoir que la petite voix fugitive, légère et lointaine qui parle si doucement en soi est fiable, même si elle est faible, brève, ténue, à peine audible et recouverte par les voix fortes du quotidien et de la raison.

Prise en charge des malades

Comment prenez-vous en charge les malades ?

A. A. S. : Je voudrais revenir sur ce problème si complexe de disponibilité, de prise en charge, de contrat moral, de temps d'empathie[1].

On a des relations différentes avec divers malades.

L'entretien de débroussaillage

Il y a des gens que l'on voit une fois, une seule, pour une consultation longue de « débroussaillage », avec déblaiement de la situation et une mise en évidence :

1. Je parle ici de mon expérience propre. Depuis quelques années, le centre des Simonton à Dallas n'accueille que des malades en couples ayant déjà débroussaillé leur situation avec un psychothérapeute local pour deux trois jours – et ont un service de suivi par téléphone (depuis 1981). D'autres excellents praticiens de cette méthode ont d'autres manières de recevoir et aider malades et praticiens en formation.

– du stress, de la raison ayant pu déclencher ou activer un cancer et/ou diminuer les résistances à la maladie (deuil, perte, *syndrome d'anniversaire*...), au cours d'un long entretien, parfois d'une heure ou deux, voire plus ;

– détermination de l'envie réelle de vivre du malade, de survivre, de se battre et de faire ce qu'il faut pour ça, quitte à cesser de fumer, travailler moins, changer son style de vie, se « reprogrammer » et entreprendre une psychothérapie ;

– apprentissage d'une méthode simple de relaxation et de visualisation du corps guérissant, ainsi que de la personne allant de mieux en mieux (visualisation volontaire) ;

– souvent, l'établissement d'un petit arbre généalogique complet, comportant aussi les prénoms, les professions, les maladies, les lieux de vie, les liens de famille : le *génosociogramme*. On peut y voir, par exemple, que Nadine, née le jour de la mort de sa grand-mère Nicole, a un cancer à trente-trois ans, à l'âge même où sa mère a eu un cancer du sein (non, le cancer n'est ni héréditaire, ni contagieux mais il faut le dire et être entendu). Elle pourra guérir quand ces liens seront montrés, parlés, métabolisés, quand elle en sera libérée, quand elle se sera libérée de l'emprise de mythes familiaux ou personnels, quand elle aura coupé son cordon ombilical et aura cessé de vivre par *identification* avec sa mère et en *remplacement* de sa grand-mère[1] ;

– s'assurer que la personne se soigne et peut faire avec quelqu'un de l'exercice physique ; faire faire par cette personne (le malade) une liste des choses agréables à vivre quotidiennement ; lui faire faire

1. On le voit souvent, en thérapie familiale transgénérationnelle, des petits enfants qui « payent des dettes » fantasmées liées à la mort de grands-parents, grands-oncles ou frères.

un dessin de son cancer et de sa lutte contre son cancer, ainsi qu'une séance courte de relaxation avec visualisation positive.

Ces consultants, on ne les voit qu'une seule fois. Bien sûr, ils peuvent téléphoner ou écrire, et le font parfois, généralement pour dire merci, donner des nouvelles, demander un conseil, une aide, du support...

En général, ces malades travaillent chez eux avec un kinésithérapeute (ou un ostéopathe-éthiopathe ou masseur, ou spécialiste de yoga, ou de la méthode Mézières, ou de l'intégration fonctionnelle de Feldenkrais, ou autres...) *et* le livre des Simonton, ou le mien, *et* parfois avec l'aide d'un psychothérapeute local (c'est-à-dire près de leur domicile) de n'importe quelle dénomination thérapeutique : psychanalyse (freudienne), analyse (jungienne, adlérienne, existentielle, néofreudienne...), conseil rogerien dit *non directif*, psychodrame, Gestalt-thérapie, analyse transactionnelle, analyse bioénergétique... ou une des autres et nombreuses nouvelles thérapies biocorporelles[1] – ou avec des thérapeutes qui se sont spécialisés dans la thérapie des cancéreux.

Ces malades sont, bien entendu, suivis par leur(s) médecin(s) traitant(s), spécialistes, diverses équipes soignantes et aussi, parfois, des diététiciens spécialisés.

---

1. Anne Ancelin Schützenberger, *Le Corps et le Groupe. Les nouvelles thérapies de groupe, de la Gestalt à la bio-énergie, aux groupes de rencontre et à la méditation*, Toulouse, Privat, 1997 ; Marc Edmond, *Le Guide des nouvelles thérapies*, Paris, Retz, 1982.

Suivi régulier

Il y a des malades qui vous demandent de les suivre aussi de plus, en psychothérapie, relaxation-visualisation, avec lesquels on a un *contrat thérapeutique*, et qu'on reverra donc, toutes les semaines, tous les mois ou tous les deux mois.

Ceux-là, j'ai leurs noms dans le carnet d'adresses que je porte sur moi, et à ceux-là (une minorité), je donne mes coordonnées, toujours. Cela veut dire que, lorsque je pars deux jours faire une conférence ou animer un stage à Tunis, New York ou Stockholm, ils ont mon téléphone (que j'oublie parfois de donner à ma famille !).

Combien de fois on me téléphone la nuit ? Au plus, une fois par mois. En vacances ? Une fois par an. Mais cette possibilité est vitale.

C'est la possibilité de joindre les gens à toute heure, à tout instant qui est disponibilité. C'est la possibilité qui rassure. *Personne n'en abuse.*

Un échange au moment de crise, c'est important, voire vital. Et souvent, cinq minutes d'échange au téléphone rassurent, lèvent l'angoisse, calment, ramènent l'incident à ses justes proportions et permettent de « revivre », de respirer, de « repartir ».

Après tout, *une rechute n'est qu'une rechute, après laquelle on peut aller mieux, de nouveau.*

En parler, lever l'angoisse, voir un avenir qui se ré-ouvre, c'est déjà aller mieux... et cesser d'avoir mal.

Parfois, il y a une urgence ; une décision à prendre : continuer ou non la chimiothérapie, faire une scintigraphie parce qu'on a mal ; opérer d'urgence parce qu'il y a rechute ; rester en clinique ou rentrer chez soi, dire aux enfants, angoisse, ou douleur. Il peut être essentiel, vital de pouvoir *en parler de suite.* Il faut être disponible au téléphone[1] ou, au besoin, aller sur place au chevet du malade, ou pouvoir déléguer quelqu'un qui pourra le faire.

J'ai eu la chance d'avoir, dans plusieurs villes, des médecins amis qui se sont déplacés pour des urgences, des psychothérapeutes et même des psychanalystes qui sont venus à l'hôpital, des kinésithérapeutes, praticiens « méziéristes-feldenkraisistes », des anciens malades… On a « fait chaîne »…

La chance a voulu aussi que j'aie pu presque toujours me rendre disponible. C'est une chance que j'aide, à la fois en donnant à certains mes coordonnées, et aussi en me réservant un quart d'heure toutes les heures ou deux pour souffler, pour me ressaisir et être disponible. Et aussi en n'acceptant pas trop de malades graves à aider. Enfin, j'essaie de me garder du temps pour moi-même car, moi aussi, je suis surchargée.

Et pour pouvoir être – être, être moi et aussi être efficace –, je dois, moi aussi, pouvoir respirer et me reposer – me ressourcer.

Être disponible et accompagner les gens, c'est les accompagner aussi dans la maladie, l'opération, la rechute, la crise mortelle. C'est être présent à une naissance, à une opération, aux derniers moments, aux tournants et tourments. C'est aussi accompagner la famille pendant et surtout après.

J'ai eu la joie de pouvoir aider quelques personnes atteintes d'un cancer terminal à refleurir, à revivre, vivre bien pendant longtemps, certaines depuis plus de dix ans.

---

1. Je sais bien qu'un des drames de la médecine en cancérologie, c'est que les gens sont submergés de demandes de malades et donc « débordés » (de sept heures du matin à minuit !). Il faudrait que l'on soit plus nombreux. Il faudrait créer peut-être un soutien par téléphone jour et nuit (avec des écoutants formés à la méthode, anciens malades et/ou thérapeutes), des « groupes de parole ».

J'ai eu le chagrin que certaines d'entre elles soient parties. Mais j'ai pu être là, aussi, aux moments les plus difficiles, et en me déplaçant.

Le coup de main par téléphone

Il y a, enfin, les coups de téléphone ou *demandes occasionnelles*.

Quand une revue technique ou un journal à gros tirage vous a interviewé, ou la radio, quand on est passé à la télévision, des gens vous recherchent. Ou par des amis d'amis de malades, on est bien obligé de répondre. (Hélas ! on est obligé de répondre parfois par un filtre téléphonique – répondeur – ou une secrétaire, par des lettres ronéotypées de conseils généraux et de bibliographies sur lesquelles on rajoute un mot personnel pour chaque « cas » ou personne individuelle. Parfois, le journal ou la télévision répondent, car sinon, on serait submergé et rendu impuissant par le nombre.)

Je voudrais partager avec vous certaines expériences inattendues et touchantes.

Il arrive parfois qu'on parle dix minutes au téléphone à des inconnus (ça m'arrive) dont on ne sait même pas le nom. Des inconnus que l'on écoute, calme, que l'on conseille quelque peu, à qui ce contact donne de l'espoir.

J'ai eu le très grand plaisir de recevoir quelques lettres de remerciements disant que la tumeur avait diminué, puis disparu *(sic)*, en six semaines, au grand étonnement du cancérologue.

Qu'avais-je fait ? Rien (ni contrat thérapeutique, ni échange d'argent, de cadeaux, pas même donné d'adresse de spécialistes). J'avais seulement dit que je connaissais des cas de cancers ayant guéri, donc que la personne au bout du fil pouvait guérir. Et ça a suffi pour faire une *prédiction positive* et « renverser la vapeur » et le cours de la maladie. Effet placebo d'une voix amicale ? Effet Pygmalion ? Effet de l'espoir ? Effet saint Pérégrin[1] ?

Ce n'est pas un « client », ni « mon malade »... Il arrive que des inconnus téléphonent plusieurs fois de suite et qu'on puisse les aider vraiment par téléphone, pendant les quelques jours ou semaines de crise grave, mortelle, à comprendre, espérer, agir, décider, prendre le tournant de la vie. On ne peut pas dire là qu'il n'y a pas rencontre – même si on ne s'est jamais rencontré *de visu*. Il n'y a ni soins, ni contrat thérapeutique... La personne ne suit pas le quart des conseils qu'on lui a donnés... et pourtant va mieux, ou parfois même la tumeur disparaît.

Pourquoi ? Comment ?

Les relations humaines, le pouvoir de la parole, de l'écoute attentive et de la présence ont des effets mystérieux et souvent puissants. L'effet de l'espérance est étonnant, et dynamisant, revivifiant et revitalisant.

On entrouvre une porte, en rappelant, ou disant, qu'on a vu des rémissions et guérisons, et l'énergie du malade s'y engouffre. Son inconscient fera le nécessaire pour que quelque chose change.

---

1. Un des cas les plus anciens rapportés et reconnus de *régression spontanée* du cancer est celui de saint Pérégrin (mort en 1345). William Boyd (« The Spontaneous Regression of Cancer », *Journal of the American Academy of Psychanalysis*, 5, 1977, p. 207-214) rappelle le cas de saint Pérégrin qui, à la veille d'une amputation de la jambe pour un cancer grave, se mit à prier qu'il était guéri, et se réveilla guéri. On ajoute dans la légende qu'il se consacra le reste de sa vie à soigner et soulager les autres, et qu'il mourut à quatre-vingts ans.

Visualisation – images mentales

Comment visualisez-vous et que visualiser ?

A. A. S. : Quand on est malade, on visualise* son cancer. Tel qu'on le « voit », tel qu'on le ressent. On le dessine. On visualise et dessine aussi les défenses du corps contre le cancer, les « globules blancs » agissant, les lymphocytes tueurs attaquant et détruisant les cellules malignes, l'immunité luttant contre les cellules malignes, et les chassant, et les détruisant toutes, partout. On utilise son imagination fertile, on crée tant des images diverses que des images réalistes (médicalement réalistes). On « voit » son corps guéri, allant bien, tout à fait bien. On visualise aussi l'action de la médication qu'on prend : on visualise la chimiothérapie agissant, faisant du bien, détruisant les mauvaises cellules et respectant les autres ; ou on visualise les rayons agissant bien, détruisant les cellules malignes et respectant les autres. Ou on visualise le chirurgien enlevant tout ce qui est mauvais et le corps recommençant à bien fonctionner, les cicatrices se faisant sans mal, de jolies cicatrices, toutes lisses. Ou bien on voit les greffes prendre, les membres fonctionner bien, cicatrisant bien…

Quand on est guéri, on visualise une surveillance du corps : les « globules blancs » regardant partout, organe par organe, surveillant tout, se jetant sur de pauvres petites cellules malignes faisant les malines ou sur de petites métastases, qu'ils détruisent immédiatement, et « faisant le ménage » partout. On peut imaginer par exemple un « super-aspirateur » aspirant les cellules, les poussières, les virus, tout ce qui n'est pas bon, faisant un « grand nettoyage de printemps, partout. On imagine ce qu'on veut, ce qui vous vient à l'esprit en état de relaxation (en ondes alpha, donc) et on l'imagine pendant trois à quatre ou même cinq minutes (il faut du temps pour que l'inconscient donne des ordres au corps), plusieurs fois chaque jour. Et pour la surveillance, pendant plusieurs années après la guérison, stabilisation ou disparition du cancer.

Malade en guérison ou en lutte contre la maladie, on visualise la guérison totale, le corps guéri, le produit fini, le résultat obtenu, tel qu'on veut l'obtenir. On se veut, on se voit, on se sent, on se ressent guéri, allant tout à fait bien, bien portant(e), dynamique et menant une vie agréable.

On parle de visualiser, de visualisation, d'images mentales positives...

Mais on sait bien que nous sommes plutôt *visuels*, ou plutôt *auditifs*, ou plutôt *kinésiques* (et nous ne savons pas comment nous sommes). Aussi, je recommande de prendre les trois formes de perception, lorsqu'on aide quelqu'un à se relaxer et à visualiser, de se voir détendu dans un endroit agréable, d'entendre un ruisseau, de se sentir (ressentir) étendu dans un endroit agréable ou porté sur l'eau, ou marchant, par exemple... d'utiliser les trois formes, verbalement, dans les mots utilisés, et dans les images proposées : visuelles, kinésiques motrices, auditives.

Il faut varier, et les images proposées, et les termes, et les mots.

C'est très important, la visualisation. Mais ce n'est pas toujours très simple, car bien des gens ont la volonté de guérir mais pas le désir de guérir, et visualisent des images plutôt molles ou négatives (ils se voient malades, morts, rechutant, et utilisent plutôt des images néfastes). Aussi est-il important pour le malade de parler de ses visualisations à quelqu'un, de *montrer ses dessins* à un spécialiste, même seulement de temps en temps, pour « rectifier le tir » au besoin, et prendre conscience des méandres de l'inconscient, et de son éventuelle ambivalence devant la guérison et par rapport à la maladie.

La visualisation n'est positive que lorsque l'inconscient a des images positives et lorsque le malade peut examiner avec quelqu'un les bénéfices secondaires de sa maladie et le contenu réel de son imagerie mentale, et de sa visualisation.

Quelle méthode de visualisation employez-vous ?

A. A. S. : J'ai appris plusieurs méthodes subtiles, mais faciles à utiliser, développées par les Américains depuis une trentaine d'années, telles qu'elles étaient enseignées à l'institut Esalen (Californie), par exemple, ou en yoga.

Mais toutes les méthodes de visualisation sont bonnes.

Il existe une très nombreuse littérature internationale sur la visualisation, deux revues internationales de langue anglaise, des auteurs classiques, tels Singer[1] ou Shakti Gawain[2].

Denis Jaffe, Lawrence LeShan, Stephanie et Carl Simonton décrivent en détail la relaxation et la visualisation dans leur ouvrage. L'essentiel y est. Il se publie aussi d'autres ouvrages.

---

1. Voir Jerome Singer, *Imagery and Daydream Methods in Psychotherapy and Behaviour Modification*, New York/Londres, Academic Press, 1974 ; et Anne Ancelin Schützenberger, « Visualisation, image mentale et cancer », *Bulletin de psychologie*, numéro spécial de psychologie clinique, XXXII, n° 339, Paris, Sorbonne, janvier 1978, p. 361-374.

2. Shakti Gawain, *Techniques de visualisation créatrice. Utilisez votre imagination pour atteindre vos buts* (1978), 5e éd., Genève, Soleil, 1987.

La spontanéité créatrice que j'ai appris à développer en psychodrame m'aide beaucoup à faire visualiser, et ce que j'ai fait autrefois en *rêve éveillé dirigé*, en yoga, dans divers stages, et stages de peinture et danse, et jeu de rôle et créativité, dans les stages d'intégration fonctionnelle de Moshe Feldenkrais, et aussi ce que j'ai appris dans divers stages de formation de l'Institut Esalen, et d'avoir fait un peu de yoga et de méditation tibétaine.

Visualiser, c'est imaginer, en état de relaxation profonde, c'est-à-dire en ondes alpha.

Ça aide, les cassettes ? Avez-vous des cassettes toutes prêtes ?

A. A. S. : Je fais aux malades une cassette, de relaxation et de visualisation... s'ils la demandent... J'enregistre *leur* séance particulière. Ce n'est pas une cassette préfabriquée ! On leur apprend à se relaxer. C'est personnel à chaque personne, et pour chacune, cela diffère selon le moment, l'évolution de la maladie. Visualisation et relaxation vont ensemble. C'est vrai que cela aide certains malades parfois d'avoir une voix amie – même sur cassette. De plus, en général, lorsque les gens sont mariés et que le mariage est bon, on apprend les techniques de relaxation aux deux conjoints, de façon à ce qu'ils les fassent ensemble. Le conjoint d'un cancéreux est souvent encore plus angoissé que le malade lui-même ; il a donc autant besoin de se relaxer, d'être aidé, de se détendre. Les Simonton ne prenaient en charge que des couples. Ils étaient à tel point envahis de demandes qu'ils avaient la possibilité de choisir leurs malades : ils choisissaient ceux qui venaient en couple, après avoir demandé aux malades de débroussailler leurs problèmes en psychothérapie, avant de venir, et lu leur livre, *Guérir envers et contre tout.*

Il est très important d'avoir un *soutien familial ou amical.* Je ne refuse pas, bien sûr, les malades célibataires ou isolés. Mais on encourage les postulants à la thérapie à chercher aide, support, affection autour d'eux... *On peut aider ceux qui n'ont personne à se créer un réseau de soutien.* Si on demande aux gens de chercher autour d'eux, ils trouvent ; sinon, ils trouvent toujours d'autres malades. Je suis moins stricte que les Simonton : j'accepte ceux qui n'ont pas de conjoint ou qui n'ont personne. Mais je vous assure qu'en moins d'une semaine, ou d'un mois, ils se trouvent des supports !

Il y a plein de gens très bien partout, que l'on peut mobiliser, des parents éloignés, des amis d'enfance, des voisins, des infirmiers, des femmes de service, des membres de la famille, du personnel soignant, des collègues, des élèves, des gens âgés, des enfants, d'anciens malades, des gens que l'on croise, à qui l'on parle de vive voix, au téléphone, et même des inconnus...

On peut prendre n'importe quelle méthode de relaxation. J'ai appris il y a très longtemps la méthode de Jacobson*, consistant à ressentir puis relaxer chaque muscle, du haut en bas du corps, et dont j'utilise une formule simplifiée ; elle est très proche de celle décrite par Jaffe et Simonton.

Revenons aux cassettes : si les malades préfèrent avoir un soutien par cassette, j'enregistre pour eux la séance (individualisée) que je leur fais, ou je leur dis d'acheter, dans le commerce, n'importe quelle cassette. On leur recommande de lire, dans le Simonton, par exemple, ou le Jaffe, le chapitre sur les techniques de relaxation ; ou, s'ils ont, autour d'eux, quelqu'un dont ils aiment la voix, de demander à cette personne de prendre un protocole de relaxation et de le leur parler lentement – la voix parlée a une autre qualité que la voix-lecture –, tout en l'enregistrant sur une cassette – par exemple, le protocole donné. C'est volontairement qu'en tant que directeur de collection et éditeur nous n'avons pas traduit chez Desclée de Brouwer la cassette de Simonton. Ça n'aurait pas été sa voix, son ton à lui, en traduction. Mais il faut d'urgence aussi aider la famille à se détendre, et à espérer, et aider le personnel médical à souffler, à se décharger, et aider chacun à être à la fois réaliste, battant et optimiste (donc, à voir la *fourchette* du pire au meilleur), à voir en visualisant par images mentales le bon, le meilleur. Sinon, la tristesse, le pessimisme, le découragement risquent de gagner. Le pessimisme est contagieux et démoralisant.

L'optimisme réaliste est contagieux aussi, et mobilisant. Une chance sur deux se court, une chance sur dix aussi, et même un « pronostic de 1 % »... – et on gagne souvent.

Le milieu familial et l'environnement

Le soutien de la famille et des soignants

Avoir un conjoint, un enfant, un parent avec un cancer est dur et très angoissant. *La famille qui vit cette angoisse a besoin d'aide pour aider le malade*, d'aide pour survivre (trop de dévouement est épuisant et lassant à la longue), d'aide pour se relaxer, d'aide pour visualiser la guérison du malade, et pour lutter contre les préjugés contre le cancer, et le pessimisme ambiant, d'aide pour prendre le droit de se distraire, voire de prendre des vacances, ou même le temps de manger, d'aide pour vivre, d'aide pour lutter contre l'angoisse, la culpabilité, le ressentiment, le stress, la fatigue.

C'est seulement en vivant que la famille peut aider le malade à vivre, à survivre.

Stephanie Matthews Simonton a écrit un livre[1] sur l'aide, les soins et le support familial, qui est « guérissant ».

Les Simonton en parlent aussi brièvement dans *Guérir envers et contre tout.*

---

1. Stephanie Matthews Simonton, *The Healing Family : The Simonton Approach for Families facing Illness*, New York/ Toronto, Bantam Books, 1984.

Le soutien positif de la famille est, à mes yeux, fondamental pour un malade. Car il est bien difficile de l'aider à espérer, à se battre pour survivre, si médecin et entourage sont pessimistes et prévoient la mort à très brève échéance, tout en restant souriants et en mentant au malade en danger.

Si j'en ai gros sur le cœur, de certaines morts, c'est de celles-là, où je me demande toujours si c'est moi qui étais naïve de me battre et d'espérer envers et contre tout, avec leur malade, ou si c'est le pessimisme ambiant et le mensonge qui ont empêché le malade de continuer à avoir une rémission et provoqué une autre rechute. Et puis, je n'aime pas qu'on mente et qu'on cache l'état vrai d'un malade, car il y a un très grand éventail de thérapies diverses qu'on pourrait appliquer.

Il y a souvent un dernier (ultime) combat à mener, une énergie du désespoir qui se mobilise...

Après tout, nous sommes nombreux, en Europe comme en Amérique, à *avoir vu des métastases disparaître*[1], même dans les os, même dans les vertèbres, même dans l'intestin, même dans le foie, souvent dans les poumons, et connaissons des amis et des malades qui survivent, qui vivent avec des

1. Anthony Sattilaro décrit, dans *Rappelé à la vie* (Paris, Calmann-Lévy, 1983), son retour parmi les vivants grâce, dit-il, à son alimentation macrobiotique (et sa foi en la guérison), et la survie pendant de très nombreuses années d'un ami à lui, atteint d'un cancer du pancréas, et comment il se traitait. Jacques Bréhant, dans *Thanatos* (Robert Laffont, 1976, p. 190), raconte l'histoire d'une malade allant bien plus de trois ans après la découverte de métastases hépatiques, avec pronostic d'issue fatale rapide à l'époque. Nous venons d'aider au rétablissement quasi miraculeux d'une jeune femme – avant, pendant, après opération du foie (les deux tiers du foie enlevés, et la vésicule biliaire, en une intervention de dix heures). Et des études récentes ont démontré les très nombreux cas de rémissions spontanées (voir bibliographie, p. 285).

métastases au cerveau depuis deux ans, cinq ans, ou même plus. Je connais des personnes opérées du cancer il y a cinquante ans *(sic)*, en forme à quatre-vingts ans, ou opérées il y a vingt ans, et qui ont eu des rechutes dont elles se sont très bien remises.

Dans son livre *Kristina Swenson*, Urian Berner écrit à quel point il était déchiré entre la certitude de Schwarzenberg que sa femme allait mourir bientôt et la force de mon optimisme naïf et de mon dynamisme (Anne Ancelin Schützenberger), et aussi de par le fait que Kristina a refleuri, s'est dynamisée, que ses douleurs ont disparu et qu'elle s'est remise à vivre, et vivre bien, jusqu'à sa mort rapide, après une bronchoscopie, en quelques heures (un examen classique de routine – qui a mal fini –, non nécessaire pour sa santé, comme me l'a dit, ensuite, le Dr S. qui la soignait).

Il est important de comprendre ce qui se passe – ce qui peut se passer – ce qui pourrait se passer – ce que j'appelle *la fourchette du pire* (mort) ou *meilleur* (guérison, vie meilleure, vie pleine) et l'éventail des possibilités thérapeutiques médicales (chimiothérapie, radiothérapie, chirurgie, immunologie, vitaminothérapie), paramédicales et adjuvantes (diététique, activités sportives, mouvements, relaxation, visualisation, médecines douces de terrain, voire distractions, support et psychothérapie individuelle ou familiale...).

S'y mettre à tous pour recueillir les informations médicales et autres est à la fois utile (gain de temps) et important (chacun a quelque chose à faire et se rend utile, ce qui est aussi désangoissant et agréable et peut-être vital).

Le Dr Fresco disait déjà, au congrès de Marseille de « Psychologie et cancer[1] » : « Il ne faut pas se

---

1. « Cancer et communication », *Psychologie médicale*, 15/9, septembre 1983.

le cacher, les culs-de-sac relationnels qui entraînent le cancer ne sont pas tout à fait inoffensifs. On peut aussi bien mourir d'une distorsion de communication, d'une information insuffisante, que d'une erreur d'asepsie ou d'une mauvaise indication chirurgicale, car la connaissance de nos modèles de communication lors d'une situation extrême (Bruno Bettelheim) ou limite (Jaspers) telle que celle qu'induit la maladie cancéreuse en est à ses balbutiements. »

S'organiser pour survivre est essentiel, car, la crise passée, il faut parfois des années de traitement et de soins – et il faut « tenir » et vivre. Et s'y mettre à tous veut dire *tous* : le conjoint, les parents, les grands-parents, les cousins, les voisins, les collègues proches, les amis, les enfants… Mais oui, un enfant qui sait lire peut chercher des adresses dans un annuaire, prendre des livres amusants à la bibliothèque, demander aux copains de classe de collecter des histoires drôles… Même un enfant qui ne sait pas lire peut apporter une fleur, faire un câlin, imposer le silence.

Améliorer la situation et la santé pourrait être un projet familial, de la nutrition à l'exercice physique et à la relaxation, et au rire.

On peut visualiser, avec et pour le malade, sa bonne santé ; on peut l'aider à espérer et le faire rire. S'entraider pour que chacun puisse aussi penser à soi, à ses besoins, à se distraire et à ne pas se sacrifier.

Ne pas oublier d'oublier : les soucis, la maladie, le stress, les rancœurs et ressentiments.

Terrain prédisposant, événements déprimants, « perte d'objet d'amour »

Pouvez-vous préciser s'il y a une certaine typologie, un terrain prédisposant chez les malades ?

A. A. S. : On s'est demandé s'il y a un terrain qui favorise le cancer, et même s'il y a une typologie prédisposante. LeShan a mis en évidence une typologie de cancéreux que, moi, je n'ai pas souvent retrouvée. Vous pouvez lire son livre ; il a été traduit en français. Il s'intitule *Vous pouvez lutter pour votre vie.* C'est un très beau livre qui met en évidence une typologie fréquente chez les cancéreux : souvent mis très tôt en pension dans leur enfance, ou coupés de leurs parents, par exemple, ils ont pris *l'habitude de ne pas exprimer leurs sentiments* ; parfois, ils manquent de « mordant », de « battant », de dynamisme, et ne sont pas agressifs ; ce sont aussi parfois des *gens très dévoués*, qui s'oublient souvent en faveur des autres et, quelquefois, des dépressifs, souvent aussi des *gens très gais, mais qui cachent un certain sens tragique* de la vie sous cette vivacité apparente, un sentiment de désespoir ou d'aliénation dans leur vie[1] : celle de ne pouvoir être soi et d'être obligé(e) de paraître autre, pour faire plaisir à la famille ou à la société... Parfois, des gens dont les liens ou tentatives de liens ont été coupés par la mort (d'un parent ou d'un grand-parent), le départ (d'une nourrice, d'une voisine, d'une « tantine »), la guerre, le déménagement... sans que cette *perte d'objet d'amour*, ce « deuil » ne puisse se faire, ni même souvent se parler.

---

1. Lawrence L. LeShan, *Vous pouvez lutter pour votre vie. Les facteurs psychiques dans l'origine du cancer*, Paris, Robert Laffont, 1982, p. 45.

Et Lawrence LeShan ajoute : « Chez la plupart de mes clients, l'exploration psychothérapeutique révéla que leur désespoir n'avait jamais été exprimé verbalement, avant que la thérapie ne les aide à y voir clair[1]. » Certains de ces malades se sentent en échec, et allant d'échec en échec, au point de vue affectif, dans les relations humaines. Comment leur faire comprendre qu'il est possible d'évoluer ? que tout peut changer ? « (Je me demandai) comment les faire évoluer et changer, en soi et dans leurs relations avec autrui[2]. »

LeShan a trouvé que, chez un très grand nombre de malades cancéreux, la perte de l'envie de vivre, la perte de toutes raisons de vivre est apparue après une période de bonheur, de joie intense, pendant laquelle le futur malade avait vécu une réussite.

La mort (ou abandon) du conjoint, le départ des enfants ou petits-enfants, la retraite, le licenciement professionnel, sont alors un effondrement : cela remet en cause la réussite.

Cette *perte d'objet d'amour* s'accompagne souvent d'une incapacité à exprimer la colère et le ressentiment, et réactive une vision du monde sans espoir et des pertes et carences affectives de la petite enfance, où l'enfant avait manqué de sécurité affective durable.

Cette typologie de LeShan est une typologie statistiquement intéressante, parce qu'elle ouvre le champ des relations familiales, des communications réelles – ou absence de communication, ou « communications doubles[3] » ou à double sens, ou quelque chose de tu, secret, ou caché dans les familles –, et

1. *Ibid.*, p. 49.
2. *Ibid.*, p. 48.
3. Un double message, doublement contraignant *(double bind).*

sur les *pertes* subies par les gens, les absences, les manques, les stress... Je ne l'ai pas souvent rencontrée. À part quelques exceptions, parmi les gens que j'ai eu l'occasion de voir et qui guérissaient, qui avaient des « rémissions spontanées » ; j'ai rencontré des malades très dynamiques, pleins d'allant, pleins de vitalité, entreprenants, actifs (donc ne correspondant pas à cette typologie de la passivité, de la soumission sociale – ou à la typologie par secteur de vie : actifs dans certains et passifs dans d'autres, trouvée par Bahnson –, de « l'absence d'espoir » dans l'enfance et du découragement, trouvée dans la littérature...). Souvent, ces malades sont des gens merveilleux, pleins de flamme... Un grand nombre de malades, gais et qui luttent ont retrouvé finalement en eux-mêmes une partie de cette typologie, où l'on est actif dans certains domaines et passifs dans d'autres. Beaucoup de malades disent s'y retrouver en lisant LeShan. Le *stress chronique* produirait des changements biologiques graves, pouvant produire le cancer (glucocorticoïdes).

Une mise au point sur ces *recherches psychosomatiques* et typologiques est en train de se faire à Heidelberg, par Ronald Grossarth-Maticek et ses collègues[1], reprenant les hypothèses (rétrospectives) de Lawrence LeShan (1966) et M. B. Bahnson et C. B. Bahnson (1969), recoupées par les recherches prospectives de Hagnell (1966) et de Thomas et Duszynski (1974), qui semble prouver que *les événements déprimants et traumatisants de la vie adulte conduisent au cancer s'ils réactivent des événements*

1. Ronald Grossarth-Maticek, Dusan T. Kanazir, Peter Schmidt, Hermann Vetter, « Psychosomatic Factors in the Process of Cancerogenesis : Theorical Models and Empirical Results », *Psychotherapy and Psychosomatics*, n° 38, 1982, p. 284-302.

traumatisants de l'enfance et/ou fixation sur un seul parent. On a aussi trouvé, chez les futurs malades, *une tendance au déni des vrais sentiments* ou surcompensations, dues à des expériences traumatisantes de la petite enfance.

En 1979, des études de Bartrop ont montré le *lien entre le stress psychosocial et la toxicité de lymphocytes T.*

Grossarth-Marticek a même émis l'hypothèse que la suppression ou la *non-verbalisation de l'anxiété* augmente la valeur des adrénocorticoïdes qui finira par promouvoir une carcinogenèse.

*Histoire familiale sur plusieurs générations**

A. A. S. : La perspective familiale transgénérationnelle est nouvelle et importante. Lorsqu'on fait le lien avec l'histoire familiale des maladies, lorsqu'un malade retrouve et reconstitue l'histoire de sa famille, sur deux ou trois générations, et lorsqu'on fait l'histoire de sa maladie, on se trouve avoir une histoire et on renoue le fil avec quelque chose qui s'est mal passé dans son histoire personnelle, ou dans son histoire familiale et qui, quelque part, pointe vers cet organe.

Par exemple, un malade avec un sarcome a pu faire le lien entre le refus de la vaccination du BCG, de la médecine officielle par sa mère et la localisation du cancer (haut du bras gauche).

Par exemple, une dame avec un cancer de la gorge a découvert, en thérapie, le lien éventuel avec la mort de son fils, il y a dix ans, étouffé par le croup à l'âge de deux ans (erreur de diagnostic du médecin de garde arrivé la nuit, décès dont elle se sentait coupable). Depuis, sa maladie a pris un cours favorable : après plusieurs rechutes, elle va mieux.

Dr Q. : Je vois dans un cabinet collectif de quartier, en médecine générale, homéopathie et acupuncture, un certain nombre de malades atteints de cancer. Petit à petit, j'ai appris à voir au-delà, à écouter, à consacrer une bonne heure à chaque cancéreux la première fois.

Ma première patiente, je l'ai vue tous les jours durant ses derniers six mois, mais elle est décédée le jour anniversaire de la naissance de sa fille, une fille qu'elle avait abandonnée. Elle avait une grosse culpabilité. On ne meurt pas n'importe quand.

Dr G. T. : Tout le monde ne réagit pas de la même manière au même stress. Le même événement bouleverse les uns et est métabolisé par les autres. Ce à quoi réagissent les gens, c'est le sens du stress pour chacun, la signification de la maladie, un pli face à la vie. Il suffirait peut-être d'exercer une pesée dans le sens contraire pour arriver à chasser cette signification et cette image mentale. Comme s'il y avait eu habitude prise depuis l'enfance ou hystérisation du symptôme.

On a vu dans la psychose et la maladie mentale une sorte de rotation dans les familles. Comment est-ce pour le cancer ?

A. A. S. : François Tosquelles, lorsqu'il était médecin psychiatre en Lozère, à l'hôpital de Saint-Alban, racontait que, malheureusement, très souvent, lorsqu'il guérissait un enfant psychotique, le socialisait et le rendait à sa famille, la famille lui ramenait souvent un autre enfant à soigner quelques mois après. C'est ce qu'a mis en évidence le groupe de Palo Alto, et la théorie systémique de la thérapie familiale : il faut soigner d'abord le système de communication à l'intérieur des familles, et pas seulement un malade.

Par rapport au cancer, personne n'a étudié s'il y a rotation familiale des maladies, mais on a souvent remarqué que *le cancer n'arrivait pas n'importe quand dans la vie d'une personne*. Le moment d'apparition du cancer est souvent très important : c'est souvent *la date anniversaire d'une mort* (mère ou père, conjoint, enfant…) ou anniversaire d'une naissance. Ou lorsque le sujet atteint un *âge fatidique* (l'âge où quelqu'un de signifiant a eu le cancer).

Lorsqu'on fait un *génosociogramme* familial, et que l'on indique sur l'arbre généalogique les prénoms, les dates des naissances, mariages, morts, fausses couches, départs, déménagements et les cancers, leur localisation, leur date d'apparition, l'âge du malade au moment du cancer, et les liens familiaux, on voit un zigzag se dessiner dans l'arbre généalogique, comme si les uns prenaient le relais des autres. J'ai écrit un livre là-dessus[1]. D'autres collègues l'ont mentionné aussi.

Je l'ai vu souvent pour *l'enfant de remplacement*, c'est-à-dire pour l'enfant qui est conçu et qui naît, comme Salvador Dalí ou Vincent Van Gogh, pour remplacer l'enfant mort, dont il porte souvent le prénom – une mort dont les parents n'ont pas fait le deuil.

L'enfant remplace parfois un autre mort, comme un parent du parent. On voit apparaître toute une

1. Anne Ancelin Shützenberger, *Aïe, mes aïeux ! Liens transgénérationnels, syndrome d'anniversaire, secrets de famille et pratique du génosociogramme* (1993), 16e éd., Paris, Desclée de Brouwer, 2015.

série de troubles, de l'autisme (enfant psychotique qui ne parle pas) au suicide (comme celui du peintre Vincent Van Gogh après la naissance de son neveu, prénommé lui aussi Vincent, fils de son frère Théo), un accident mortel, un cancer.

J'ai vu beaucoup d'enfants leucémiques qui étaient des « enfants de remplacement[1] » et dont la mère n'avait jamais fait son deuil de l'enfant mort.

Regard social, identité et espoir

On existe en tant qu'être humain à part entière en soi, bien sûr, mais surtout dans le regard d'autrui, le regard que porte autrui sur nous.

Et ce regard nous classe et nous étiquette.

Dans nos sociétés occidentales actuelles, la profession et l'activité font partie du statut social de personne à part entière.

Autrefois, les personnes avaient une existence, et les « non-personnes » étaient des objets, outils animés, comme des esclaves... Et malgré tous les efforts de reconnaissance, les enfants, les malades, les estropiés, les handicapés physiques et mentaux, les personnes d'une autre race ou couleur, les personnes âgées, ne sont pas toujours considérés comme tels, et souvent dévisagés, écartés ou ignorés (comptant « pour du beurre » comme disent les enfants, et ne comptant plus du tout, comme s'en plaignent de nombreux retraités, pensionnés, chômeurs et SDF).

Une des premières questions que l'on pose (et se pose) sur les gens est : « Que faites-vous ? », ce qui

---

1. Jean Guir rapporte aussi des cas de leucémie d'enfants liés à une structure familiale. Voir Jean Guir, *Psychosomatique et cancer*, Paris, Point hors ligne, 1993 (avec récits de familles d'enfants leucémiques).

signifie : quelle est votre profession, êtes-vous en activité, et laquelle (et donc, si on est sans travail ou malade, on a des difficultés à répondre et à « se situer » et on est « dans la course » ou « rangé des voitures »).

Une thèse de doctorat récente de Marie-Louise Pellegrin sur les travailleurs et les travaillants a essayé de redonner de la valeur sociale à ceux qui sont utiles mais ne sont pas rémunérés ou n'ont pas ou plus de profession rémunérée, comme les bénévoles.

Autrefois, les pestiférés (atteints de la peste) étaient rejetés au ban de la société. Et la mise en quarantaine pour les humains et les animaux était souvent pratiquée, en défense sociale.

Dans le langage courant, tant français qu'anglo-saxon, demander à chacun, en premier, d'emblée de rencontre : « Comment allez-vous ? » est la trace du « Comment allez-vous à la selle ? » de la période de la peste bubonique et de la crainte de la contagion mortelle, de par le simple fait de la co-présence… Et la réponse « Très bien merci, et vous ? » était une réassurance : la conversation et les échanges pouvaient continuer sans danger.

De cette angoisse et crainte de la contagion, d'avant les progrès fulgurants de la médecine, il reste bien des traces encore…

Bien des élus et des chefs d'État gardent secrètes leurs maladies. Un président de la République a pu dire aux États-Unis : « J'ai eu le cancer et je ne l'ai plus », ce qui était vrai mais très courageux de sa part et un grand pas contre le mauvais regard social jeté sur de nombreuses maladies – et les maladies qui se soignent très bien.

Une malade a pu écrire dans le *Times* : « Laissez-moi vivre et guérir et ne m'enterrez pas avant l'heure, de par le regard négatif ou de pitié que vous jetez sur moi. »

Ce regard social ou familial des autres est aussi fonction du sentiment d'exister et de l'espoir de guérir vite et de retrouver sa place dans la société. Il est donc important de lutter contre les préjugés à propos de la maladie, car on guérit très bien, depuis une cinquantaine d'années au moins, de nombreuses maladies, comme le cancer ou la tuberculose, et les anciennes idées reçues ne devraient plus avoir cours.

Le regard positif sur autrui est fondamental.

Il faut donc que chaque malade se soigne, non seulement médicalement parlant et avec un réseau de soutien, mais évite ceux qui sont négatifs à l'égard de la maladie dans son entourage, et aussi ceux qui confondent les réalités statistiques des maladies, et le destin de chacun face à la vie et la santé, ou qui ignorent les derniers progrès.

Car ces préjugés et ces croyances minent l'espoir de guérir et entravent la guérison (il ne faut pas confondre la réalité d'une situation avec les préjugés et les croyances sur les maladies).

Les récents travaux sur la résilience et les recherches biologiques sur l'activité des cellules ont changé radicalement la donne et les idées, et donné des bases solides à l'espoir de vivre.

Vivre dans l'incertitude, espoir quand même

C'est bien difficile de vivre dans l'incertitude. C'est presque le plus dur…

A. A. S. : C'est vrai, il est difficile de vivre avec une épée de Damoclès au-dessus de la tête, de vivre dans l'incertitude du lendemain, sans savoir si on sera vivant demain, sans savoir si son père ou sa mère, son conjoint, son enfant, sera vivant demain. C'est surtout vrai pour nous, gens des villes des pays industriels, souvent fonctionnaires et couverts par la Sécurité sociale. Ce n'est pas comme ça, ni pour tous, ni toujours, ni partout.

Rollo May raconte[1], alors qu'il avait une tuberculose gravissime, à l'époque où on en mourait beaucoup, qu'il trouvait merveilleux de se réveiller le matin vivant, et qu'il appréciait de vivre l'instant présent en en jouissant pleinement, en respirant l'air, en regardant la lumière, le ciel et les fleurs, en vivant pleinement chaque seconde. Je parle au passé parce qu'il va très bien maintenant et qu'il a plus de soixante-dix ans ; qu'il est à la fois le chef de file de la psychanalyse existentielle américaine et l'un des penseurs de la psychologie humaniste.

Nous avons oublié que l'homme a vécu dangereusement pendant des siècles et oublié aussi le plaisir aigu du risque, même du risque mortel, que l'on prend avec passion pour faire de la course automobile, de l'alpinisme, ou la montée de l'Éverest ou le Paris-Dakar en voiture, et nous restons par conséquent avec le réflexe, l'habitude ancestrale devant le danger ; lutte ou fuite (selon Cannon), alors qu'en fait, nous ne pouvons plus ni fuir ni lutter mais devons (Selye, Laborit[2]) affronter en silence stress, « métro-boulot-dodo », patron, impôts, embouteillages, vie chère et frustrations...

Pour Virginia Henderson (c'est l'infirmière américaine qui a créé le modèle théorique pour les « soins infirmiers » dont on se sert dans le monde entier et dans toutes les écoles supérieures d'infir-

---

1. Rollo May, *Meaning of Anxiety* (1950), New York, Norton, 1996.

2. Selon Hans Selye et aussi Henri Laborit, le stress de la vie moderne est cause de maladies graves.

mières) : « Les principaux buts de l'éducation, c'est d'apprendre à vivre dans l'incertitude, de savoir qu'on n'est jamais arrivé, de jouir de la recherche et de "faire avec" les ambiguïtés et contradictions. »

C'est dur de vivre dans l'incertitude et aussi souvent face au scepticisme médical, fondé sur les statistiques.

Mais les Simonton, et moi-même, et aussi d'autres qui utilisent ces méthodes, travaillons beaucoup avec des cancers *terminaux*, c'est-à-dire avec des gens que la médecine considère comme mourants à brève échéance. Nous savons par expérience que certains d'entre eux s'en sortent quand même.

Il faudrait peut-être rappeler que plusieurs praticiens auraient déclaré que leurs observations sur la régénération des tissus et la cicatrisation des plaies avaient permis d'apprécier certains effets curatifs de la *prière*. Plusieurs praticiens mettent en rapport la prière religieuse et l'effet psychique, le pouvoir créateur idéoplastique des images mentales, dont le dynamisme est d'autant plus efficace qu'il est renforcé par la parole, la suggestion ou la foi. C'est le point de vue du Dr Ratié, disciple du psychiatre suisse Rorschach. Pour lui, *la foi* n'est pas une adhésion à telle ou telle doctrine mais *une certitude active d'obtenir un résultat* par l'application de telles lois, conditions, méthodes…

On peut rappeler à cette occasion le célèbre mantra, *Om mani padmé Om (Salut, ô joyaux dans la fleur de lotus)*, connu et répété depuis le XIIIe siècle et que de nombreux Occidentaux utilisent dans la méditation tibétaine, et qui a sur eux un effet calmant et bénéfique.

Certains malades utilisent le *Notre Père qui êtes aux cieux*, ou les prières psalmodiées et les litanies des *Récits d'un pèlerin russe*[1].

1. *Récits d'un pèlerin russe*, Paris, Points, 2014.

« Celui qui croyait au ciel, celui qui n'y croyait pas... » *La Rose et le Réséda*, ce si beau poème d'Aragon, du temps de la guerre et de la Résistance...

Il est très important que chacun fasse comme il le ressent et utilise l'aide qu'il peut recevoir, l'aide de la foi, *l'aide de la foi en la guérison possible*, la foi en tel régime, en telle médecine, en tel thérapeute, la certitude de pouvoir guérir, la volonté de survivre pour accomplir certaines choses vitales et essentielles, *l'espoir*... et *l'espérance*.

La foi fait vivre. *La foi fait revivre*. On pense que c'est ainsi que « marche » *l'effet placebo*. C'est ainsi aussi que fonctionne la *réalisation automatique des prédictions* (positives et négatives).

Donc, attention aux effets sur la famille et sur les soignants du mauvais pronostic accompagné d'une certitude de mort (statistique) imminente (qui n'est qu'une croyance), et sur son effet néfaste par contrecoup sur le malade.

Pensons aussi à *l'effet galvanisant de l'espoir* et des médecins et thérapeutes qui se battent envers et contre tout. Même en phase terminale, certains malades survivront ou pourront survivre, surtout si on dédramatise les statistiques et si on les mobilise et les aide à lutter[1] pour aller mieux.

---

1. Certains ouvrages citent de nombreuses thérapies d'appoint et de terrain qui ont souvent réussi en cas de cancer grave : Ewan Cameron et Linus Pauling, *La Vitamine C contre le cancer*, Montréal, L'Étincelle, 1982 ; et Philippe Lagarde, *Ce qu'on vous cache sur le cancer*, Lausanne, Favre, 1981. Les travaux actuels sur les survivants des camps, des gaz de combat, du sida ont mis en évidence l'attitude de *hardiness*, de l'espoir (voir recherches sur les survivants de longue durée et les guérisons spontanées).

Les soignants

Difficulté d'être soignant

Intervention : Je suis infirmière et je travaille dans un service de cancérologie d'une petite ville. Il n'y a aucun psychothérapeute chez nous, ni psychanalyste. Je suis souvent épuisée, et aussi, cela me démoralise de voir souffrir tant de gens et de voir mourir des enfants.

A. A. S. : C'est difficile d'être un soignant, c'est exigeant sur le plan émotif, parce que le soignant est centré sur le client et qu'il a une éthique de dévouement, et parce qu'il est impliqué dans l'intensité émotionnelle de la maladie, du malade, auquel il s'attache, de la famille, et que, finalement, il ne peut souvent plus tolérer une telle intensité émotionnelle et finit, faute de temps, faute de soutien, faute de possibilités d'en parler dans le service ou ailleurs, par s'épuiser, démissionner, changer de service, ou prendre de la distance, voire prendre la fuite devant la maladie ou devant le besoin du malade de parler. Harold Lief et Renee C. Fox[1] en ont parlé, et préconisaient un intérêt attentif avec un certain détachement.

C'est difficile de pouvoir être présent, réellement présent ici et maintenant, pour écouter et entendre le malade, et comme nous dirions, pour pouvoir être impliqué sans s'impliquer, c'est-à-dire sans se projeter ni se prendre pour le sauveur ou le meilleur ami du malade – tout en sachant que la maladie et la mort nous touchent quelque part très en profondeur, et nous touchent par écho personnel et contrecoup, en profondeur, avec une sorte de « point de capiton » (image tapissière reprise par Jacques Lacan, de l'aiguille et du point qui traverse et relie plusieurs épaisseurs de tissus). Cette symbolisation de l'inconscient pourrait expliquer que côtoyer un malade grave nous ramène à nos premières expériences avec la maladie et la mort de nos proches, expériences souvent oubliées de notre enfance, ou même refoulées, s'il s'agit de la maladie grave ou de la mort d'un de nos parents – perte ou traumatisme qui peut être à l'origine de notre vocation de soignants.

C'est ce que j'appelle le transfert inconscient du médecin du soignant, dans la relation de soins.

Malheureusement, il arrive que le soignant revive chaque fois – face à un malade grave – le traumatisme qu'a été pour lui ou elle la maladie grave ou la mort d'un proche dans son enfance ou son adolescence, et s'implique trop ou fuie le malade, sans s'en rendre compte. C'est *le transfert du soignant*, ses propres projections inconscientes sur le malade, différent du *contre-transfert du soignant* ou réponse, réaction de celui-ci au transfert du malade.

---

1. Harold Lief et Renee C. Fox, *The Psychological Basis of Medical Practice*, chapitre 13, « Training for Detached Concern in Medical Students », New York, Harper & Row, 1963.

Ces réactions face à la maladie grave apparaissent souvent dans les groupes de psychodrame ou de formation de soignants, dans des groupes Balint de soignants, parlant de leur vécu. Harold Lief et Renee C. Fox, et aussi Alfred Kadushin[1] rappellent que le risque d'épuisement et de fatigue émotionnelle de l'infirmière et du médecin est lié au fait qu'ils sont constamment appelés à avoir une implication émotive envers le malade et sa famille, et que ce flux de réserve émotionnelle est à sens unique, du soignant au malade, et amène souvent à l'exténuation émotionnelle, aggravée du fait qu'un échec subi par le malade, si le malade ne guérit pas, est parfois vécu par le soignant comme preuve d'incompétence professionnelle et personnelle, et un sentiment de totale impuissance devant une maladie grave et une mort injuste et inéluctable (la mort du client, du soigné). Et ce, d'autant plus qu'il s'agit de personnes particulièrement sensibles aux besoins d'autrui, particulièrement généreuses : ce sont les soignants les plus idéalistes et les plus engagés dans leur travail qui éprouvent souvent le plus de difficulté à maintenir une certaine distance vis-à-vis du malade et qui alors s'épuisent, quittent le service ou se détachent (trop) et deviennent ensuite froids et distants avec les malades.

Bruno Bettelheim en parle ainsi : « Au début, il y a la peur de se voir happé par le tourbillon de colère, de l'anxiété et du désespoir des patients. Le sujet commence à craindre pour son propre équilibre, parfois il commence même à se demander lesquelles de leurs illusions (les illusions des malades) sont raisonnables et lesquelles sont fausses. Le système de défense le plus naturel consiste alors en

---

1. Alfred Kadushin, *Child Welfare Services* (1967), 4e éd., New York, MacMillan, 1988.

réactions presque automatiques par lesquelles le sujet essaye d'étayer ses moyens de défense pour se protéger contre cet impact [...], de blinder son cœur et parfois même son esprit... Contre cela même qui, de toute évidence, menace de l'envahir par l'intensité de leurs émotions[1]. »

Certains soignants essayent de se détacher physiquement (entrer moins souvent dans la chambre du malade, moins s'approcher de lui, éviter la proximité et l'échange de regards), d'autres mentalement, d'autres au point de vue émotif, ce qui fait que certains malades se plaignent de soins déshumanisés.

Une infirmière : C'est encore pire pour les familles. En tant qu'infirmière dans un service intensif, j'ai souvent le plus grand mal à faire venir les familles, même quand on les prévient plusieurs fois, même quand on les appelle au chevet de gens qui vont très mal. Ils fuient, ils ne viennent pas, souvent ils ne répondent pas. Et c'est nous qui devons et soigner et rassurer les malades, et leur parler, et leur servir de famille... En fait, le malade meurt souvent seul.

Une autre infirmière : Je suis infirmière en cancérologie. Ce que vous dites des familles est souvent vrai, mais je ne sais pas s'il vaut mieux une famille absente qu'une famille qui dramatise et qui est pesante pour le malade, et dont le pessimisme est contagieux, dont le pessimisme se transmet au malade. Mais il y a des familles très bien et très aimantes.

A. T. : Vous pensez que c'est dans le regard du médecin, du soignant, que le malade se fait une idée de sa maladie, et s'il va vivre ou mourir ?

---

1. Bruno Bettelheim, *A Home for the Heart*, New York, Knopf, 1974, p. 280.

A. A. S. : Oui, l'idée que le malade se fait de sa maladie, de son avenir, de ses chances, de sa vie, se joue là, dans l'échange de regards, et dans le contact vrai (ou faux, ou malaisé) qui s'établit là, entre le médecin et le malade – dans un « je-ne-sais-quoi » (en fait, étant spécialiste de la communication non verbale, je sais bien quoi) qui passe, et passe en dehors de la volonté du médecin, en dehors même de sa bonne volonté, et qui trahit ses sentiments, même s'il n'est pas très au clair lui-même sur ce qu'il pense et exprime. Mais si le regard du médecin, d'un soignant, dit que l'avenir est possible, alors il y a un avenir possible, quels que soient le pronostic et le diagnostic. Les choses ne sont jamais aussi jouées qu'on le pense, statistiquement. Parfois, certains malades « refleurissent » pour quelques jours ou quelques semaines (et pour moi, cela vaut toujours la peine, quelques semaines de vie plaisante de plus), parfois la tumeur disparaît, même des métastases généralisées peuvent disparaître.

Un espace pour respirer et se décharger

Comment le soignant peut-il se défendre contre le trop d'angoisse reçu du malade ou de sa famille ?

A. A. S. : C'est une question très fréquemment posée.

Les professions d'aide, de soignant, sont des professions où l'on *risque de s'épuiser en donnant trop à autrui*. On est alors épuisé, brûlé, en burn-out[1].

---

1. Voir Ayala Pines, Elliot Aronson, Ditsa Kafry, *Se vider dans la vie et au travail*, Montréal, Le Jour Éditeur, 1982.

Comment faire pour être présent, disponible, sans « trop en faire » ? Nous entrons là dans l'analyse de l'*inter-action*.

Un des « jeux » de l'analyse transactionnelle nous aide à le comprendre ; par la mise en évidence de rôles réciproques.

Le *triangle de Karpman**[1] ou *triangle dramatique* entre trois personnes en rôle : la *victime* (le malade, parfois le conjoint), le *sauveteur* (le médecin, l'infirmière, l'assistante sociale, parfois le conjoint), le *persécuteur*.

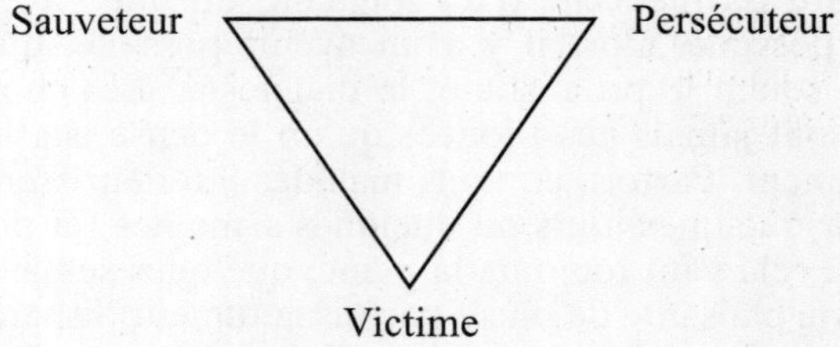

Les aidants s'épuisent à aider

Les professions d'aide, comme les familles de grands malades, s'épuisent souvent à trop vouloir aider, à trop en faire, à trop vouloir « sauver » le malade et finissent par s'épuiser complètement (phénomène de burn-out). Le triangle devient alors un triangle pervers et change de sens : le sauveteur devient à la fois « victime » et « persécuteur ».

1. Voir Anne Ancelin Schützenberger et Evelyne Bissone Jeoffroy, *Sortir du deuil*, Paris, Payot, coll. « Petite Bibliothèque Payot », 2008, p. 34 *sq*.

Victime, car épuisé (devenu « victime » de celui qu'il essaye de sauver), il en tombe parfois malade d'épuisement, et se défend contre toute demande d'aide supplémentaire, et parfois, n'en pouvant plus, ne peut plus rien entendre ni faire de plus – et en vient parfois à changer de rôle, et de sauveteur-victime devient « persécuteur », et en arrive à souhaiter la fin de la maladie et la fin du malade, « pour son bien, le pauvre ». On dit que la mort arrive comme une délivrance pour tout le monde, le grand malade « épuisé », la famille épuisée, les soignants épuisés.

Le triangle de Karpman est souvent *dramatique* car il change de sens, « tourne » et peut devenir un triangle *pervers*.

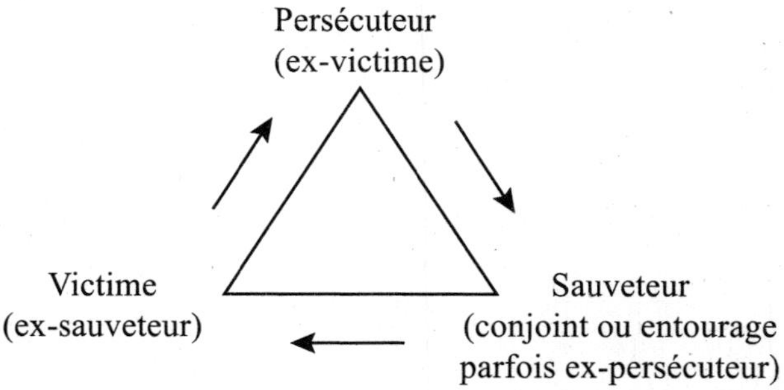

Triangle *pervers* : quand le sauveteur en fait trop, il devient victime.

Le triangle tourne.

Souvent, le persécuteur s'arrête et « sauve » sa victime (par exemple les dessins animés *Tom et Jerry* : quand le chat a attrapé la souris, souvent il la laisse repartir et la souris reprend vie et pouvoir, et parfois ridiculise le chat).

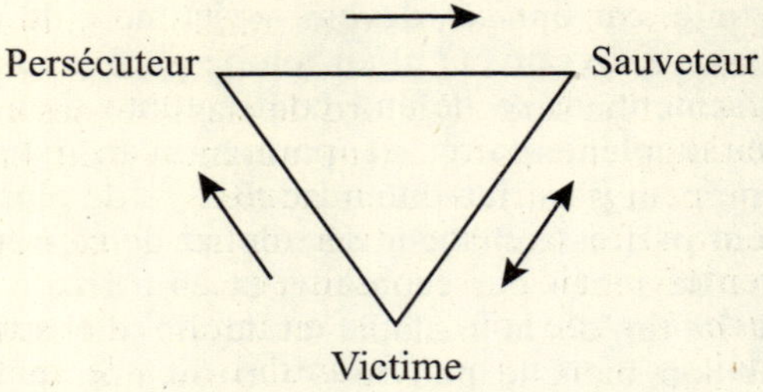

Il arrive que le *triangle tourne* dans les deux sens et que les gens occupent les trois plans et prennent les trois rôles à tour de rôle ou que le triangle tourne deux fois (mouvement *switch* rapide – vélocité accrue) si la personne tient deux ou même trois rôles quasi à la fois. À ce moment-là, le drame éclate. On peut rajouter avec Steiner et Karpman que la plupart des contes de fées *(Le Petit Chaperon rouge, Cendrillon, Le Joueur de flûte)* racontés à nos enfants européens et américains détaillent et « ancrent » dans les esprits ces changements de rôle et ces scripts.

Par exemple la mère envoie le Petit Chaperon rouge chez sa grand-mère pour la nourrir et lui tenir compagnie. Le Petit Chaperon rouge arrive un peu tard, la sauve mais devient lui aussi victime car il sera mangé aussi par le loup (persécuteur) et le bûcheron tue le loup, devenant à son tour la nouvelle victime.

Mais de fait, *le jeu recommence plusieurs fois*.

La rotation majeure, à contresens *(counterclock switch)*, la phrase-clé en est : « C'est pour ton bien » ; « Je ne suis ici (je ne fais ceci) que pour t'aider ».

Comme le dit le proverbe : « L'enfer est pavé de bonnes intentions »... Mais c'est un « jeu » nocif, inconsciemment pervers ou consécutif à la fatigue même s'il est souvent joué en famille ou auprès de malades graves.

Une solution serait d'abord de classifier ses vraies motivations en se dévouant autant et de laisser l'autre devenir ou redevenir adulte.

Il faut faire très attention, entre deux notions différentes : « aider » et « sauver ».

L'*aidant* fait de son mieux, en fait assez et surtout n'en fait pas trop, et n'infantilise pas le malade, comme le fait parfois le *sauveteur*. On pourrait parler de partage des tâches, des soins, des responsabilités, moitié-moitié.

(Aider ne veut pas dire « faire à la place de » mais aider l'autre à le faire, à vivre, survivre, revivre.)

Les professions d'aide fournissent souvent des occasions de passer de l'aide efficace ponctuelle, utile mais légère au dévouement sans bornes et au surcroît de dévouement, et donnent l'occasion d'entrer dans le triangle *pervers* d'une attitude de « sauvetage » qui infantilise le patient et le maintient en dépendance à tous les niveaux, et qui ne l'invite pas à continuer à agir en adulte et à continuer à se développer, même malade et affaibli.

Il est fréquent d'entrer dans ce triangle par le pôle du sauvetage.

On entre dans le rôle de sauveteur lorsque :

– on fait pour quelqu'un ce qu'il pourrait faire lui-même ;

– on fait pour le (la) malade quelque chose que la personne n'a pas demandé, sans vérifier avec elle si elle le veut vraiment (aides, soins, décisions médicales, filtrage des visites, repas...) ;

– on fait plus de 50 % alors que l'autre personne pourrait faire les autres 50 % (on ne partage pas ce qu'il y a à faire, en le discutant entre « adultes » responsables). Il est évident qu'à certains moments de maladie grave et de crise, juste après une opération

– en réanimation postopératoire par exemple – le malade alité a besoin qu'on l'aide, mais, même là, il peut faire des choses et prendre des décisions et ne s'en porte que mieux ;

– on fait une chose avec laquelle on n'est pas d'accord ; on le fait à contrecœur, et cela sans clarifier sa propre position, sans dissiper ce sentiment de vague inconfort, cette « dissonance cognitive », qui est une « non-congruence » interne.

Cela fait que, très vite, le soignant « sauveteur » en fait trop et se retrouve « victime » de son devoir et de la situation. Pour alléger sa charge, il tend à devenir temporairement « persécuteur » (pour se défendre) contre trop de demandes (de trop de malades), trop d'anxiété, trop de stress, trop d'implication.

Car rôle, « attente-quant-au-rôle », « contre-rôle », sont liés en interaction constante, et on fait des « changements de rôles » et des « renversements de rôles » sans s'en rendre compte, et de sauveteur on devient victime et, pour se protéger et survivre, persécuteur.

C'est ainsi que certaines familles (et parfois certains soignants) en viennent à souhaiter la mort du malade plutôt que de supporter d'autres rechutes et améliorations, parce qu'ils (conjoint, parents, enfants, soignants) en ont fait trop et sont donc devenus « victimes » épuisées, « vidées » (burn-out), et ont trop longtemps suspendu leur propre vie.

Ils n'en peuvent plus.

Mais on peut faire autrement, et aider sans se sacrifier ni jouer au pélican, en aidant le malade à redevenir adulte et actif, ce qui est bien meilleur pour que ce dernier se mette en situation de guérir mieux, et en aidant la famille à vivre et à coopérer.

Soigner autrui – mais continuer à vivre, et prendre le temps de vivre et de respirer

Pour les soignants (famille et professions d'aide)

Le triangle de Karpman nous a conduits à mieux percevoir *les dangers et chausse-trapes de trop vouloir en faire pour autrui*, ce qu'on appelle la *co-dépendance* et que certains auteurs récents américains considèrent comme une sorte de véritable dépendance, comme une sorte de drogue (aider l'autre tout le temps et à tout prix, quitte à l'infantiliser ou à l'empêcher de vivre ou de survivre comme il le désire – et ne pouvoir exister que par le dévouement à autrui, aux dépens de sa vie à soi).

Les questions posées nous ramènent au vécu des soignants – à la vie des soignants. Comment, pour le soignant, continuer à vivre normalement sa vie et se défendre contre toute l'angoisse reçue des malades et de leurs familles ? Comment l'éponger, la métaboliser ? En parler est important, partager le fardeau : groupes de paroles, groupes d'échanges, groupes de supervision et de contrôle, groupes Balint de contrôle.

Ceux qui croient qu'il y a échange d'énergie entre soignants et soignés conseillent aux soignants de se laver les mains, de faire couler de l'eau entre les mains et sur les bras (l'eau du robinet qui coule dans le lavabo, entre les paumes, sans les toucher, fait l'affaire, faute de sources vives), de prendre une douche ou des douches fréquentes, de se mettre un peu au soleil, et aussi d'imaginer les rayons du soleil qui tombent sur soi, en pluie de printemps vivifiante, ou pétales de fleurs ou flocons de neige.

Au Brésil, on vous conseille de vous lever, de vous secouer (bras et jambes, tête et corps) comme pour faire tomber de soi des particules ou des gouttes de pluie.

Certains amis thérapeutes ouvrent la fenêtre, s'étirent, respirent à pleins poumons, entre chaque malade reçu en cabinet, ou en sortant de la chambre des malades très graves, et écoutent un peu de musique toutes les heures. Moi, de plus, je « respire » avec la vue sur la mer et la forêt (en *vrai* ou en *poster*), en écoutant Mozart, Beethoven, Bach ou Schubert, Brahms ou Vivaldi, parfois en nageant, souvent en écoutant le bruit d'une source, en respirant et savourant l'odeur d'une fleur ou d'une eau de Cologne, et, parfois, d'un bon thé ou café – avec des amis, au soleil… Ou je me balance sur la balancelle du jardin (en vrai ou en imaginaire) en regardant courir les merveilleux nuages…

Et je conseille aux familles et aux malades de faire de même.

Collaboration avec médecins et soignants

Collaborez-vous avec des soignants et des médecins qui s'occupent de cancéreux ?

A. A. S. : Souvent, et de plus en plus. Nous collaborons de diverses façons. C'est le médecin qui soigne le malade. Notre approche est une aide complémentaire.

D'une part, il arrive que des médecins et divers soignants m'adressent des malades, d'autre part, il arrive que j'adresse des malades (qui, souvent, avaient si peur du cancer qu'ils évitaient les médecins classiques et même souvent tout médecin), à des médecins et thérapeutes divers.

Enfin, on se rencontre dans divers lieux de paroles et d'échanges, comme les diverses et très nombreuses réunions de 1982 de la Concertation nationale sur le cancer, comme divers congrès « Psychologie et cancer » (tous les deux ou trois ans et à des réunions entre-temps), à diverses réunions et tables rondes de congrès et colloques, de médecine, de psychothérapie, de psychothérapie de groupe, ou d'associations de malades, ou à la radio, à la télévision, ou dans des cliniques, hôpitaux, facultés de médecine, qui m'invitent ou nous invitent ensemble... ou dans des écoles d'infirmières ou séminaires de soignants... Les occasions ne manquent pas. Il y a aussi de petits groupes de thérapeutes qui se réunissent pour réfléchir, discuter, et qui m'invitent par exemple, en France et à l'étranger, et dans les colloques de psycho-neuro-immunologie.

Mais pour être franche, je dirais que le dialogue n'est pas toujours facile (mais il l'est de plus en plus, au fil des ans). Notre approche est encore très nouvelle et va à l'encontre de l'idée que le cancer, il faut l'extirper. *La médecine soigne la maladie, l'organe, sans considérer le malade tout entier* – parfois, bien que de nombreux médecins s'occupent de la personne entière. Si malgré l'énergie et la science déployée par la médecine classique, on n'obtient la guérison que dans la moitié des cas (tous cancers et tous âges réunis, statistiques américaines de 1982), je pense que d'autres guérisons peuvent être gagnées en tenant compte de la personne entière, de son milieu, de ses affects, de ses états d'âme, de son terrain et du contexte.

La vision du malade en tant que *personne entière – esprit, cœur et corps* – pour gagner sur la maladie, commence peu à peu à progresser, même si un certain nombre de spécialistes continuent à se considérer seulement comme techniciens de la médecine et du cancer, et non comme médecins d'un malade atteint d'un cancer. On le sait bien, *le moral du malade est important pour la guérison* – et très important comme facteur complémentaire, en plus des soins. Je dis et redis « en plus », parce que pour moi, comme d'ailleurs pour les Simonton, et pour d'autres, cette approche est une approche *en plus* de l'approche classique de la maladie. La collaboration devrait donc être de plus en plus fréquente et aisée.

Il faudrait ajouter aussi que plusieurs associations, groupes, hôpitaux, écoles, m'ont demandé[1] – nous ont demandé –, depuis quelques années, de faire des séminaires de sensibilisation à cette méthode, et que de nombreux médecins et soignants y sont venus et continuent d'y venir.

1. À moi, mais aussi à d'autres praticiens européens, comme Rosette Poletti de Lausanne ou d'autres.

La volonté de guérir

Une certaine autogestion de la santé

« La guérison est en soi »

A. A. S. : Il y a de plus en plus de malades qui voudraient se soigner eux-mêmes. On va de plus en plus vers une autogestion de la santé par le malade. Cela fait partie du même courant de pensée, de prise en charge de soi-même par soi-même, que l'on voit apparaître en pédagogie, par exemple dans l'approche dite non directive ou centrée sur le client de Carl Rogers, comme dans d'autres domaines : s'occuper soi-même de sa maison, la repeindre, la construire ou la reconstruire, faire pousser des fleurs ou des légumes sur son balcon ou dans son jardin. C'est le même courant que les nouvelles thérapies biocorporelles d'origine humaniste, qui se sont développées aux États-Unis depuis les années 1960, et surtout qui ont commencé en France depuis une quarantaine d'années.

On va de plus en plus vers une sorte de self-service des malades, des familles et des usagers de la santé. On ne pourra jamais assez souligner l'importance du bouche à oreille entre malades, familles, entre soignants, entre groupes d'usagers. C'est là que les informations passent, où les trucs et recettes de survie se repassent. Mais la médecine est fondamentale.

C'est important de *savoir être à l'écoute* de ce qui peut être utile. Et un soignant à l'esprit ouvert peut donner de l'importance au fait de remonter le terrain et les défenses immunitaires, à la relaxation, au fait, pour le malade, de pouvoir se voir guéri, au bon moral, à l'espérance…

Ça change beaucoup de choses *quand le malade redevient actif* et prend lui-même en charge sa santé, et mélange ou complète la médecine classique par des médecines douces ou naturelles, une médecine de terrain, une alimentation plus saine, de la relaxation, de l'exercice physique, de la visualisation de la guérison, de la psychothérapie, un peu de grand air, du plaisir à vivre…

Tant de choses différentes aident à guérir, à se battre sur tous les fronts…

L'alimentation

Que pensez-vous de l'alimentation ?

A. A. S. : Je n'ai aucune idée préconçue. Je dirai avec Simonton : « Il apparaît que le cancer, comme d'autres maladies dégénératives, frappe souvent d'abord les suralimentés[1]. »

Simonton pensait en 1978 qu'il est prématuré d'ajouter le régime alimentaire occidental comme cause possible du cancer, en particulier en liaison

---

1. Carl et Stephanie Simonton, *Guérir envers et contre tout. Le guide quotidien du malade et de ses proches pour surmonter le cancer*, Paris, Épi, 1982, p. 45.

avec graisses et sucres ; les recherches comparatives sur l'alimentation entre Japonais et Américains ont bien montré qu'il y a moins de certains cancers parmi les Japonais vivant au Japon, mais des facteurs culturels peuvent jouer un rôle critique, car ils influencent notre façon de vivre, notre croyance et nos sentiments.

« On reconnaît que les *sentiments*, les opinions et les croyances jouent un rôle face à la maladie, alors *des facteurs culturels* peuvent avoir une importance énorme dans le développement de causes, d'incidence du cancer [...] ; ce qui provoque le cancer n'est expliqué par aucune des théories existantes [...]. Toutefois, une partie de chacune de ces explications doit finalement toucher et traiter de l'une des causes de la maladie cancéreuse, la suppression des défenses naturelles du corps contre la maladie[1]. »

L'étude des cartes de répartition du cancer dans le monde montre que chaque culture a son ou ses cancers : chaque mode de vie, chaque culture alimentaire – même traditionnelle – développe des cancers particuliers. Certains ethnologues commencent à l'étudier (par exemple, en Islande, en France avec Annie Hubert et Joëlle Lamblin [du musée de l'Homme] ou au Groenland avec Marguerida Hermanne).

Il est certain que la plupart d'entre nous se nourrissent mal, et que de nombreux malades se portent mieux en supprimant ou diminuant sucres, sauces, alimentation lourde et, en particulier, protéines animales et certaines graisses, et en ajoutant des légumes verts frais, cuits et crus.

Judy Graham[2] rapporte son expérience d'avoir arrêté l'évolution de sa sclérose en plaques à la fois

1. *Ibid.*, p. 46-48.

2. Judy Graham, *Judy Graham et la primevère du soir. Une maladie de civilisation : la sclérose en plaques*, Paris, Épi, 1983.

par l'huile d'onagre (tirée de la primevère du soir), un régime pauvre en graisses saturées, et riche en acides gras (vitamine F), vitamines et sels minéraux, de l'exercice physique, et dit que cela s'applique aussi aux cancéreux.

De nombreux malades essayent des alimentations différentes, parfois sans viande ni sucre, parfois surtout faites de céréales et de légumes. On se trouve en face de plusieurs régimes alimentaires différents[1], et les spécialistes et diététiciens ne sont pas d'accord entre eux – mais de nombreux cancéreux se portent bien sans régime. Mais il est important de faire ce en quoi l'on croit.

Il existe de nombreux livres de cancéreux guéris qui attribuent leur guérison au régime.

Vu nos informations actuelles, je pense que la diététique est un bon adjuvant, mais qu'il est dangereux de se passer de la médecine ou de se fanatiser, et se contraindre au niveau alimentaire, c'est rajouter du stress.

La vitamine C

La vitamine C, vous y croyez ? Je croyais que Pauling était prix Nobel de la paix ? Or, autour de moi, on rit quand je parle de vitamine C et on dit que le corps les élimine au fur et à mesure.

A. A. S. : Pauling a eu deux prix Nobel : celui de la paix et celui de chimie, en 1954. C'est vrai

---

1. Voir la bibliographie, certains ouvrages ou méthodes alimentaires qu'utilisent d'autres malades. Beaucoup utilisent le « Kousmine » (1996), et/ou des régimes dissociés favorisant une alimentation plus saine et ne fermentant pas dans les intestins. (Voir aussi l'ouvrage de Jean Seignalet, *L'Alimentation ou la troisième médecine*, 3e éd., Paris, Guibert, 1999.)

qu'il est surtout connu en France pour ses travaux sur la vitamine C et le rhume de cerveau – et c'est vrai qu'il est dommage que ses travaux sur le cancer soient peu connus en France, voire méconnus. Ils ont été traduits en français au Canada et on trouve la *Vitamine C contre le cancer* chez quelques libraires français. Moi, je suis comme saint Thomas : il faut que je voie pour croire. Mais lorsque je passe plusieurs jours à discuter cancer et maladies graves avec quatre prix Nobel, sous la présidence de Hans Selye, au Symposium international sur la gestion du stress de Monaco, en 1979, et que Selye nous déclare qu'il considère qu'il doit la vie et sa résurrection au traitement de Pauling par la vitamine C, en mégadoses, il y a de quoi être convaincue[1] – surtout lorsque Pauling explique qu'il a fait pendant près de dix ans des travaux en cancérologie, avec le chirurgien cancérologue Cameron, et qu'il montre des tableaux convaincants, statistiquement significatifs, de prolongement de la vie avec dix grammes de vitamine C par jour – et de « rémissions » spectaculaires avec des doses de dix à quatre-vingts grammes (il met aussi en garde les gens contre le fait d'essayer brusquement et d'arrêter brusquement, car ce sevrage soudain risque de redéclencher la maladie, mais il n'y a qu'à faire attention, prolonger les doses longuement, et arrêter au besoin progressivement).

Norman Cousins écrit aussi, dans *La Volonté de guérir* (1980), qu'il était atteint d'une maladie grave et mortelle (la spondylarthrite ankylosante[2])

1. Quelle que soit la thérapie, on peut toujours discuter pour savoir la part due à la médication et la part due à l'espoir, à l'effet Pygmalion, à l'envie de guérir, au contact avec le soignant. Pauling et Cameron ont aussi fait des expériences significatives en « double aveugle ».

2. Polyarthrite évolutive, PAE ou PC, dont on guérit mieux actuellement qu'à l'époque.

dont il avait moins d'une chance sur cent de guérir, et qu'il a alors risqué le tout pour le tout, pris trente-cinq grammes *(sic)* de vitamine C par jour (par perfusion) et qu'avec ça, la reprise de l'espoir et de la lutte, et une cure de rire (par histoires drôles qu'on lui racontait et films comiques, genre Laurel et Hardy, qu'il voyait)... il s'en est sorti. Il enseigne depuis dans une faculté de médecine de San Francisco.

Si la vitamine C est éliminée par le corps, on ne sait pas très bien ce qui se passe entre l'absorption et l'élimination, mais ça réactive les mécanismes de rétablissement du corps.

Je suis profondément convaincue qu'il faut tout faire pour guérir, tout, tout, tout. Et donc, pourquoi pas la vitamine C à mégadoses (il faudrait lire avec attention Pauling pour les détails et les spécifications et voir les marques de vitamines à prendre à fortes doses et les formes les moins chères aussi). Plusieurs médecins expérimentent maintenant ces très fortes doses de vitamine C, en Amérique et en France.

C'est important de se battre sur tous les fronts, de recourir à divers adjuvants, d'aider le malade à vivre sa maladie et programmer sa guérison.

Croire à ce qu'on fait – espérer

Êtes-vous toujours aussi enthousiaste que lorsque vous avez écrit l'introduction à l'ouvrage de Simonton, Guérir envers et contre tout, *en 1981-1982, aussi enthousiaste que lorsque vous avez commencé ?*

A. A. S. : Je suis toujours aussi enthousiaste que lorsque j'ai commencé il y a plus de vingt ans. Mais c'est vrai que j'ai eu la chance d'avoir des malades passionnants et dont beaucoup ont survécu malgré un pronostic défavorable ou tragique. C'est vrai que je trouve passionnant d'être un pionnier dans une méthode nouvelle et de me battre pour la faire admettre – que ce soit la méthode Simonton en France depuis 1978 (Simonton est devenu depuis un best-seller aux États-Unis), que ce soit le psychodrame depuis 1952, que ce soit la dynamique des groupes depuis 1952 également, que ce soit le T-Group[1], que ce soit l'usage de la vidéo en thérapie et en formation, que ce soit la communication non verbale.

C'est vrai que je m'enthousiasme facilement, mais c'est vrai aussi que je continue à faire tout ça [et encore en 2004].

Dr G. T. (psychanalyste parisien, traitant des malades cancéreux) : Je me demande ce qui est opératoire dans une thérapie. Je me demande si l'enthousiasme du pionnier ne fait pas qu'il obtient quelque chose qui n'est pas réalisable en série par ses élèves ou les élèves de ses élèves. Pour moi, ce n'est pas la méthode qui compte, mais les gens qui la font, une chaleur qui passe, un enthousiasme. Dans une position fondatrice, vous avez une position privilégiée et c'est très important au niveau de votre désir et au niveau de vos résultats.

Vous parlez avec une conviction et une chaleur qui passent la rampe. Il ne s'agit pas d'y croire, à cette méthode, mais d'y croire fort. Ça explique peut-être que certains n'ont pas obtenu les résul-

1. T-Group : pour Training Group. Groupe de formation d'adultes et de sensibilisation aux relations humaines et à la dynamique d'un groupe de formation de thérapie, en éducation...

tats des Simonton, ou de vous, ou d'autres – en la généralisant trop à l'hôpital, de façon mécanique, sans trop y croire.

Ce qui est frappant dans les maladies psychosomatiques et chez les cancéreux, c'est la dépression de l'imaginaire : quelque chose fait défaut. C'est comme si la visualisation que vous leur demandez proposait un scénario imaginaire d'attaque des cellules cancéreuses par les globules blancs, un peu comme l'hystérie concevait le corps humain au XIXe siècle. Cette visualisation que vous faites faire, c'est comme une injection de l'imaginaire, comme si quelque chose venait enrichir un certain « point aveugle » chez le malade. Groddeck[1] a montré la grande richesse d'images de la maladie. On essaye par tous les moyens de remettre dans le circuit subjectif de chaque sujet, comment dire, une partie du corps... L'image du corps du malade serait « en panne ». Normalement, on n'a pas d'image de son corps interne, on a plutôt une image du corps en miroir. Avec cette méthode, on injecte une imagerie.

A. A. S. : C'est vrai. Quand on se relaxe et qu'une fois relaxé on passe en revue tout le corps pour se relaxer muscle par muscle, et surveiller le fonctionnement du corps organe par organe, on crée une unité du corps morcelé, on se recrée une imagerie corporelle externe et interne, et l'organe en question se trouve être vu dans l'ensemble du corps. Le corps rentre dans le discours. Les organes sont parlés, le corps est parlé.

---

1. Georg Groddeck, *Le Livre du Ça. Au fond de l'homme cela* (1963), Paris, Gallimard, coll. « Tel », 1996.

Importance d'une très bonne psychothérapie

Croyez-vous toujours à la psychothérapie ?

A. A. S. : De plus en plus. La recherche fondamentale de David Spiegel a démontré que la psychothérapie doublait la durée de survie – de vie – de malades atteints de cancer. C'est souvent lever le frein de la maladie et s'autoriser à vivre.

*Des questions controversées souvent posées depuis vingt ans**[1]

Peut-on réellement dire la vérité au malade quand il ne va pas bien ? Et comment faire pour ne pas le désespérer ?

A. A. S. : Je pense toujours qu'il est important que le *malade sache la vérité quand il la demande*, car cela lui *permettra très souvent un sursaut de survie*, et qu'on lui facilite cette demande – en n'évitant pas son regard, en ne lui disant pas de mensonges, en ne détournant pas la conversation. C'est-à-dire qu'il y a une différence entre les pays anglo-saxons qui obligent légalement le médecin à dire la vérité au malade et les pays latins qui lui laissent la latitude de répondre selon sa conscience et l'impression qu'il a des possibilités du malade d'accéder à la vérité. S'il y a certainement des malades et même des familles de malades qui « n'entendent pas » les réponses vraies qui sont faites par le méde-

1. Discutées au congrès de Montréal (juin 1993) et présentées par le dalaï-lama, Luc Bessette et le président scientifique Ghislain Devroede, voir *Le Travail du deuil comme processus de guérison*, Montréal, MNH Publications, 1995.

cin et l'équipe médicale parce qu'ils ne peuvent pas entendre la vérité ou qu'il y a un déni de la maladie – mon expérience me prouve aussi que ce sont des cas rarissimes (je ne l'ai rencontré qu'une fois en trente ans pour une malade qui a mis cinq ans pour comprendre que le sarcome dont elle venait d'être opérée était en fait un mauvais cancer – dont elle « survit » bien depuis plus de trente ans).

Mais c'est vrai que je vois surtout des gens qui choisissent de venir me voir et dont la plupart savent qu'ils ont le cancer ou se doutent qu'ils l'ont et non pas tous les malades d'une consultation hospitalière.

Norman Cousins, dans son dernier livre *La Biologie de l'espoir*, décrit le découragement, la déprime et les dégâts qui se produisent chez les malades à qui on assène qu'ils ont un cancer gravissime et qu'on « laisse tomber » ensuite avec ce problème.

Je suis tout à fait d'accord avec lui : *il faut parler aux gens avec compassion, ne pas fermer la porte de l'espoir*, même dans des cas gravissimes et statistiquement mauvais, parce qu'il y a de très nombreuses « rémissions spontanées » et « guérisons miraculeuses », que ni la mort, ni la guérison ne peuvent être prédites à 100 %, et que personne au monde ne peut prédire l'évolution individuelle et les réactions personnelles d'un malade, ni sa vie ni sa mort.

Bien entendu, il existe des malades qui ne veulent pas savoir réellement quel est leur état de santé, ni le diagnostic, ni le pronostic, ni le nom de la maladie : dans ce cas, si c'est vraiment leur désir et non pas l'angoisse de la famille ou du médecin, il n'y a aucune raison de leur asséner une vérité qu'ils ne veulent pas connaître et qu'ils ne veulent pas savoir.

Il y a des gens qui sont morts en se croyant guéris ; il y en a qui ont guéri dans le déni total de la maladie.

Est-ce que l'on ne risque pas de culpabiliser le malade qui ne guérit pas, ou même de culpabiliser le malade d'être tombé malade ?

A. A. S. : C'est un reproche que je n'ai jamais entendu personnellement*[1].

Il est évident que le cancer est une maladie plurifactorielle, qu'il y a des facteurs cancérigènes externes liés au milieu ambiant, des résistances à la maladie, diverses et individuelles, et que vouloir guérir ne suffit pas pour guérir.

Certains guérissent et d'autres pas, pour des raisons complexes qui ne sont pas encore claires pour la science.

Je considère que chacun fait ce qu'il peut, là où il est, avec les moyens dont il dispose à un moment donné de sa vie.

Il n'y a pas toujours de justice dans la maladie, ni de mérites à être malade ou à guérir. Ça se joue autrement.

On ne peut pas réduire cette approche à relaxation-visualisation-pensée positive. C'est beaucoup plus complexe et subtil que ça. Voir à ce sujet le livre*[2] rendant compte des divers facteurs de guérison discutés au congrès de Montréal de 1993.

La psychothérapie est-elle utile ou indispensable ?

A. A. S. : Une étude faite par l'équipe de David Spiegel, qui contestait l'approche de Simonton, en

---

1. Mais que d'autres disent l'avoir entendu, ce serait pour nous une dérive de cette approche.

2. Luc Bessette (dir.), *Le Processus de guérison*, *op. cit.*.

a finalement prouvé la validité et démontré, statistiques à l'appui, que six mois minimum de psychothérapie doublaient au moins le temps de survie des malades, de façon statistiquement significative[1].

La prise de conscience et la psychothérapie de soutien aident à la guérison. Mais il faut souvent aménager les pratiques analytiques et thérapeutiques en tenant compte de la maladie gravissime et du facteur temps, comme l'a si bien montré le médecin psychanalyste français Colette Chiland[2] (aussi professeur de psychologie à la Sorbonne).

J'ai vu des cancers se déclencher après l'overdose de stress d'une IVG proposée ou quasi imposée par la famille et jamais acceptée par la jeune femme, ou une identification à une grand-mère morte jeune au même âge (par *loyauté familiale* inconsciente et *syndrome d'anniversaire*) – liens dont une thérapie aide à s'affranchir.

Oui, l'écoute thérapeutique est très importante, comme éveil, permission, contenant *(holding)*.

Il est important de parler, *d'exprimer ses sentiments*, son angoisse, ses terreurs, ses désirs cachés, de trouver un sens à sa vie, voire à sa maladie, et *d'être écouté et entendu.*

C'est pour tout cela que la psychothérapie vraie*[3] est si importante, et aussi les thérapies de soutien.

---

1. Voir *The Lancet*, 14 octobre 1989.

2. Voir « Psychanalyse et cancer », *Psychologie française*, 1981.

3. Nous parlons de vraie et sérieuse psychothérapie de longue durée, et non pas de stages ou séminaires ponctuels. Il nous paraît important d'éclairer ce qui se passe et se vit par l'analyse des rêves, lapsus, actes manqués, accidents, rechutes, dessins… donnant quelque peu accès à l'inconscient.

Conclusion

Quelques points importants

• *Un temps de reprise de souffle*, qui doit permettre au patient de sortir de l'affolement et de la sidération qu'est trop souvent le diagnostic du cancer, de sortir aussi de la course infernale contre le temps qu'était trop souvent sa vie professionnelle, familiale ou sociale, de sortir du « stress » ou de l'accumulation d'ennuis… qui l'ont peut-être conduit à la maladie. Un temps pour voir les choses dans leur vraie perspective… pour les voir en face, mais sans dramatiser. Un temps pour voir le cancer comme une maladie comme une autre, une maladie grave, certes, mais une maladie dont on guérit souvent, et de plus en plus.

Le malade et sa famille ont besoin de temps pour se relaxer, pour reprendre conscience d'eux-mêmes, pour respirer, pour faire le point, pour s'organiser, pour se faire aider, pour « parer au plus pressé », mais sans oublier de s'ouvrir l'avenir, pour prendre de la distance par rapport aux événements – pour prendre le temps de s'informer sur la manière de se faire aider (médicalement et autrement) sans s'enfermer dans une seule voie et une seule, un temps pour se renseigner sur les divers spécialistes et sur les diverses voies possibles et complémentaires, sans toutefois perdre de temps.

Le malade et sa famille ont besoin d'un certain temps pour se réorienter, entrer peut-être dans de nouveaux rôles et un nouvel équilibre familial, une autre distribution du temps, de l'argent, des ressources, des priorités, des urgences, une autre manière de vivre, peut-être plus humaine.

Le malade et sa famille doivent apprendre à respirer, à se relaxer, à se donner le droit de vivre, de rire, de s'accorder de la détente et de la joie, de petites joies quotidiennes, le droit de se faire plaisir (et apprendre à le faire, au besoin).

La maladie est stressante, et le stress augmente douleur et maladie.

Le fait de prendre du temps pour se relaxer, et aussi pour faire de l'exercice, détend et relaxe le corps et l'esprit, la personne entière, et le climat familial.

On demande au malade de se relaxer trois à cinq fois par jour pendant cinq à sept minutes, et en particulier matin et soir, si possible en famille.

On fait établir une liste de trente choses agréables et faciles à faire, pas chères, dont le malade a envie, et on lui demande d'en faire au moins trois chaque jour.

• *Une aide pour sortir de l'impasse, sortir des questions « pourquoi le cancer ? » et « pourquoi moi ? »*

Par la recherche des ennuis, des soucis, des stress, des événements marquants de la vie, de « perte d'objet d'amour », et qui pourrait répondre au « pourquoi », ne fût-ce qu'en mettant en évidence les raisons objectives d'une diminution des défenses naturelles de l'organisme.

Nous complétons souvent ce premier travail par un petit arbre généalogique, comportant tous les membres vivants et morts de la famille, ainsi que leurs maladies et accidents, sur trois à cinq générations, ainsi que leurs liens et lieux de vie, ruptures et fractures – un *génosociogramme*, par exemple. Cela éclaire aussi le « pourquoi », si l'on voit par exemple la maladie – ou la rechute – apparaître peu après une mort, un déménagement, une *rupture*, comme une *répétition familiale*, un *syndrome d'anniversaire*.

• *Un modèle de redécision et de « reprogrammation »* tiré de l'analyse transactionnelle selon Bob et Mary Goulding, travaillant sur les « plans » ou « scripts de vie », ou « scénarios », ou leur « programmation ». Si, pour telle ou telle raison, la perte de tel ou tel objet d'amour (un conjoint, un fiancé, un enfant...) on n'a plus envie de vivre, veut-on vraiment en mourir, ou survivre, ou réellement vivre, envers et contre tout et parfois contre tous ?

Un « script de vie » ou « scénario de vie », c'est une idée de la vie que se fait un enfant vers cinq ou sept ans, et qui va constituer son identité, une représentation de sa vie et des relations humaines, des rôles principaux à tenir, une « décision » que prend l'enfant sans le savoir, à partir de ce qu'il ressent des réactions de sa famille et de ses réactions (un enfant traité d'imbécile peut « décider » d'être imbécile et cancre – ou de prouver qu'il est intelligent). La « matrice » du scénario comporte des « prescriptions » verbales exprimées (par exemple, dire : sois le premier, sois belle) et des injonctions « non verbales », non dites (par exemple, laisser entendre : je n'ai pas fait d'études et j'ai peur que tu ne fasses mieux que moi et ne nous quittes – ou j'aime quand je peux te soigner quand tu es malade...). De là va naître un scénario de « gagnant » ou de « perdant » et un « programme de vie » à partir de plusieurs prescriptions et injonctions de plusieurs personnes (père, mère, grands-parents, instituteur, frère aîné, marraine...).

• *Une psychothérapie pour sortir de l'impasse, des répétitions, du stress*

Un thérapeute, un psychologue, un médecin... peut aider à une « reprogrammation », c'est-à-dire à la mise en évidence du programme et à son changement, parfois en liaison avec les « bénéfices secondaires de la maladie » (par exemple : « je n'aimais pas mon métier... à la maison, c'était mortel... je sors en allant à la chimio, et même si c'est ennuyeux, cela me distrait... ») qu'il faut lâcher pour guérir.

La reprogrammation se fait parfois en liaison avec la mise en évidence de l'équilibre des relations et communications à l'intérieur de la famille (analyse « systémique » du système de communication) dont l'équilibre s'établit, par exemple autour de la maladie (tantôt le fiancé était malade, tantôt un enfant – après le mariage –... puis la mère de famille a le cancer)... depuis toujours. Parfois, depuis deux ou trois générations, il y a un malade dans la famille... Le problème est alors d'arriver à arrêter le processus de la maladie chez le malade et dans la famille, sans détruire la famille, et sans qu'un autre membre de la famille ne tombe malade.

Ce n'est pas un problème simple (et il est rarement mis en évidence).

Le « script », le « plan de vie », les affects, le contexte, le cadre de référence réel du « plan de vie » de l'individu et surtout de la famille, sont généralement ignorés des intéressés, acteurs innocents mais souffrants d'une pièce dont ils ne connaissent ni le jeu ni l'enjeu inconscient familial mais qu'ils « jouent » à leur insu de façon psycho-somatopsychique et familiale sur plusieurs générations (jeu intergénérationnel ou transgénérationnel). Le génosociogramme transgénérationnel est alors très éclairant. On peut aussi s'aider de thérapie familiale systémique brève, transgénérationnelle, en particulier, et/ou de psychodrame individuel ou familial.

• *Un support amical et un support thérapeutique*

La simple chaleur affective d'un réseau familial et amical de soutien et du groupe de soignants qui aide le patient à imaginer qu'il va guérir, mener une vie normale et agréable, la chaleur du support, du contact, même silencieux, d'un regard, d'un sourire, d'un geste, d'une présence… aident le malade à reprendre souffle, à se voir guérir, à se reprendre en main… à espérer, à aller mieux.

Nous avons déjà parlé de l'importance de l'expression des *sentiments vrais* et du *non-mensonge* et de la consonance ou congruence entre ce que le soignant ressent et exprime. Le faux-semblant, le faux optimisme, plaçant malade, famille et soignants dans une situation où tout est faux et tout se sent quand même, sans qu'on puisse être sûr de rien, et ou l'on a toutes les conséquences néfastes du non-dit et de la forclusion des sentiments vrais, de l'interdiction des sentiments vrais et de leur expression.

• *L'imagerie mentale – relaxation et visualisation*

Technique essentielle de cette approche ; méthode fondée sur l'autosuggestion d'Émile Coué, reprise par plusieurs, dont les Simonton – autosuggestion positive ou « sophronisation positive » ou « réalisation automatique des prédictions[1] ». Comme l'écrivait Jakobson : « Imaginer qu'on agit sur le corps, c'est déjà agir sur le corps », vue reprise par Feldenkrais, et d'autres, depuis les travaux de Cannon.

On se détend de façon systématique, tout au cours de la journée, trois à cinq fois par jour, pour ne pas se laisser envahir par le stress, les tensions, les problèmes, pendant trois à cinq minutes, et – en état de relaxation – on visualise la lutte des globules blancs, des lymphocytes, du système immunologique contre le cancer (une lutte énergique, forte, victorieuse), puis on se voit, s'entend, s'imagine, se ressent (c'est volontairement que j'utilise des images visuelles, auditives et kinésiques, puisque nos modes perceptifs préférentiels sont divers), totalement guéri et en bonne santé et menant une vie agréable. Le tout prend cinq à quinze minutes (pas plus) chaque fois. Il faut visualiser pendant assez longtemps afin que l'image mentale soit assez forte pour que l'inconscient l'intègre et « donne les ordres nécessaires » au corps. L'esprit agit sur le corps. L'état du corps agit sur l'esprit – et le cœur. La personne entière est impliquée dans ce processus.

Lorsque le malade est en soins, il imagine les médicaments, la chimiothérapie détruisant les mauvaises cellules (et seulement celles-là), et épargnant tout le reste ; ou les rayons (radiothérapie, curiethérapie) détruisant les mauvaises cellules, et seulement celles-ci (et respectant le reste). Ou le résultat de l'action du chirurgien, une action médicale bénéfique, qui sauve la vie du malade, qui lui fait du bien, le guérit, et sans effets secondaires nocifs.

1. Selon Robert Merton, repris par Robert Rosenthal : l'effet Pygmalion.

Et puis, on s'imagine guéri... On « voit » le corps sain, l'organe touché redevenant sain.

Notre civilisation a entouré le cancer d'une série d'images négatives, du crabe aux contrecoups... de quoi faire peur.

On utilise la visualisation pour donner, pour se donner des images positives, tant de la lutte victorieuse du corps contre la maladie, que de l'apport des diverses thérapies, et la santé victorieuse ; et on visualise le résultat obtenu, le bon résultat obtenu : on se voit guéri et allant très bien à tous points de vue.

On visualise la lutte des défenses contre l'attaque de la maladie, on visualise l'attaque des défenses contre les cellules malignes, fortes, gagnantes.

On se visualise guéri et menant une vie agréable (on visualise des choses précises... et on garde l'image pendant quelques minutes).

Le patient se retrouve, soi, se « recentre », se concentre, revit, puis s'imagine, se voit vivre dans l'avenir des moments agréables et plaisants, retrouve ses forces intérieures et s'adjoint toutes les aides qu'il peut imaginer.

Enfin, il est essentiel de voir clair en soi, et si besoin est, après un déblayage des problèmes, stress, situation personnelle, on continue par une thérapie personnelle, individuelle ou de petit groupe, de n'importe quelle dénomination (faite souvent par un autre thérapeute que celui qui « déblaye » le terrain et éclaire la situation avec le malade et géographiquement près du lieu où se trouve le malade).

• *Un « plan de vie »*

On fait aussi un « plan de vie » comportant des buts proches et lointains, des exercices physiques et du sport, des distractions, des plaisirs. On se crée un réseau de soutien et on se trouve un guide intérieur.

On se fait une liste de choses agréables à faire, et on en fait plusieurs chaque jour. On fait massage, kinésithérapie, relaxation, yoga… c'est-à-dire qu'on prend du temps pour s'occuper de soi. Et on se fixe aussi des buts à court, moyen et long terme.

On se donne le droit et le moyen de vivre agréablement, malade ou bien-portant, et on se « voit » guéri, et plein de vitalité pour mener la vie qui correspond à ce qu'on a vraiment envie de faire et d'être.

On se prépare un futur et on apprend à *vivre intensément le présent.*

La maladie, la crise, la maladie grave à risque mortel, est devenue le moyen de se découvrir et de *vivre mieux*, pleinement.

Résumé de cette approche en 24 points

1) *Traitements médicaux sérieux* (avec parfois compléments : vitamines, oligoéléments, conseils alimentaires et mode de vie plus hygiénique).
2) Relation de confiance avec le médecin – *Croyance dans le traitement* (ou effet placebo-cure miracle…) – s'autoriser à poser des questions au médecin.
3) *Psychothérapie* suffisamment profonde (faite volontairement, important mais pas suffisant) et durable. Les gens croient souvent vivre dans le présent, mais tournent parfois en rond ou sont comme téléguidés par le passé.
4) *Changement* de vision par rapport à la vie et au futur : tomber amoureux, faire passionnément quelque chose (sport, peinture, musique), conversion spirituelle, mode de vie et valeurs différents.

5) *Réseau de soutien* amical (modifications des relations amicales, professionnelles, médicales) car parfois peur des amis d'avant, certains prédisent la mort, d'autres nous apportent l'espoir, l'écoute, le vrai soutien.
6) *Collaboration du malade à sa guérison et au traitement* – participation à son évolution (après possibilité d'*exprimer ses sentiments*, comme la colère et la révolte, le sentiment d'injustice, l'angoisse).
7) *Projets* et visualisation des projets (à court terme, à moyen terme et long terme).
8) Liste des *plaisirs* (à court terme, à moyen terme et long terme), « ordonnance de quatre plaisirs par jour ».
9) *Pour visualiser, se mettre en état de relaxation* (plusieurs fois par jour, tous les jours, quinze minutes).
10) *Lutte contre l'angoisse et la panique :*

– en parlant (aide-soignante, amis, soignants, infirmières, kiné, médecins, psychologues…) surtout le soir, et de nuit ;

- en se relaxant ;
- en visualisant l'issue positive éventuelle et le bon résultat du traitement ;
- par une vraie psychothérapie ;
- par un « recadrage » (examen des croyances, compréhension de la « vérité » statistique).

11) Massages et *exercices physiques*.
12) Prise de conscience des *bénéfices secondaires de la maladie et même de la mort*.
13) Prise de conscience des *prédictions* (« effet Pygmalion »), et de la « réalisation automatique des prédictions ».
14) Examen des *croyances*, utiles ou nocives. Remise en cause des croyances néfastes. (Différencier les faits établis des croyances.)

15) *Syndrome d'anniversaire* (anniversaire au même âge, même période, même date de naissance, maladie, mort d'un proche) par un mini-arbre généalogique : un génosociogramme.
16) Prise de conscience de *l'overdose de stress*. Lutte contre le stress par la relaxation (plusieurs fois par jour), l'exercice physique (même au lit) deux fois par semaine, et en se faisant plaisir (apprendre à penser à soi d'abord, à se faire plaisir, et à éloigner les gens stressants – même s'il s'agit de proches qui pensent bien faire et s'inquiètent pour le malade).
17) *Surmonter le ressentiment* (exercice simple ou psychothérapie).
18) *Sortir du sentiment d'impuissance et d'absence d'espoir* (hopelessness and helplessness) : se sentir passif, dépassé, impuissant, être sans espoir aucun, sans aide, se sentir sans « moyen de s'en sortir » – et *espérer quand même, apprendre à vivre le moment présent*, dans l'incertitude, apprendre à prendre plaisir aux petites et grandes choses de la vie, envisager des choses agréables dans l'immédiat et dans la vie.
19) *Dessiner sa maladie et la lutte contre la maladie* (avec analyse des dessins).
20) En état de relaxation, *visualiser un « guide intérieur »* (laisser venir l'image qui vient spontanément), et lui demander conseil quand nécessaire (guide intérieur extériorisé, ou « sagesse intérieure » ou « ange gardien »).
21) Apprendre ou réapprendre à avoir un *mode de vie raisonnable et plaisant*, prendre son temps, avoir moins de stress, supprimer alcool, tabac, diminuer sucres, sauces, viandes, augmenter légumes et fruits, s'alimenter de façon variée, s'aérer, apprendre à faire des pauses plusieurs fois par jour…

22) Voir que *la situation peut être grave sans être dramatique. Réapprendre l'espoir, même dans des situations difficiles* et statistiquement pas très favorables (une chance sur cinq se prend, se joue et se gagne plus souvent que ne le croient les pessimistes – même une chance sur cent est quand même une chance). Se rappeler que des recherches récentes ont mis en évidence un très grand nombre de « guérisons spontanées » et de « guérisons miraculeuses de cancers dits terminaux » et que les prévisions statistiques sont faites sur de grands nombres et ne disent rien des évolutions individuelles – et que la recherche a prouvé que la psychothérapie doublait la durée de survie des malades.
23) Peut-être réapprendre un peu de l'égoïsme et de la *joie de vivre le présent* de l'enfant. Garder son énergie pour soi et sa guérison.
24) *Exprimer ses sentiments* et se rapprocher des siens.

Réapprendre à aimer vivre, vivre pour soi, se faire plaisir, faire ce qu'on a réellement très envie de faire, croire en soi, croire en quelque chose, être soi.

Nice, Paris, Argentière, 29 mars 1995

ANNEXES

Notions actuelles en psychothérapie

Réalisation automatique des prédictions

La réalisation automatique des prédictions est une notion fondamentale dans la vie et la lutte contre la maladie. Je pense profondément qu'on est responsable de son destin et qu'il arrive ce qui doit arriver, mais aussi qu'on prépare en quelque sorte ce qui arrive. Si je prédis (et prévois et visualise) que je vais réussir à guérir, j'ai beaucoup plus de chances de guérir que si je prévois l'échec. L'optimiste rayonnant a plus de chance d'être embauché que le pessimiste grincheux, bien que le contraire arrive parfois. On est parfois « gagnant » ou « battu d'avance » et « perdant », *a priori.* C'est « l'effet Pygmalion ». Rappelez-vous le mythe grec du sculpteur Pygmalion, donnant vie à la statue Galatée, et la pièce de Bernard Shaw, *Pygmalion*, où un professeur de linguistique transforme une petite vendeuse à la sauvette en grande dame – le film *My Fair Lady*.

Le sociologue Robert Merton avait démontré dans son étude sur la crise de 1929 et l'effondrement des cours de la Bourse américaine, que la prédiction pessimiste amène indirectement au mauvais résultat qu'on craignait et précipite le désastre – ce qu'il appelle la *prédiction destructrice*. Mais la prédiction peut être positive, optimiste et constructive.

« L'effet Pygmalion », selon le chercheur de l'université de Harvard, Robert Rosenthal, c'est l'effet du regard positif du professeur sur l'élève, et qui transformera le cancre en vrai bon élève. Rosenthal décrit ses recherches dans son ouvrage *Pygmalion à l'école*. Cela a de bons résultats inattendus, lorsque le professeur croit (et prédit dans sa tête, sans en rien dire), que l'élève va faire des progrès : de fait il va en faire, c'est la réalisation automatique des prédictions[1]. On utilise la réalisation automatique des prédictions depuis 1975, lors de la préparation des sportifs, pour gagner un match, et des malades pour recouvrer la santé.

Psychothérapies

Toute psychothérapie a pour but d'aider l'individu à surmonter les traumatismes et chocs de sa vie actuelle et passée (enfance) et de lui permettre de « repartir », de « refleurir », de continuer à se développer dans le sens de ses désirs et valeurs personnelles réelles et authentiques, et de développer ses potentialités, et de retrouver sa créativité et la possibilité de travailler et de se détendre : citons, parmi les psychothérapies souvent utilisées pour aider les malades graves à guérir, le psychodrame*, la gestalt-thérapie*, l'analyse transactionnelle*, l'analyse bioénergétique*, d'autres « nouvelles thé-

---

1. J'ai fait refaire par mes étudiants de Nice ces recherches en 1980-1984, avec des résultats similaires.

rapies biocorporelles », les thérapies familiales et la psychanalyse[1].

La *psychanalyse* et la *groupe analyse* prennent en compte l'inconscient, le préconscient, le transfert...

Le psychodrame

Du grec *psyche* (âme) et *drama* (action), le psychodrame est une méthode d'exploration de soi et de ses relations avec les autres. Le psychodrame consiste non seulement à parler de ce qui pose problème, mais aussi à le rejouer[2], à le mettre en scène, à reconstituer la situation, dans un agir thérapeutique – comme le font les enfants lorsqu'ils jouent à la marchande ou à l'école, ou en réactivant le passé comme le fait un juge lors d'une reconstitution sur les lieux – ou *pour préparer l'avenir* (par exemple, pour la préparation de certaines cérémonies, ou pour un entraînement sportif). Agir en interaction, en faisant « comme si » (comme si c'était pour de vrai), fait revivre les choses et les situations de façon aiguë, et provoque souvent un retour des souvenirs, sentiments (et même des sensations) refoulés ou oubliés avec décharge émotionnelle (catharsis),

---

1. Voir la bibliographie et plus particulièrement, Edmond Marc, *Guide pratique des nouvelles thérapies*, Paris, Retz, 1982 ; et Mony ElKaïm (dir.), *À quel psy se vouer ? Psychanalyse, psychothérapies, les principales approches*, Paris, Seuil, 2003.

2. Pour les techniques du psychodrame et du jeu de rôle, voir Anne Ancelin Schützenberger *Le Psychodrame. Théorie et pratique*, 4e éd., Paris, Payot, coll. « Petite Bibliothèque Payot », 2008 ; *Le Jeu de rôle*, 5e éd., Paris, ESF, 1995 (manuel avec exemples détaillés et applications pédagogiques et thérapeutiques) ; et J. L. Moreno, *Psychothérapie de groupe et psychodrame. Introduction théorique et clinique à la socianalyse*, 2e éd., Paris, PUF, 1987 (le père du psychodrame et des nouvelles thérapies).

libération des tensions, et restructuration de la personne…

C'est une technique mise au point par le docteur J. L. Moreno (1889-1974) entre 1918 et 1935, à Vienne puis à New York, et utilisée largement dans le monde depuis 1950. Des versions européennes incluant les théories de Freud ont été développées par Didier Anzieu, Serge Lebovici, et moi-même

Le psychodrame est généralement une psychothérapie de groupe. Le sujet qui explore sa situation (le protagoniste ou « héros principal », le patient) est aidé à la fois par un thérapeute formé ou un formateur (le psychodramatiste), et par des personnes qui tiendront les rôles nécessaires à l'action (les « ego-auxiliaires » ou personnages secondaires impliqués dans l'action avec le « héros » : conjoint, parents, enfants, collègues, patrons, voisins…) ainsi que par les échos des autres membres du groupe. Il existe aussi du psychodrame individuel et du psychodrame individuel en groupe (très petit groupe).

Le psychodrame utilise le verbe (et les associations de pensées), les rêves, le corps, le cri, les tensions, l'interaction, les gestes, l'espace… et joue avec le temps (passé, présent, avenir, dans l'« ici et maintenant », l'« avant et ailleurs »…). Il a pour but de permettre à l'homme de retrouver sa spontanéité créatrice, son envie de vivre, et ses potentialités, de « se réaliser », de vivre plus pleinement et de trouver parfois une autre issue aux situations traumatiques passées en les faisant revivre « autrement » : « surplus-réalité ».

Un grand nombre de psychodramatistes tiennent compte de la communication non verbale et du « langage du corps », de ce qui est exprimé par la personne et pas seulement de ce qui est dit. De très nombreuses techniques de psychodrame et de jeu de rôle ont été reprises dans les thérapies familiales, la gestalt-thérapie, le *rebirthing*.

La gestalt-thérapie

Elle a été fondée aux États-Unis par Frederik Perls (1893-1970), psychanalyste dissident et disciple de W. Reich, et développée après sa rencontre avec Moreno, et son passage à l'Institut Esalen (1964-1969).

Pour lui, le conflit essentiel se situe entre les besoins de l'organisme et le contrôle externe exercé par l'environnement (les parents, la société...), entre la spontanéité, l'authenticité et la dépendance à l'égard d'autrui. Le but de la gestalt-thérapie (le terme de *Gestalt*, issu de la théorie de la Forme – Gestalt-théorie – suggère une conception de totalité) est de restituer à l'individu son authenticité, son autonomie, sa faculté de maturation et ses potentialités inemployées (« *Gestalt* inachevées ») – comme dans toute thérapie.

La démarche thérapeutique porte sur la façon dont le patient entre en relation et vit ses conflits dans le cadre thérapeutique ; elle tend moins à rechercher des causes passées à son déséquilibre qu'à comprendre *comment* il fonctionne, quelle structure *(Gestalt)* il projette dans la situation. C'est dans « l'ici et maintenant » de l'expérience thérapeutique que s'expriment et s'actualisent les conflits.

Le corps et l'*émotion* renseignent le sujet sur ses besoins et ses sentiments véritables au-delà des rationalisations du discours. La technique est proche du psychodrame, mais d'un psychodrame dans lequel le sujet est invité à jouer tous les rôles. Une technique courante (l'autopsychodrame) est celle de la « chaise vide » (si le patient revit un dialogue avec son père, une chaise figurera ce dernier, et il changera de place selon que c'est lui ou son père).

Il s'agit donc de faire s'exprimer les divers personnages qui sont à l'intérieur de chacun, les facettes contradictoires de la personnalité, les aspects de soi que l'on cache, que l'on se dissimule à soi-même, ou que l'on projette sur autrui. La communication non verbale, corporelle et mimogestuelle, la kinésie, l'interaction, l'expression émotionnelle servent de fil conducteur au travail thérapeutique.

L'analyse transactionnelle

Fondée aux États-Unis par le psychiatre et psychanalyste Éric Berne (1910-1970) dans les années 1960, l'analyse transactionnelle est centrée sur la façon dont les individus vivent et négocient leurs rapports mutuels.

Elle distingue dans la personnalité trois « états du moi » : l'état *Parent* (comportements critiques, jugements moraux, attitudes protectrices) ; l'état *Adulte* (comportements rationnels et opératoires), l'état *Enfant* (à la fois enfant adapté à l'influence parentale et l'enfant naturel exprimant ses besoins ses pulsions, ses désirs).

C'est une sorte de présentation simplifiée et imagée de la psychanalyse de Freud de son surmoi (parent), du moi et du ça (l'enfant en nous).

L'analyse transactionnelle consiste à diagnostiquer dans une relation concrète quels états du moi interviennent chez la personne qui communique et comment ils interagissent avec ceux de l'interlocuteur. C'est une grille commode pour analyser les difficultés de compréhension, les conflits, les ruptures de la communication.

Lorsque certaines séquences relationnelles se reproduisent chez un individu, il peut s'agir d'un

« jeu », c'est-à-dire d'un comportement répétitif par lequel le sujet cherche à manipuler autrui pour en tirer un bénéfice. L'inventaire et l'analyse des jeux caractéristiques d'une personne constituent une dimension importante du travail thérapeutique. Les « jeux » et « passe-temps » aident inconsciemment le sujet à lutter contre son angoisse.

Une autre dimension est la mise en lumière du « scénario » auquel chacun obéit, à partir des directives et des injonctions parentales, intériorisées dans l'enfance. Prendre conscience des aspects négatifs de son scénario pour s'en libérer est l'objectif profond de la thérapie.

L'analyse transactionnelle se pratique souvent en groupe et s'appuie sur un contrat passé entre le patient et le thérapeute, formulant l'amélioration visée, les critères d'évaluation du changement et les issues tragiques que le patient s'engage à rejeter[1].

L'analyse bioénergétique

L'analyse bioénergétique est issue des recherches de Wilhelm Reich (1897-1957). Psychanalyste, disciple de Freud, Reich s'est séparé de ce dernier en 1933, à partir de trois options originales : l'importance accordée au point de vue énergétique, l'accent mis sur la génitalité comme facteur d'équilibre *(la fonction de l'orgasme)*, le rôle de plus en plus prépondérant qu'il confère au corps et aux manifestations somatiques dans sa technique thérapeutique. Il a soutenu notamment qu'à la « cuirasse caractérielle » (l'ensemble des mécanismes de défense

1. Voir la bibliographie, plus particulièrement Fanita English, *Aventures en analyse transactionnelle et autres vraies histoires*, Paris, Épi, 1984.

que l'individu élabore pour réprimer ses pulsions sexuelles) correspond une « cuirasse musculaire », due à la contraction de certaines zones musculaires et à la restriction de l'amplitude respiratoire. Dès lors, le travail thérapeutique porte moins sur les rêves et les fantasmes que sur la dissolution de la « cuirasse musculaire » (car « toute rigidité musculaire contient l'histoire et la signification de son origine »).

L'analyse bioénergétique a été développée par Alexandre Lowen, psychanalyste de formation et disciple de Reich. Il a approfondi certaines démarches comme la « lecture du corps » (repérage à travers la structure du corps, et notamment les zones de témoin musculaire, de la structure biopsychique de la personnalité) et certaines techniques comme les « positions de stress » qui permettent de mettre en relief les blocages musculaires et respiratoires.

Puis des formes plus douces ont été développées par John Pierrakos, Stanley Keleman, et d'autres.

L'analyse bioénergétique associe donc à un travail classique d'expression verbale un travail spécifique de déblocage des tensions musculaires et respiratoires (notamment par le massage) et de décharge émotionnelle[1].

Thérapies familiales

Le « jeu de rôle », les « sculptures de la famille », ont une place centrale dans les *thérapies familiales* – en particulier dans celles qui mettent en évidence

1. L'analyse bioénergétique pratiquée par un thérapeute formé par la psychanalyse ne doit toutefois pas être confondue avec la « bioénergie » seule et ses exercices.

les *modes de communication des familles* (approche « systémique » – ou utilisant la théorie des systèmes – du groupe de Palo Alto en Californie).

Les thérapies familiales sont souvent des thérapies qui réunissent les conjoints, les enfants, parents, grands-parents, proches vivant au foyer, et aussi parfois, voisins et amis… ceux qui sont impliqués dans la maladie et la guérison.

Elles sont centrées sur la communication, l'expression des sentiments et des faits (souvent cachés), sur les relations, préférences et alliances : par exemple, dans un triangle, un père peut se sentir exclu d'une relation mère-fils très forte, une fille peut ne pas trouver sa place dans sa famille, surtout si elle est née après un fils mort…

La plupart des thérapies familiales utilisent le *jeu de rôle* (application du psychodrame), mettent en évidence les structures et formes de la communication, et s'occupent de recadrage.

Les thérapies familiales transgénérationnelles utilisent souvent l'arbre généalogique complet, indiquant les prénoms, dates de naissance, mariages, maladies, décès, départs, déménagements… les liens affectifs – un *génogramme* – et ruptures, les « triangles, les « loyautés invisibles », les « fantômes » qui hantent les familles.

Un génogramme (ou génosociogramme) peut mettre en évidence des déclenchements de maladie, ou même des décès liés à des *dates symboliques* importantes (exemple : anniversaire de la mort d'un enfant, ou d'un parent, dont le deuil n'a pas pu se faire), ou à un *âge symbolique* important (le même âge, l'âge *anniversaire* de la perte d'une personne importante).

Un génosociogramme est un génogramme plus fouillé et portant sur trois à sept générations.

Nous avons inventé et parfois utilisé le terme de *psychogénéalogie clinique* pour l'expliquer en termes moins techniques au grand public[1].

*Le syndrome d'anniversaire**

En travaillant avec des malades, et en utilisant un arbre généalogique complété d'événements de vie (le génosociogramme), nous avons découvert, il y a une vingtaine d'années, des répétitions de maladies physiques graves, survenant au même âge, par exemple à trente-cinq ans chez la mère et la fille (nous en avons parlé ici dans le texte), ou chez le petit-fils, à trente-neuf ans, comme chez le grand-père (voir le génosociogramme simplifié, p. 256) – un coup de pied mortel de chameau aux testicules, se manifestant, pourrait-on dire, en cancer des testicules chez le petit-fils, au même âge, et avec la même configuration familiale (père de trente-neuf ans, marié, avec jeune enfant de neuf ans chez chacun). Depuis, nous travaillons systématiquement avec le génosociogramme, sur le syndrome d'anniversaire, que nous trouvons chez près de 20 % des malades atteints de cancer[2].

À peu près à la même époque, une psychologue américaine, aussi médecin-psychiatre-psychanalyste, Josephine Hilgard, faisait des recherches pour sa thèse de doctorat sur les familles, et trouvait des répétitions familiales dans le déclenchement de la psychose chez des femmes adultes, au même âge

1. Voir Anne Ancelin Shützenberger, *Aïe, mes aïeux ! Liens transgénérationnels, syndrome d'anniversaire, secrets de famille et pratique du génosociogramme*, 16e éd., Paris, Desclée de Brouwer, 2015.

2. *Ibid.*

que chez leur mère, qu'elles avaient vu partir[1]. Son étude statistique, portant sur toutes les entrées d'un hôpital sur quatre ans, prouva que le syndrome d'anniversaire était statistiquement significatif entre mère et fille, dans le déclenchement de la psychose chez l'adulte, et que ces constatations cliniques ne pouvaient pas être dues au hasard.

Il semble possible d'élargir ce syndrome à d'autres maladies (nous l'avons constaté pour le cancer, comme s'il s'agissait d'« hérédité psychologique ») ; nous l'avons vu pour des accidents de voiture, sur plusieurs générations, pour l'âge du mariage, voire pour le suicide, le nombre d'enfants, et même de fausses couches naturelles, ou la mort.

C'est comme s'il y avait une loyauté familiale invisible, déclenchée, comme précipitée, au sens chimique du terme, par la similitude du contexte familial, une sorte d'identification du parent à son enfant et à l'enfant qu'il a été, au même âge, et une réalisation automatique des prédictions – inconsciente, bien sûr – ou un script de vie décidé vers sept ans : par exemple, « j'aurai le cancer comme ma grand-mère », ou « je mourrai au même âge que mon père ».

La mise en évidence de la répétition familiale et du syndrome d'anniversaire transgénérationnel, et de la loyauté familiale invisible et inconsciente, parfois avec un « recadrage » de la situation et une psychothérapie brève permet souvent de « sortir » de la maladie, ou de cette « mauvaise période » que j'appelle la période anniversaire de fragilisation. Je l'enseigne d'ailleurs à des médecins, chirurgiens, infirmiers, psychothérapeutes. On peut aussi,

---

1. Voir Josephine Hilgard, « Anniversary reactions in parents, precipitated by children », *Psychiatry*, 16, 1953, p. 73-80 (résumé dans *Aïe, mes aïeux !*, *op. cit.*).

de même, souvent stopper les répétitions désagréables ou fatales avec une psychothérapie subséquente.

Histoire familiale, loyauté invisible et syndrome d'anniversaire

Ces dernières années, nous avons vu un grand nombre de malades atteints de cancer gravissime, déclaré terminal, qui ont survécu et vécu agréablement dans de bonnes conditions – et dont les métastases ont disparu – lorsqu'ils ont découvert avec choc d'émotion qu'ils étaient tombés malades ou devaient être opérés à une *date anniversaire** de mort d'un parent ou grand-parent aimé, dont le deuil n'avait jamais été fait, en « rendant » la maladie et la mort « injuste » à qui de droit, et en rendant hommage au disparu, quelque chose lâchait prise et la vie reprenait ses droits.

L'homme est un être d'habitudes, qui n'aime pas en changer (résistance au changement) et qui aime l'harmonie et les *bonnes formes*.

Des recherches théoriques à la fin du XIXe siècle ont donné naissance à une nouvelle école de pensée : la théorie de la Gestalt, ou la *bonne forme* : en percevant un cercle quasi complet, nous avons tendance à la percevoir complet, fermé, et en entendant quelqu'un parler de ce qu'on connaît, bien des gens ont tendance à répondre (croyant savoir) avant que l'autre ait fini de parler. En 1927, Bluma Zeigarnik a démontré que les tâches interrompues ou inachevées restent longtemps en mémoire.

Joséphine Hilgard a appliqué cet « effet Zeigarnik » et démontré que dans bien des cas la psychose d'adulte est et n'est qu'un *syndrome d'anniversaire* d'un traumatisme d'enfant qui se répète par *loyauté familiale invisible* à la génération suivante[1]. Je l'ai appliqué au cancer (voir chapitre suivant sur le deuil).

Recadrage et thérapie

La plupart des psychothérapies proposent de revivre le passé pour s'en libérer (thérapies de réminiscence comme la psychanalyse, le psychodrame et la plupart des nouvelles thérapies à médiation corporelle) et d'envisager l'avenir.

Mais c'est le dégel des situations passées et le recadrage qui est l'essentiel. Par conséquent, nous pourrions dire que ce qui change avec l'utilisation du psychodrame, de la gestalt-thérapie, à la suite par exemple d'un jeu de rôle ou d'une scène jouée, c'est l'image que l'on se fait de l'autre (ou de soi, vu par les yeux de l'autre, tel qu'on s'imagine que l'autre vous voit), de soi et de la relation.

L'idée que l'on s'en fait est liée à l'image intérieure qu'on en a – c'est-à-dire à l'image mentale, à la visualisation.

Jean-Paul Sartre avait déjà expliqué que l'*en soi* (réel, objectif), le *pour soi* (la manière dont notre moi perçoit, soi-même, les autres, les choses, les événements, les situations) ou le *pour autrui* (la manière dont autrui perçoit ou percevrait la même chose, le même événement ou la même interaction) sont *toujours* trois réalités différentes.

Il faudrait rappeler que Jacques Lacan disait dans son séminaire que *la réalité est la seule chose impossible à appréhender* et, donc, que la certitude que les choses et les êtres sont comme ils sont n'est en fait que la perception imaginée par nous (ou

1. Voir Anne Ancelin Schützenberger, *Aïe, mes aïeux, op. cit.*

projetée ou fantasmée) de cette réalité, c'est-à-dire une construction de notre esprit.

Nous pourrions même dire que ce qui est efficace dans les thérapies de réminiscence-catharsis ou de projection dans le futur, c'est de pouvoir percevoir et surtout vivre une autre réalité qui devient aussi réelle que la « réalité vraie », de la « vraie vie », de la vie réelle passée ou actuelle, de la vie quotidienne. Mais on a sur ces choses un *autre point de vue*, on les voit sous un autre angle, dans une autre perspective ou dans un autre *cadre de référence*.

On leur attribue donc une autre signification. Et ça change tout.

On peut alors par exemple voir autrement un traitement, et en le ressentant autrement – et mieux – on peut n'en plus avoir les effets secondaires désagréables.

Et si on comprend et prend en compte les sentiments et raisons de l'autre, on peut ne plus avoir de ressentiment contre lui. Et c'est très important pour aller mieux.

« Réparation » réelle ou symbolique – Real Justice *(concept maori)*

La justice occidentale ne connaissait que la punition de coupable, ou son pardon (ou « passer l'éponge » avec laxité en raison de circonstances atténuantes, telles la maladie mentale, une enfance malheureuse ou dans le cas d'un homicide involontaire). Mais cela faisait parfois du coupable puni une « victime de la société » et n'aidait en rien la victime et sa famille.

Le sergent de police O'Connor a eu l'idée de reprendre dans la société occidentale une coutume maorie, celle de *Real Justice*, sorte de palabre où la victime, sa famille et leurs amis rencontrent l'agresseur, sa famille et leurs amis, lors d'une *conférence* permettant à chacun, à tour de rôle, de s'exprimer – généralement deux ou trois à quatre ans après l'événement –, de parler de ses émotions et de son vécu, et d'être écouté et entendu.

Un cas célèbre est celui d'un cambriolage d'un petit Pizza Hut, au cours duquel un jeune serveur de dix-sept ans fut tué d'un coup de carabine, simplement parce qu'il se trouvait là.

La mère est figée dans son deuil depuis quatre ans, et en vient à négliger son autre fils. Sa petite copine en a arrêté ses études, la mère du coupable n'en vit plus de chagrin, les collègues témoins du drame ont divers symptômes psychosomatiques et le coupable (puni de prison) ne s'explique pas son geste… et en souffre.

Et après cette *conférence* de deux heures, la vie a pu reprendre chez chacun.

Le stress

Au sens mécanique, le « stress » c'est ce que peut supporter un câble, c'est le maximum de torsion qu'il peut subir sans se rompre. C'est aussi le degré d'usure du corps.

Le stress, c'est classiquement une manière de définir ce que l'homme, l'être, peut porter sans casser, pour s'adapter à ce que la vie lui demande, pour s'adapter à tout changement (positif ou négatif) et à toute menace externe.

Le concept de *stress* en médecine et en psychologie a surtout été développé à Montréal par Hans Selye, depuis 1936. Pour celui-ci, tout se passe comme si chaque personne au cours de sa vie disposait d'un certain *capital d'énergie adaptative* pour faire face à son environnement. Mais si elle doit faire face à trop de problèmes, changements, difficultés, maladies graves et/ou chroniques, ou si elle est en état de tension perpétuelle, cette énergie peut se dilapider et la personne s'user par le stress...

C'est pourquoi le stress est, pour Hans Selye, le *syndrome général d'adaptation.* Il écrit : « De la recherche sur le stress, nous pouvons tirer trois leçons évidentes :

1. Notre corps peut faire face aux agressions les plus diverses, avec le même mécanisme d'adaptation-défense.

2. Nous pouvons [...] en identifier les composants en termes physiques ou chimiques [...].

3. Nous [...] avons besoin de le comprendre, pour combattre la maladie, en renforçant les [...] défenses contre le stress. [...] Nous avons appris que le corps possède une machinerie complexe de contrôles et d'équilibres [...], remarquablement efficace [...] mais parfois [...] trop faibles ou trop violentes [...] et nous nous faisons mal. »

Autrefois, les hommes primitifs répondaient à l'agression soit par la fureur, *l'attaque*, et la lutte, soit par la peur et *la fuite*, réactions qui nous donnaient des ailes et des forces, par une mobilisation des forces viscérales et autonomes (SNA) du système sympathique. Maintenant, l'homme civilisé doit inhiber ces réactions et son contrôle le « mine », le fatigue ou l'épuise plus que la lutte physique.

Rappelons qu'il existe deux sous-systèmes principaux du *système nerveux* : l'un conscient, *volontaire ;* l'autre non volontaire, non conscient, viscéral ou *autonome* (SNA) – systèmes qui se sont développés au fur et à mesure de l'évolution animale et humaine.

Systèmes nerveux sympathique et parasympathique

Le système nerveux autonome (SNA) opère selon deux modes (et qui répondent à deux fonctions opposées) : d'une part, la réponse *parasympathique* de repos, détente, régénération physique, guérison, rétablissement, avec digestion de la nourriture, décontraction musculaire, régénération des tissus, épuration de l'organisme et occupations diverses et d'autre part la réaction *sympathique* (ou réaction d'alerte) se déclenchant instinctivement, avec un état d'alerte générale inconscient et de préparation physique au danger imminent – mais le corps ne peut vivre que très peu de temps dans cet état de tension et de mobilisation de toutes les énergies.

Walter Cannon écrit dans *La Sagesse du corps* : « De puissantes réactions accompagnent la fureur et la peur. La respiration devient plus profonde, le sang est rejeté de l'estomac et des intestins vers le cœur, le système nerveux central et les muscles, les processus en cours dans le canal alimentaire cessant, le sucre est libéré des réserves du foie, la rate se contracte et décharge son contenu [...].

Les muscles se contractent, puis cela touche le cerveau (l'hypothalamus) qui est en alerte, avertit l'hypophyse qui va sécréter des hormones, lesquelles vont se répandre dans tout le corps et provoquer des réponses particulières à la menace [agressivité, fuite]. L'adrénaline est sécrétée par les capsules surrénales. Il faut [...] rechercher [...] ce qui accompagne naturellement la peur et la fureur : la fuite pour échapper au danger et l'attaque pour dominer... c'est-à-dire des préparations au combat. »

Le physiologiste Walter Cannon a été le premier à décrire en 1939 *(La Sagesse du corps)* ce processus de mobilisation profonde et efficace de l'être, cette sorte de préparation au combat, la *réaction d'alerte* ou la *lutte-fuite*. Autrefois, face au danger, l'homme primitif réagissait par la lutte ou par la fuite ; il y avait donc besoin d'énergie à utiliser immédiatement. Cette réaction d'alerte déclenche un de nos systèmes d'autodéfense : *la réponse au stress, ou syndrome d'adaptation générale*, avec un ensemble de réactions régénératrices (des blessures par exemple) ou défensives, réglées par des substances chimiques (les hormones), et s'accompagnant de *modifications neurologiques et immunologiques*.

C'est une situation d'alerte, lutte, peur, fuite, qui se termine par une solution, une décharge, puis une recharge des réserves du corps – faute de quoi s'installent fatigue, épuisement, maladie, ou mort.

Le corps ne peut encaisser et métaboliser qu'un certain nombre et une certaine durée de mobilisation. Mais le monde moderne ne nous permet généralement plus cette réaction physique-motrice lutte/fuite, et l'homme « encaisse » réprimandes, blessures d'amour-propre, et ennuis ; au lieu de se décharger dans l'action, ces forces inutilisées, ces décharges d'adrénaline (ces changements à l'intérieur de son corps) le « minent » et il est souvent malade d'une « overdose de stress », qui peut stopper certaines fonctions et diminuer l'immunité. Les Dr Henri Laborit et Ronald Glasser ont étudié ces réactions, et en particulier *la gestion du stress*, très différente selon les individus : devant la même situation, l'un se décourage, l'autre se mobilise, mobilise tous ses ressorts (stress positif) et l'emporte ; devant les mêmes événements, maladie, surcroît de travail et de changement, l'un se précipite dans l'action (ou l'actionniste « type A ») ; l'autre se détend, prend son temps, et agit à son rythme (« type B ») ; l'un le cadre dans le drame, l'autre le re-cadre pour le voir autrement et donc agir et réagir autrement.

Gestion du stress et les trois cerveaux

De récents travaux ont mis en évidence :

– Le fonctionnement différentiel des deux hémisphères du cerveau : droit et gauche.

– La persistance, dans le cerveau de l'homme civilisé, des différentes strates archaïques.

Rappelons les travaux de Paul D. MacLean sur les *trois cerveaux* qui se sont développés chez l'homme au cours de son évolution, mais continuent à coexister en nous et réguler nos réponses à notre environnement (le cerveau archaïque ou reptilien ; cerveau affectif et le néocortex) : l'encéphale comporte ces trois cerveaux.

Les fonctions régulatrices physiologiques fondamentales (respiration, digestion, circulation, régulation thermique...) sont automatiquement contrôlées (en dehors de notre volonté et même de notre conscience) par le système nerveux viscéral ou « autonome » qui est commun à l'homme et à la plupart des animaux (et même chez les reptiles) et dont la régulation se fait à la base du cerveau (tronc cérébral, ou « cerveau reptilien ») qui contient aussi l'hypothalamus, lequel commande à la fois les principales pulsions inconscientes et les réponses émotionnelles. C'est une sorte de « pilote automatique », une forme préliminaire de la conscience (un « cerveau archaïque » ou un cerveau reptilien).

Au-dessus du *cerveau reptilien* se trouve ce qu'on a appelé le *cerveau viscéral, affectif* ou *émotionnel* (que l'on trouve aussi chez les mammifères inférieurs), avec un « cortex limbique » primitif (ou archicortex), lequel existe toujours chez les mammifères supérieurs et chez l'homme (il se trouve surtout en bordure – limbus – du cerveau, le système limbique), mais enveloppé du *néocortex*, étendu et replié en circonvolutions à l'intérieur du crâne, deux lobes de matière grise autour d'une matière blanche. Dans le cortex, se trouve tant l'organisation consciente, l'intellect, que la coordination des mouvements physiques volontaires.

C'est donc grâce au développement de son cortex cérébral que l'homme a pu créer la civilisation complexe dans laquelle nous vivons.

Mais il arrive trop souvent que l'homme se trouve placé dans des situations où les réactions socialement acceptables (décidées par lui, au niveau du cortex cérébral) soient en contradiction avec les réactions instinctives (agressivité – peur – lutte – fuite) de son « cerveau reptilien », lequel stimule les réactions physiologiques (frapper, agresser, fuir) que l'homme moderne tente de retenir, ou inhiber… ce qui va provoquer quand même chez lui attaques cardiaques, troubles digestifs, ulcères, tension musculaire permanente, maux de dos… ou toute autre forme de maladie liée à ses organes les plus faibles.

Les travaux de W. Penfield[1] ont démontré que les souvenirs pouvaient être réactivés (par exemple par une électrode placée sur la surface du cortex), c'est-à-dire qu'il y avait donc une sorte de stockage de la mémoire.

Jason Brown a proposé en 1977[2] une théorie de la conscience fondée sur l'évolution du cerveau ;

---

1. Voir Wilder Penfield, *The Mystery of the Mind : A Critical Study of Consciousness and the Human Brain*, Princeton, Princeton University Press, 1975.

2. Jason Brown, *Mind, Brain and Consciousness : The Neuropsychology of Cognition*, New York, Academic Press, 1977.

pour lui, le rôle cognitif du système limbique est la production d'images, ce qui constitue l'essence de la perception (et serait lié à la perception de soi), mais serait aussi lié aux hallucinations. C'est avec l'apparition d'un cerveau néocortical chez les mammifères supérieurs et chez l'homme qu'advient la reconnaissance des objets et la conscience de la réalité externe.

Chez l'homme apparaît la conscience symbolique liée, pour Brown, à l'asymétrie du cerveau, c'est-à-dire au *fonctionnement différent des deux hémisphères* cérébraux *gauche* (localisation du langage utilisé pour la mémoire, la logique, le raisonnement abstrait, la physique, le temps...) et *droit* (fonctionnement non verbal et global, visuel, intuitif, émotif, sensations musicales...) selon les travaux de Roger W. Sperry.

Méthodes de relaxation

Il existe plusieurs méthodes classiques de relaxation :

– *La méthode de relaxation progressive* d'Edmund Jacobson, qui consiste à relaxer (sentir, puis détendre) tous les muscles du corps, les uns après les autres – le sujet étant étendu, les yeux fermés –, tend à réduire le tonus musculaire. C'est une méthode que les Simonton utilisent et décrivent (simplifiée) dans *Guérir envers et contre tout*, ainsi que Dennis Jaffe, dans *La guérison est en soi.* Elle est décrite dans l'ouvrage *Savoir relaxer pour combattre le stress*, récemment réédité et traduit en français. Rappelons qu'Edmund Jacobson est un médecin faisant de la recherche sur la tension (et l'hypertension) et le stress, et qu'il est l'un des premiers à avoir travaillé sur la relaxation dans le monde occidental, en 1908, à Harvard, puis à Cornell et à Chicago.

– *Le Training autogène* est une méthode autohypnotique de relaxation élaborée par le Dr J. H. Schultz vers 1932 en Allemagne. Il faut une certaine formation pour l'appliquer. Elle vise à contrôler les « fonctions autonomes » par une série de messages ou « orientations » à partir d'une sensation de calme : « mon bras droit est lourd… ma main est chaude… mon pouls est calme et fort… ma respiration est régulière… mon plexus solaire se réchauffe… mon front est frais… »

– *Le yoga* et le yoga Nidra (qui viennent de l'Inde traditionnelle).

– *La sophrologie* propose, depuis 1967, plusieurs systèmes de relaxation, le sujet étant étendu ou debout (relaxation dynamique).

– *La relaxation analytique*, mise au point par le Dr M. Sapir (Paris).

– *La réaction relaxée* (relaxation-réponse) : Herbert Benson, après avoir expérimenté la méditation transcendantale, à Harvard, décrit une manière simple d'obtenir la relaxation et qui ne s'appuie sur aucun soubassement religieux ou philosophique[1].

– *L'autosuggestion* (Émile Coué ou autres) ou *l'autohypnose* et d'autres applications issues notamment des méthodes de Milton Erickson ou du « Programme neurolinguistique ».

– Les méthodes de relaxation rapide pratiquées depuis 1970.

La relaxation est aussi un moyen de *lutter contre* l'*angoisse* (normale en cas de maladie grave), et aussi *contre la douleur*. La relaxation est aussi un

---

1. Voir Herbert Benson, *The Relaxation Response*, New York, Morrow, 1975.

moyen de laisser de côté le fonctionnement mental raisonnable, la raison (le *cerveau gauche*, ondes bêta) *pour se laisser aller à la détente*, aux sensations agréables, et permettre une méditation ou une visualisation (utilisant l'imagerie mentale, en ondes alpha, *du cerveau droit*) permettant à l'être, au corps, de se reconstruire.

La sophrologie

Alfonso Caycedo, neuropsychiatre espagnol, a fondé en 1960 à Barcelone, la sophrologie. (Du grec : *sôs* [harmonie], *phren* [esprit] et *logos* [étude].)

En faisant la synthèse des techniques occidentales (hypnose, relaxations) et orientales (yoga, zen), Caycedo introduit une troisième dimension à la démarche thérapeutique, complémentaire de l'action médicale. Celle de la prise de conscience du corps *(schéma corporel)* pour élargir le champ de la conscience individuelle. Cette approche globale, cette prise en charge personnelle du sujet débouche, aussi, sur une philosophie existentielle « opérante et pratique ».

Par un processus d'étude de ses propres perceptions (étude des phénomènes, objectivité), de détente conjointe du corps et de l'esprit (exercices de relaxation statique et dynamique) et de stimulation de la pensée positive (sophro-acceptation-progressive, visualisation), le sujet parviendrait à se libérer de ses peurs et de ses inhibitions, afin d'apprendre à mieux vivre.

Le sophrologue (médecin ou pédagogue) aide le sujet et lui enseigne à élargir le *niveau de conscience* (pathologique, ordinaire, sophronique).

Contrairement à l'hypnose, le sujet qui s'entraîne aux techniques sophrologiques demeure toujours vigilant.

La méthode a élargi son champ d'application qui, à l'origine, était essentiellement médical (dentisterie, obstétrique, préparation à l'accouchement et aux interventions chirurgicales). Préventive et prophylactique (rééducation, santé, stress) la sophrologie est aussi pédagogique (entraînement sportif, étude des langues).

Visualisation et imagerie mentale

« Visualiser », c'est utiliser des images mentales, c'est en quelque sorte se passer un film dans sa tête.

Pour mieux agir sur sa santé, quand on est malade, on *visualise sa maladie*, son cancer. Tel qu'on le « voit », tel qu'on le ressent. On le *dessine*. Avec les défenses du corps contre le cancer, les « globules blancs » agissant, les lymphocytes tueurs attaquant et détruisant les cellules malignes, et les chassant, et les détruisant toutes, partout. On utilise son imagination fertile. On crée, tant des images diverses et symboliques, que des images réalistes (médicalement réalistes). On « voit » son corps guéri, allant bien, tout à fait bien. On visualise aussi l'action de la médication que l'on prend : on visualise la chimiothérapie agissant, faisant du bien, détruisant les mauvaises cellules et respectant les autres ; ou on visualise les rayons agissant bien ; ou on visualise le chirurgien enlevant tout ce qui est mauvais et le corps recommençant à bien fonctionner, les cicatrices se faisant sans mal, de jolies cicatrices, toutes lisses. Ou bien on voit les greffes prendre, les membres fonctionner bien… On se voit allant tout à fait bien, et menant une vie agréable. On fait ces exercices de relaxation, suivis de visualisation, tous les jours, plusieurs fois par jour, pendant un quart d'heure.

Quand on est guéri, *on visualise une surveillance* du corps : les « globules blancs » regardant partout, organe par organe, surveillant tout, se jetant sur de pauvres petites cellules malignes faisant les malines, ou sur de petites métastases, qu'ils détruisent immédiatement et « faisant le ménage », partout. On peut imaginer, par exemple, un « super-aspirateur » aspirant les cellules malignes, les poussières, les virus, tout ce qui n'est pas bon faisant un « grand nettoyage de printemps », partout... On imagine ce qu'on veut, ce qui vous vient à l'esprit, en état de relaxation (en ondes alpha, donc) et on l'imagine pendant trois à quatre ou même cinq minutes (il faut du temps pour que l'inconscient donne des ordres au corps), plusieurs fois par jour.

Et pour la surveillance, on continue pendant plusieurs années après la guérison, ou après l'opération, ou stabilisation ou disparition du cancer.

Malade en guérison ou en lutte contre la maladie, on visualise la guérison totale, le corps guéri, le produit fini, le résultat obtenu, tel qu'on veut l'obtenir. On se veut, on se voit, on se sent, on se ressent guéri.

C'est une visualisation volontaire active et positive.

La visualisation n'est positive que lorsque l'inconscient a des images réellement positives.

On n'est sûr de l'effet de la visualisation que lorsque le malade peut examiner avec quelqu'un les bénéfices secondaires de sa maladie et le contenu réel de son imagerie mentale, et de sa visualisation, et de ses *dessins*.

Le malade peut avoir une démarche volontariste et une façade d'optimisme cachant aux autres et à lui-même son angoisse profonde et son ambivalence face à la maladie, voire son pessimisme ou un désir de mort. Visualiser dans cet état n'a aucun sens.

C'est pourquoi il est important d'avoir un *véritable accompagnement thérapeutique* et de *montrer de temps en temps les desseins de la visualisation de la lutte contre la maladie à un spécialiste* qui aidera à en déchiffrer et montrer le sens profond au malade, pour éventuellement « renverser la vapeur ». Et aussi parler de ses rêves.

Le patient peut visualiser seul ou avec l'aide d'un livre (la famille, les amis peuvent visualiser pour un patient, et l'aider, l'accompagner dans sa visualisation de près, dans la même pièce, ou de loin, en l'accompagnant en pensée), ou d'une cassette (achetée ou faite par/pour lui).

Il y a des recherches qui semblent indiquer qu'il y a une corrélation entre des *émotions positives* comme l'espoir, la joie, le bonheur, avec l'émission d'éléments biochimiques positifs[1].

Mais le célèbre psychologue William James met en garde contre « l'optimisme forcé » qui peut devenir quasi pathologique et couper le sujet de ses émotions tristes et négatives. C'est pourquoi il semble dangereux de trop miser sur une visualisation positive à tout prix – en négligeant l'ambivalence, l'angoisse, les peurs, les rêves – et important de *dessiner la maladie, les soins, le traitement*, et *d'analyser les dessins et les rêves*.

---

1. Voir Ernest Lawrence Rossi, *Psychobiologie de la guérison*, Paris, Desclée de Brouwer, 1993.

Langage du corps – Communication non verbale

Ce que les acteurs savaient déjà depuis longtemps, que le corps parle et que le geste, la mimique, l'expression, l'échange ou la fuite du regard expriment souvent autant et plus de choses que les mots pris en soi – les chercheurs en sciences humaines et en thérapie familiale l'ont mis en évidence et précisé depuis les recherches de 1956 du groupe de Palo Alto.

Il a été mis en évidence que lorsque les mots sont en contradiction avec les sentiments, la mimo-gestualité, la respiration, la tension musculaire, l'homme croit au non-verbal (incontrôlé) plutôt qu'aux mots (souvent contrôlés) et que lorsqu'il y a « double message », ou une « double contrainte » *(double bind)*, un malaise s'installe, qui peut aller jusqu'à la fuite, la tension, la maladie, le stress, la crise (un auteur a même écrit un ouvrage *Stop, You Drive Me Crazy [Stop, vous me rendez fou]*).

Quand on fait un « mensonge pieux », quand on ment, quand on biaise, quand on est mal à l'aise dans la relation, on se trahit par l'expression du corps, une rougeur ou une blancheur du visage, une autre respiration, certaines tensions musculaires, par sa manière d'être, de se tenir (souvent à distance – ou par compensation, trop près), par un geste (absent ou forcé), par la *kinésie*, la *mimo-gestualité*, par la respiration (non calme ou trop contrôlée), par l'échange de regards (ou son absence), la fuite de la rencontre, par une autre utilisation des lieux et des espaces (la *proxémie)* de par le fait de rester sur le pas de la porte, ou de regarder la fenêtre, la porte, le plafond, sa montre… l'orientation du corps, sa fermeture (bras croisés) ou son accessibilité... Les chercheurs (Birdwhistell, Goffman, Eckman, Schefflen, Hall...) et spécialistes de la communication non verbale et de l'interaction ont étudié ces phénomènes, les « lapsus gestuels » et fuites du comportement (voir Winkin, Weitz, Schützenberger). On sait que s'il y a dissonance et non-congruence entre ce qui est dit (par les mots) et exprimé (par la mimo-gestualité, l'attitude, les changements respiratoires, le « langage du corps »), l'interlocuteur réagit par rapport à ce qu'il ressent confusément et non pas aux mots.

La psycho-neuro-immunologie[1]

C'est l'étude de la manière dont les états émotionnels, affectifs et psychologiques influencent la résistance à la maladie, par l'interaction entre les systèmes nerveux, endocrinien et immunologique. On l'appelle aussi *psychobiologie* ou *psycho-immunologie*[2]. Depuis 1980, il s'est créé une nouvelle science : *la psycho-neuro-immunologie*, mettant en évidence une biologie des émotions, et le lien entre les affects (émotions), et le fonctionnement du corps (on a découvert récemment plus d'une centaine de nouveaux neurorécepteurs, y compris sur les globules blancs et dans le système immunitaire, ce qui permet de comprendre l'effet de la dépression ou de la joie, de l'angoisse ou

1. Voir les revues : *Advances, The Journal of Mind Body Health* (publiée d'abord par Institute for the Advancement of Health, New York, puis, en 1992, par le Fetzer Institute ; et *Brain Behavior and Immunity* (R. Ader [dir.], New York, Academic Press).

2. Robert Ader, *Psychoneuroimmunology* (1981), 2e éd., New York, Academic Press, 1991 ; Norman Cousins, *La Biologie de l'espoir*, Paris, Seuil, 1991.

de l'espoir, sur le fonctionnement de tous les systèmes) : le système neuroendocrinien et le système immunitaire produisent des substances identiques (peptides, neuropeptides...) qui influencent à la fois les activités neuroendocriniennes et immunitaires. Une cinquantaine de chercheurs de plusieurs disciplines (psychiatres, psychothérapeutes, neurologues, immunologues, cancérologues, endocrinologues, biochimistes...) ont fait des recherches communes ou coordonnées pour comprendre et démontrer les interactions complexes entre le système nerveux, le système endocrinien et le système immunitaire : chaque action, chaque événement, ou même chaque émotion a une action sur la totalité (N. Cousins). Par exemple, beaucoup de malades commencent à vomir dans la voiture qui les emmène à l'hôpital pour leur chimiothérapie, par anticipation, ou cessent de vomir après visualisation positive. Ronald Glasser a démontré que la réduction du stress et l'anticipation d'émotions positives augmentent l'immunité et que la relaxation augmente le nombre de cellules T ou NK.

Des recherches faites en 1982 à l'université de Pennsylvanie[1] (Pennsylvania State University) ont démontré, à l'aide d'analyses du sang faites avant et après relaxation et visualisation, l'augmentation du nombre des globules blancs au bout d'une heure, une augmentation plus élevée encore une semaine après.

Des recherches interdisciplinaires se font en Californie sur le cancer (et aussi sur le sida) autour de Norman Cousins (Université de Californie, UCLA Task Force), George Solomon, Ronald Glasser, et aussi en Europe (principalement en

1. Recheches conduites par Nicolas Hall au George Washington Medical Center.

Allemagne, mais aussi en Russie, en Suède et en France) prolongeant les travaux de Pavlov, Franz Alexander, Walter Cannon, Hans Selye.

Le docteur Candace Pert[1], codécouvreur des endomorphines, travaille sur les neuropeptides (et la neuropeptide P) et le système limbique (le « centre émotionnel ») comme clé pour le rétablissement d'une bonne santé.

De nombreuses recherches ont montré l'influence de la relaxation, et de la psychothérapie sur l'état de santé et la qualité de vie. D'autres chercheurs ont mis en évidence le concept de *hardiness* (savoir dire « non » et se défendre, faire face, fixer les limites, s'engager, prendre les difficultés et la maladie comme un défi), lié aux qualités de survie et à la bonne santé[2].

Hardiness

Le concept a été mis en évidence par un chercheur d'Europe centrale devenu américain : Suzanne Kobasa. Le *hardiness* (de *hard*, dur), ce n'est pas le fait d'être dur envers soi et les autres, ou « mauvais coucheur » ou « égoïste », mais le fait de pouvoir et de savoir mettre des limites fermes aux demandes d'autrui (savoir dire « non », même aux proches).

Cette variable, complétée par l'estime de soi, de vivre la maladie comme un défi, et de se passionner pour quelque chose, se retrouve tant chez les survivants d'accidents dramatiques d'avion ou de

---

1. Au National Institutes of Health de Bethesda.

2. Des travaux de G. Solomon et Moreley, reprenant des travaux classiques de Suzanne Kobasa, notamment « Stressful Life Events, Personality and Health : An Enquiry into Hardiness », *Journal of Personnal and Social Psycholo*gy, n° 37, 1979, p. 1-11.

montagne, de camps de concentration, que chez les malades qui guérissent le mieux des maladies gravissimes ou fatales.

Les recherches de l'équipe du docteur David Spiegel ont démontré que six mois de *psychothérapie* doublaient le temps de survie du malade atteint de cancer et amélioraient aussi et la *qualité de vie* et son vécu[1].

Ces recherches semblent indirectement démontrer l'essentiel de notre approche.

---

1. Voir David Spiegel, H. C. Kraemer, J. R. Bloom, E. C. Gottheil, « The Effect of Psychosocial Treatment on Survival of Patients with Metastasic Breast Cancer », *Lancet*, vol. II, 8668, 14 oct. 1989, p. 888-891.

Exercice de relaxation et de visualisation

Installez-vous commodément (dans un fauteuil, sur un divan, ou lit, ou tapis, ou même sur une chaise, si vous êtes au bureau, ou dans un train, ou autobus, ou salle d'attente). *Fermez les yeux*. Si possible, baissez la lumière, décrochez le téléphone, demandez qu'on ne vous dérange pas ou mettez une pancarte devant votre porte. Éventuellement, couvrez-vous. Décroisez bras et jambes. Éventuellement, dégrafez votre ceinture, enlevez vos lunettes, glissez un petit coussin sous la nuque, mettez les mains sur le bras du fauteuil...

Un moyen pratique de faire de la relaxation, c'est d'enregistrer soi-même une cassette de relaxation-visualisation, en parlant lentement et doucement les instructions – partir par exemple d'un ouvrage – ou d'utiliser une cassette préenregistrée – d'une durée de moins d'un quart d'heure – ou de demander à quelqu'un de vous dire ou lire les instructions, puis de travailler sans.

Il y a un paradoxe dans la relaxation : on décide volontairement d'en faire, mais elle consiste à *lâcher prise*, à laisser la détente et le calme s'installer. (C'est une sorte d'attention passive, d'attention flottante.)

Installez-vous confortablement, fermez les yeux, détendez-vous, relaxez-vous, ne pensez à rien. (Si vous entendez des bruits, intégrez-les à votre relaxation… si vous avez des pensées parasites, pensez : « Tiens, je pense ça », et laissez passer cette pensée.) Écoutez battre votre cœur, doucement, doucement […] Sentez comme vous respirez, doucement, doucement […] Sentez comme l'air entre et sort de vos poumons… Sentez comme votre ventre se soulève et s'abaisse. (Si vous sentez des tensions dans votre corps, détendez là où cela vous gêne.) Éventuellement, relâchez votre mâchoire… *Détendez-vous, relaxez-vous, ne pensez à rien […] Sentez comme vous respirez* doucement, doucement […]

Rappelez-vous un *endroit agréable* où vous aimerez vous détendre, comme une plage isolée au soleil de printemps, ou une prairie près d'un lac ou d'une rivière, ou en montagne… imaginez que vous êtes là, étendu, relaxé… (cela peut être un endroit réel que vous avez connu, ou imaginaire, ou vu dans un film, sur un tableau, une carte postale…). Voyez bien cet endroit agréable, sentez-le.

Profitez de ce moment agréable et calme.

Nous allons maintenant *ressentir et détendre un à un tous les muscles du corps l'un après l'autre…* pendant une dizaine de minutes. Dans un quart d'heure, nous reviendrons ici, tout à fait détendu, et nous sentant bien… tout à fait éveillé, tout à fait reposé, en pleine forme tonique…

Détendez-vous, mais ne vous endormez pas.

Nous allons détendre un à un tous les muscles de notre corps. Commençons par le visage. Froncez les sourcils… et détendez-les. Sentez comme votre front devient lisse, lisse, lisse. Respirez tranquillement à votre propre rythme. Laissez le calme s'installer en vous. Laisser vos paupières retomber sur vos yeux, doucement, lentement, lourdement. Laissez vos yeux tomber dans vos orbites... Sentez les ailes de votre nez, et laissez-les se détendre. Sentez bien votre bouche, serrez votre bouche, et laissez-la se détendre. Lâchez un peu la mâchoire du bas. Laissez vos mâchoires se détendre. Laissez votre langue s'épanouir dans votre bouche. Sentez comme vos lèvres sont détendues. Sentez votre menton... vos joues... vos oreilles... le dessus de votre tête, et laissez-le se détendre... et la nuque... et le cou... et laissez-le se détendre... Tout le corps est détendu.

Nous passons au bras droit, à la main droite ; sentez vos doigts, et détendez-les... sentez les muscles de votre paume, et détendez-les... sentez votre poignet[1]... l'avant-bras... le haut du bras... l'épaule droite... sentez les muscles et détendez-les. Nous passons à la main gauche *(idem)*.

Nous passons à la jambe droite, au pied droit : sentez vos doigts de pieds, et détendez-les... la voûte plantaire... le talon... le mollet... la cuisse..., sentez tous les muscles et détendez-les... Nous passons à la jambe gauche *(idem)*... les hanches... le tronc... le dos... les reins... la poitrine... le ventre... le cou... la tête... le front... les yeux... la bouche... les mâchoires... la nuque.

Détendez-vous, relaxez-vous, ne pensez à rien [...] [...] [...].

Imaginez maintenant les médicaments que vous prenez, qui vous font du bien [...] [...] [...] et respectent votre corps [ou les rayons] [...] [...]

Imaginez le fonctionnement de votre corps... Voyez vos *globules blancs*... forts, nombreux, efficaces... détruisant tout ce qui doit être détruit dans votre corps... [...] [...] [...] et respectant le reste.

---

1. On répète au début, chaque fois, au besoin : « Sentez-le bien et détendez-le. »

Imaginez le fonctionnement de votre *système immunitaire*… fonctionnant bien… fonctionnant mieux […] […] […]

Vous vous voyez allant mieux, *allant bien*, en bonne santé, détendu, et faisant des choses agréables… […], de bonne humeur…

Et maintenant, tout doucement, *en prenant votre temps*, revenez ici et maintenant… et faites ce que vous faites quand vous vous réveillez le matin : peut-être vous bâillez en ouvrant bien la bouche… ouah… ouah… ouah… peut-être vous ouvrez les yeux… peut-être vous vous étirez, peut-être vous vous frottez le visage, les yeux, les joues…

Tout doucement, en prenant votre temps, en respectant le rythme de votre corps, vous revenez ici et maintenant…

Petite relaxation – Le cône de lumière[1]

Installez-vous confortablement. Éteignez la lumière, ou baissez la lumière. Dégrafez ceinture et col. Déconnectez le téléphone et mettez un signe « ne pas déranger pendant vingt minutes » sur la porte. Et enseignez à votre entourage à respecter cette petite pause-relaxation nécessaire.

Installez-vous très confortablement, assis bien au fond d'un fauteuil ou d'une chaise, les pieds à plat et les mains sur les accoudoirs ou sur les genoux, ou étendez-vous.

Au besoin, mettez un coussin sous la nuque, et un autre sous les genoux… éventuellement, mettez un plaid sur vous.

Bâillez… longuement, en ouvrant bien la bouche et en vous étirant… largement…

Fermez les yeux. Respirez à votre propre rythme.

---

1. Consignes de l'exercice de relaxation. Ce texte doit être parlé lentement et d'une voix douce.

Fermez les yeux. Nous allons faire une relaxation d'un petit quart d'heure après laquelle nous reviendrons ici détendu, relaxé, allant tout à fait bien et de bonne humeur. Je vais vous donner quelques indications mais c'est vous qui êtes le patron de cette relaxation aussi, si, pour n'importe quelle raison ou même sans raison, vous avez envie de vous arrêter, faites-le : il vous suffira de penser « je veux m'arrêter », d'ouvrir les yeux, de vous frotter le visage comme vous le faites le matin en vous réveillant et vous reviendrez ici. Et si vous avez envie de continuer jusqu'au bout, nous reviendrons ici dans un petit quart d'heure, détendu, relaxé, allant tout à fait bien, tonique et de bonne humeur.

Fermez les yeux, respirez à votre propre rythme et laissez le calme s'installer en vous. S'il vous vient des pensées parasites, constatez juste : « Tiens, je pense ça… » et laissez filer la pensée. Si vous entendez des bruits parasites, intégrez-les à votre relaxation comme un fond musical, respirez à votre propre rythme… longuement… longuement.

Visualisez un endroit que vous aimez, de préférence à l'extérieur, au soleil de printemps, dans un endroit calme, comme au bord de la mer, sur une plage au soleil, dans une prairie, près d'un ruisseau, ou tout autre endroit que vous aimez, que vous connaissez ou dont vous avez vu une image, une photo, un poster, un tableau, dans un film…

Installez-vous là très confortablement. Voyez ce qu'il y a à voir, écoutez ce qu'il y a à entendre, ressentez ce qu'il y a à ressentir, comme le chant des oiseaux, le murmure de l'eau, la chaleur du soleil sur votre peau…

Sentez la chaleur du soleil de printemps sur votre visage, sur vos yeux, sur vos paupières, sur votre front. Sentez le soleil sur votre bouche, sur le cou, sur vos mains, sur votre corps, sur vos jambes…

Vous êtes dans le cône de lumière blonde et dorée du soleil de printemps, qui vous réchauffe et qui vous fait du bien. Dans la lumière blanche et dorée du soleil qui vous détend en profondeur et vous guérit [...] [...] [...] (silence long).

Profitez de ce moment agréable. [...] [...] [...]

Et maintenant, répétez mentalement avec moi :

Tous les jours, et à tout point de vue, je vais de mieux en mieux.

Et maintenant... en prenant votre temps... revenez ici et maintenant... tout doucement... en prenant votre temps... revenez ici et maintenant...

TABLEAUX

Les deuils non faits, les larmes non versées, les secrets de famille, les identifications inconscientes et « loyautés familiales invisibles » pèsent lourd sur les enfants et les descendants. Ce qui ne s'exprime pas en mots s'imprime et s'exprime en maux.

Anne ANCELIN SCHÜTZENBERGER

Ce qui est tu à la première génération, la seconde la porte dans son corps.

Françoise DOLTO, *Tout est langage*

Méthode Simonton
Évolution du patient sur 152 malades avec diagnostic de « cancer terminal »

			Attitude du patient					
Réaction du patient			**Non-coopération instructions non suivies**	**Non-coopération instructions rarement suivies**	**Suit habituellement les instructions**	**Suit les instructions et montre quelques initiatives**	**Coopération totale, suit les instructions de façon implicite, et explicite, croit fermement à une amélioration**	**Total**
	Net recul des symptômes et amélioration spectaculaire	Excellent	0	0	0	11	9	20
	Amélioration des symptômes et de l'état de santé	Bon	0	2	34	31	0	67

Réaction du patient			**Non-coopération instructions non suivies**	**Non-coopération instructions rarement suivies**	**Suit habituellement les instructions**	**Suit les instructions et montre quelques initiatives**	**Coopération totale, suit les instructions de façon implicite, et explicite, croit fermement à une amélioration**	**Total**
	Petites améliorations des symptômes	Moyen	0	14	29	0	0	43
	Pas d'amélioration des symptômes	Médiocre	2	17	3	0	0	22
		Totaux	2	33	66	42	9	152

Carl Simonton, Stéphanie Mathews Simonton, « Belief Systems and Management of the Emotional Aspects of Malignancy », *Journal of Transpersonnal Psychology*, n° 7, 1975.

Guide d'évaluation ou d'autoévaluation du stress d'événements de vie[1]

Le stress dû à l'adaptation au changement

(sur un an) *Je suis concerné(e) par :*

Mort du conjoint	100	
Divorce	73	
Séparation des époux (dans un mariage) ou rupture	65	
Période de prison ou internement	63	
Mort d'un proche parent (enfant, père, mère, sœur)	63	
Blessure corporelle ou maladie grave ou accident (personnel)	53	
Mariage	50	
Perte du travail (licenciement, chômage, fermeture de l'établissement)	47	
Réconciliation entre époux	45	
Retraite (être mis à la retraite ou la prendre)	45	
Ennuis de santé de la famille ou changement de son comportement	44	
Grossesse	40	
Difficultés sexuelles	39	
Arrivée de quelqu'un dans la famille (naissance, adoption, personne âgée venant y vivre...)	39	
Sous-total		

1. D'après Adolf Meyer, repris par Holmes et Rahe, réactualisé par Anne Ancelin Schützenberger. Voir Thomas H. Holmes et Richard H. Rahe, « The Social Readjustment Rating Scale », *Journal of Psychosomatic Research*, II, 1967 ; republié in *The New York Times*, 10 juin 1973 (Holmes et Rahe ont repris à Harvard les travaux d'Adolf Meyer).

Changement quelconque dans le monde du travail (fusion, banqueroute, autre)	39	
Changement au niveau financier (en pire ou en meilleur)	38	
Mort d'un ami proche	37	
Changement de fonction professionnelle	36	
Modification du nombre de scènes de ménage (en plus ou en moins)	35	
Hypothèque de plus de 200 000 F (FF de 1982, 20 millions de centimes)	31	
Saisie sur hypothèque ou prêt	30	
Changement de responsabilité dans le travail (promotion, transfert, rétrogradation)	29	
Un fils, une fille quitte le foyer (mariage, université, profession...)	29	
Difficultés avec les beaux-parents	29	
Succès exceptionnel, réussite personnelle exceptionnelle	28	
Femme (ou conjoint) commence ou cesse de travailler	29	
Commencer ou terminer des études	26	
Changement de conditions de vie	25	
Changements d'habitudes personnelles (habillement, relations)	24	
Difficulté avec le patron	23	
Changement d'horaire ou de conditions de travail	20	
Changement de résidence (déménagement)	20	
Changement de lieu d'études	20	
Changement dans les loisirs	19	
Changement dans les activités religieuses (ou convictions)	19	
Changement dans les activités sociales (clubs, films, relations amicales	18	
Sous-total		

Hypothèque ou prêt de moins de 200 000 F (francs de 1982)	17	
Changement dans les habitudes de sommeil (en plus ou en moins)	16	
Changement du nombre de rencontres et réunions de famille	15	
Changement d'habitudes alimentaires (beaucoup plus ou beaucoup moins, régime, horaires)	15	
Vacances	13	
Noël	12	
Contraventions et violations mineures de la loi	11	
Sous-total		

Stress permanent – Usure quotidienne d'événements répétitifs[1]

Nuisances importantes et durables dans le voisinage (bruit « infernal », marteaux-piqueurs)	30	
Malade gravissime ou grabataire dans la famille, ou drogue, ou sida	40	
Proches mobilisés, envoyés ou vivant dans des régions à risque de guerre ou violences	60	
Agression, vol, viol, contrôle fiscal, conséquences de grèves longues ou « troubles »	40	
Catastrophes médiatisées (grippe aviaire, trou dans la couche d'ozone, catastrophe pétrolière, canicule, etc.)	20	
Sous-total		

Total global		

Chaque occasion de stress est affectée d'un certain nombre de points. Multipliez ce nombre de points par le nombre d'occasions présentées dans votre vie depuis un an. Inscrivez, pour chaque ligne où vous êtes concerné(e), les points « acquis » (c'est votre

1. Ancelin Schützenberger Anne (1987-2007).

colonne personnelle, à droite de la colonne imprimée). Faites le total.

Chacun peut attribuer sa propre valeur aux événements de vie et aux efforts d'adaptation qui lui sont nécessaires, et donc adapter les chiffres de Holmes et Rahe.

Un total de 200 est un signal d'alarme ; 49 % des personnes ayant eu 300 points ont eu une maladie dans l'année, ou un accident. Il faudra donc faire attention et prendre des mesures de gestion du stress (tout en se rappelant qu'une personne sur deux n'a rien eu).

Projets – Plans de vie, buts et échéances
Objectifs réalisables ou négociables

	à 3 mois	à 6 mois	à 1 an	à 3 ans	à 5 ans	à 10 ans
Moi Moi pour Moi						
Ma famille						
Mes enfants						
Mon conjoint/ ami(e)						
Mes parents						
Autres proches						
Mes amis						
Mon travail						
Ma vie sociale						
Distractions						
Sport – activités						
Mon corps/ ma santé						
Les arts La vie intérieure La vie culturelle						
Divers – Important						

Préparation à la reprogrammation

Réactions personnelles au stress et gestion du stress

	stress *situation heure lieu*	évaluation *niveau de stress 1 à 100*	réactions physiques *cœur bat la chamade, sueur, crampes estomac, trembler, vomir, avoir chaud ou froid, pleurer, crier, ne rien faire, diarrhée, colite, mal de dos, insomnie, migraine, rhume, maladie…*	stress *prendre chocolat, alcool, gâteaux, aspirine, cigarette, manger, dormir, acheter des vêtements, objets, crier, pleurer, être déprimé, sortir, courir, se relaxer, fuir, se cacher, y aller…*	stress *faire sport yoga, respirer, faire de la psychothérapie, se relaxer*
stress (n° 1)					
stress (n° 2)					
stress (n° 3)					
stress (n° 4)					
stress (n° 5)					
stress longue durée (n° 6)					

Prendre des exemples de stress fréquents, et aussi de stress positifs et négatifs, et de pertes, et de tensions de longue durée.

Exemples de stress négatif et positif : craindre de rater un train ; être dans un embouteillage ; contrôle fiscal ; examen, travail à terminer à date fixe ; mariage d'un enfant ; maladie grave d'un parent/ami.

Les besoins de l'homme

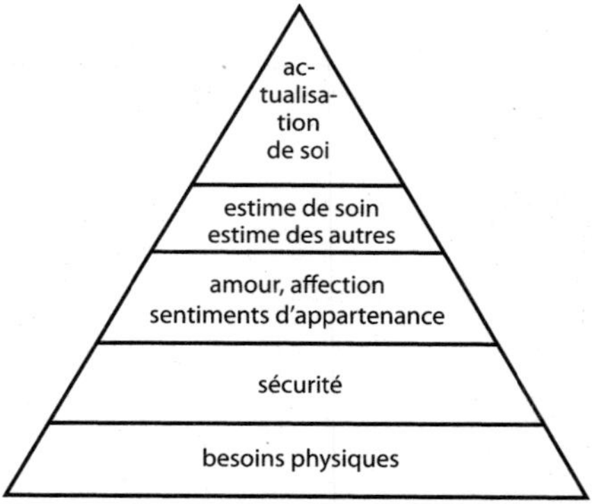

Hiérarchie des besoins, selon A. Maslow

Liste des besoins

Après la satisfaction des besoins primordiaux (faim, soif, sommeil, protection contre le froid et les intempéries, respiration...) l'homme a besoin, d'après W. Schutz :

– besoin d'*affection* ;

– besoin d'*inclusion* (dans un groupe) ou d'appartenance ;

– besoin de *contrôle* de la situation dans laquelle il se trouve.

Et nous ajouterions :

– besoin d'*accomplissement* (de soi et de quelque chose) (Maslow), de réalisation ;

– besoin de *création* (Moreno) et d'ouverture,

– besoin d'*être reconnu*, comme une personne à part entière ;

– besoin de *sécurité* (et d'avoir un horizon non bouché, ouvert vers un possible et un *espoir*).

Courbe de Gauss

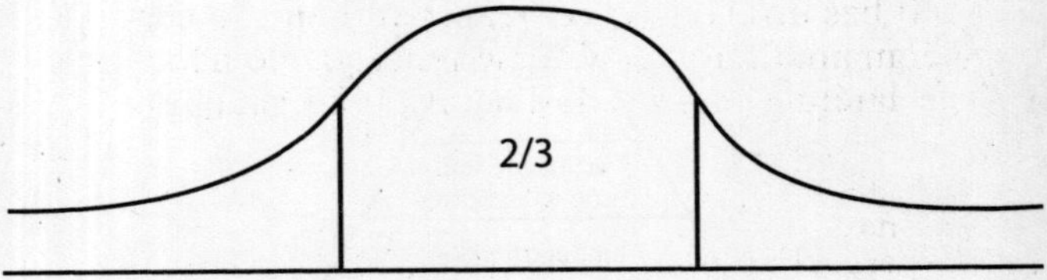

Statistiques : Les deux tiers de la population se trouvent dans le gros de la courbe (la tête du « chapeau melon »). Par exemple : taille des Français. Mais il y en a de très nombreuses plus petites et plus grandes.

Shéma de trois cerveaux

De bas en haut, le cerveau reptilien : le cerveau paléomammifère ou système limbique, le néocortex (vue latérale interne de l'hémisphère gauche).

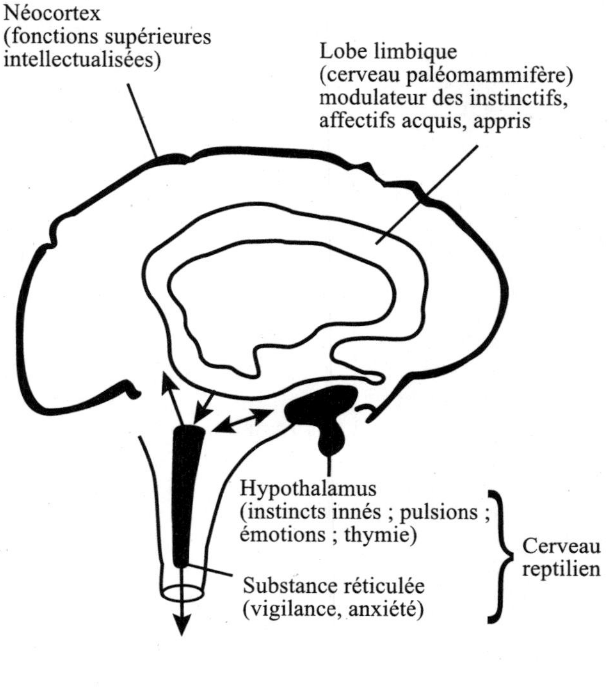

Détermination du scénario de santé

*Scénario de santé, adapté par A. Ancelin Schützenterger à partir de celui de Martin Marx, Graham Barnes, Grant Somes et Thomas Garrity (*T.A. Journal*, vol. 8, n° 4, octobre 1978).*

1. Si vous continuez comme cela, où en serez-vous dans cinq ans par rapport à votre santé ?
2. Combien de fois avez-vous été malade jusqu'ici (ou eu un accident, ou été opéré)
   - en général ?
   - depuis 2 ans ?
3. Lorsque vous étiez malade, comment vos parents réagissaient-ils ?
4. Durant l'année qui vient, pensez-vous que vous serez malade ou déprimé ?
5. Combien de fois vous rappelez-vous votre père ou votre mère étant malade ?
6. Lorsque votre père était malade, comment réagissait votre mère ?

Lorsque votre mère était malade, comment réagissait votre père ?

7. Comment vos parents réagissaient-ils lorsqu'il y avait une crise dans la famille ? Que faisaient-ils ?
8. Quelle est la chose la plus formidable que vos parents aient faite pour vous lorsque vous étiez malade ?
9. Quelle est la pire chose que votre père ou votre mère vous aient faite lorsque vous étiez malade ?
10. Quel est l'avis le plus important que vos parents vous aient donné concernant la meilleure façon de rester en bonne santé ?

11. Est-ce que votre frère ou sœur était souvent malade ?
12. Comment vos parents réagissaient-ils à la maladie ?
13. Quel avis donneriez-vous aux autres afin de rester physiquement et mentalement en bonne santé ?
14. À votre avis, quelle sera la cause de votre mort ?
15. À quel âge pensez-vous que vous allez mourir ?
16. Qui était souvent malade dans votre famille, au sens large, sur trois ou cinq générations ?
17. Et comment ça se passait-il ?
18. Y a-t-il quelqu'un dans votre famille (sur deux à cinq générations) qui a été malade à cette date ? à cet âge-ci (que vous avez) ou qui a eu un accident ?
19. « Loyautés familiales invisibles ».

Jules : syndrome d'anniversaire et loyauté familiale invisible

Prenons un exemple clinique de malade atteint du cancer. Cet homme s'appelle, disons, Jules ; il a un cancer des testicules. Il a trente-neuf ans ; il travaille. Il se fait opérer, il va bien. Tout cela est normal et habituel. Six mois après, il fait une rechute, avec des métastases aux poumons ; ça arrive. Mais il refuse la chimiothérapie ; il refuse tout traitement, son état empire, et, quelques mois après, il va mourir si on n'intervient pas. On tente de le soigner, mais il refuse. On essaie de voir avec lui quelle est la situation : il est marié, il a une fille de neuf ans, il aime sa femme et son métier, c'est une vieille famille savoyarde ; il est gravement malade. On peut se demander pourquoi il a accepté l'opération, la chirurgie, et pourquoi il refuse la chimiothérapie et tous les soins. On « discute » avec lui et ce qu'il dit de sa famille, on le retranscrit devant lui, avec lui et pour lui, en arbre généalogique commenté (un génosociogramme).

On commence par lui, sa femme et leur fille, puis on « monte » son arbre généalogique : son père a soixante-dix ans, sa mère a soixante-neuf ans ; son père est boucher, il va bien. Là, si on remarque que son père est boucher et qu'il a accepté l'opération, on peut peut-être émettre l'hypothèse que son père, maniant le couteau – et très bien ! il croit à l'usage du couteau ; le couteau lui paraît un instrument familier ; il accepte d'être opéré chirurgicalement, par un couteau, un scalpel. Mais alors, pourquoi refuse-t-il ensuite de continuer à se soigner ? On ne comprend toujours pas pourquoi il refuse la chimiothérapie.

On remonte plus haut dans son arbre généalogique : son grand-père est mort, à trente-neuf ans, d'un coup de pied de chameau aux testicules – on n'invente pas ces choses ! Les coups de pied de chameau ne sont pas héréditaires ! C'est la raison pour laquelle j'ai choisi ce cas, pour illustrer mon propos.

On remarque donc qu'il s'apprête à mourir *au même âge* que son grand-père et qu'il est *atteint dans son corps au même endroit* : on pourrait dire que, « par hasard », il est atteint aux testicules, à l'endroit exact où son grand-père paternel a été atteint et dont il est mort (« loyauté invisible » ?) !

Génosociogramme simplifié de Jules

Double syndrome d'anniversaire ; répétition du même âge du père (39) avec un enfant de même âge

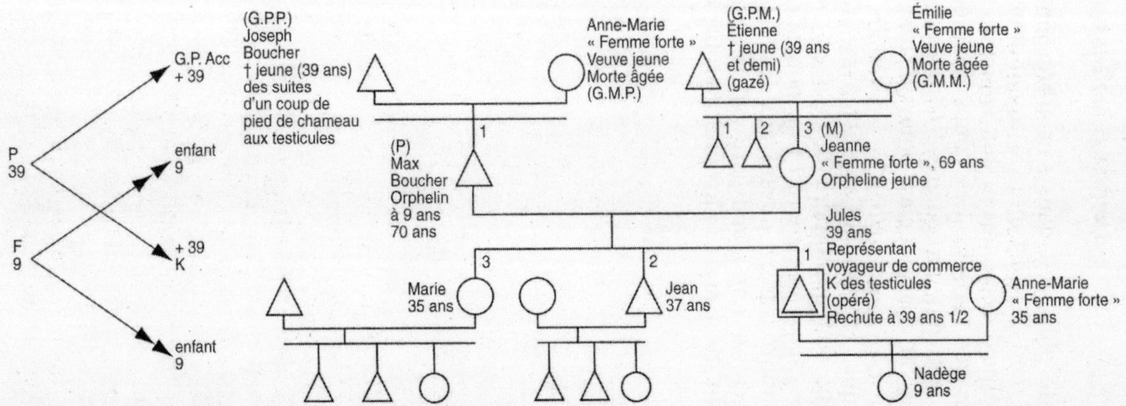

Commentaire : on pourrait dire que Jules inscrit dans son corps sa maladie et son risque de mort, ses liens transgénérationnels et sa loyauté familiale : il est atteint aux testicules comme son grand-père paternel (G.P.P.) et fait une rechute avec atteinte aux poumons comme son grand-père maternel (G.P.M., gazé) et au même âge (39 ans). Il s'est fait opérer, mais refuse tous les autres traitements (chimiothérapie, radiothérapie, médecine de terrain...) comme si ce fils et petit-fils de bouchers ne croyait qu'au couteau. Toutes les femmes de la famille sont des femmes fortes : les deux grand-mères ont été veuves jeunes. De plus, son père était orphelin de père à 9 ans et sa fille risque d'être orpheline à 9 ans, car il se considère comme perdu, et sa femme risque aussi d'être veuve jeune.

Il y a comme un « script » ou scénario répétitif de mort à 39 ans pour le père, avec un enfant de 9 ans.

On pourrait aussi faire une glose sur ce Joseph (G.P.P.) atteint dans sa virilité et sur la répétition du nom des épouses (Marie-Anne et Anne).

En « pointant » tout ceci, on tente de « recadrer » et changer son « script » de vie de perdant (mort jeune) en script de vie de gagnant : on peut aimer son grand-père sans mourir comme lui au même âge.

fils — fille — (P) père — (M) mère — sujet malade — fils aîné — 3e enfant

On continue sa généalogie du côté de sa mère : sa mère aussi a été orpheline jeune. Le père de sa mère, c'est-à-dire son grand-père maternel, est mort à trente-neuf ans et demi, gazé (pendant la guerre de 1914-1918 à Verdun), c'est-à-dire atteint aux poumons.

On constate là – et on va le constater très souvent sur d'autres cas cliniques car j'ai une casothèque d'environ trois cents ou quatre cents arbres généalogiques (génosociogrammes[1]) – que lorsque les gens se marient, ce n'est pas tout à fait par hasard ; ils épousent souvent des conjoints ayant la même constellation que leur constellation familiale d'origine, ou ayant les mêmes maladies, ou les mêmes prénoms, ou les mêmes traumatismes d'enfance.

Les deux familles du couple apparaissent comme en miroir.

Reprenons de plus près l'histoire personnelle des parents de Jules ; sa mère était orpheline jeune ; son père était orphelin jeune – à neuf ans ; les deux grands-pères sont morts à trente-neuf ans ; le grand-père maternel étant mort gazé (atteint aux poumons). Cela ne nous paraît plus si étonnant de voir que Jules, quand ses poumons sont atteints, refuse la chimiothérapie qui, comme on sait, serait un dérivé du gaz moutarde (que les Allemands utilisaient, pendant la guerre 1914-1918, à Ypres et Verdun, dans les tranchées [avril 1915]).

Il est atteint aux mêmes endroits du corps que ses deux grands-pères (testicules et poumons) ;

1. Pour des raisons de simplification, nous n'avons mis qu'un trait pour le mariage.

on pourrait presque dire qu'il marque, par une « *loyauté familiale inconsciente et invisible*[1] », la mort des deux grands-pères, puisque au même âge que l'un et l'autre, il est atteint dans les deux organes dont ses deux grands-pères sont morts. On peut aussi remarquer que sa femme s'appelle « Marie », comme sa sœur et sa grand-mère (mais c'est un prénom fréquent, ce n'est donc pas statistiquement significatif).

Si on recherche un peu plus dans la *structure familiale*, on voit que le grand-père est mort à trente-neuf ans avec un enfant de neuf ans ; et lui s'apprête à mourir à trente-neuf ans avec un enfant de neuf ans... La structure familiale est identique à celle du grand-père[2].

On peut se demander : pourquoi le refus de se soigner après la rechute, et à l'âge même de la mort de son grand-père ? Est-ce une mort par hasard ? Pourquoi une telle *loyauté familiale invisible* ? Est-ce un cas aléatoire ou est-ce un cas clinique typique d'un très grand nombre d'autres ?

S'agit-il de nombreux cas cliniques remarqués par plusieurs d'entre nous ? Rappelons que la psychanalyse est née de quelques cas cliniques, bien observés, bien décrits, devenus des modèles.

Toutefois nous savons maintenant, d'après les travaux statistiques de Joséphine Hilgard, sur

---

1. En reprenant et en étendant la terminologie de Boszormenyi-Nagy.

2. Ce cas clinique est typique de centaines de malades chez qui j'ai vu *la répétition familiale d'accidents* de voiture ou autres, de *maladies graves*, ou de *morts* à des âges, voire dates et parties du corps signifiantes pour eux et leur famille, sur trois à dix générations. C'est ce que j'appelle maintenant un *syndrome d'anniversaire*, reprenant sans le savoir à l'époque et développant le concept de Joséphine Hilgard, avec des âges, dates, périodes critiques, ou « années de fragilisation ».

toutes les entrées d'un hôpital américain sur quatre années, que le concept de *syndrome d'anniversaire*, que cette répétition au double âge (âge du parent en difficulté et âge de l'enfant au moment de cette difficulté traumatique) est statistiquement significative (*cf.* 1993, *Aïe mes aïeux*[1] *!)*, ce qui renforce mes, nos, constatations cliniques de répétitions. Le syndrome d'anniversaire représente 25 % à 30 % des malades que nous voyons en 2000-2002.

---

1. Voir Anne Ancelin Schützenberger, *Aïe, mes aïeux ! Liens transgénérationnels, syndrome d'anniversaire, secrets de famille et pratique du génosociogramme* (1993), 16ᵉ éd., Paris, Desclée de Brouwer, 2015.

Perte d'objet d'amour et de sécurité de base
Perte de sa place et maladie grave
Josée ou les deux jeunes Mme Ravanel

Pour mieux illustrer « l'inceste généalogique » et le « mariage à doubles connexions », prenons un cas clinique.

C'est une femme charmante de quarante ans, Josée, qui a un cancer du sein ; je recherche avec elle dans quelles circonstances elle a eu son cancer, quand, et ce qui se passait alors dans sa vie. Elle me répond qu'il ne lui est rien arrivé du tout et qu'elle n'en comprend pas la raison. Sa vie est facile, simple ; elle est secrétaire médicale dans un centre qui marche bien, dans une ville moyenne en province. Aucun événement stressant ne peut expliquer ce cancer apparu en 1986. Je lui demande :

« Qu'est-ce qui s'est passé un an avant 1985 ?

– Rien !

– Mais encore ?

– Ma sœur s'est mariée.

– Avec qui ?

– Avec mon beau-frère. »

Nous voyons donc deux sœurs qui ont épousé deux frères. Notre malade était la « petite dernière », qui, toute son enfance, avait souffert de l'être. Elle n'avait pas de chambre à elle ; elle était venue un petit peu par accident ; on avait donc mis un troisième lit dans la chambre de ses deux sœurs. Elle portait les vêtements de ses grandes sœurs et n'avait « rien à elle », jusqu'à ce qu'elle se marie : elle était devenue – disons – « la jeune Mme Ravanel ». Elle s'était épanouie, avait beaucoup embelli… Comme elle est « brave et gentille », elle recevait ses frères, ses sœurs, ses beaux-frères, ses belles-sœurs. Et voici qu'une de ses sœurs, Jacqueline, épouse son beau-frère Jacques et devient aussi « la jeune Mme Ravanel ». Josée se retrouve à la fois « dépossédée » de son nouveau nom de famille et de sa place au soleil. Il y avait une nouvelle « jeune Mme Ravanel », donc peut-être une de trop.

Pis encore : sa belle-mère aimait beaucoup sa sœur (comme sa mère préférait sa sœur). Sans oser même éprouver de ressentiment de cette intrusion sur son territoire et de sa dépossession, elle s'était « rongé les sangs » et, dit-elle spontanément, « elle en avait fait un cancer ».

Génosociogramme simplifié de Josée
Les deux « jeune Mme Ravanel »
Deux sœurs épousent deux frères

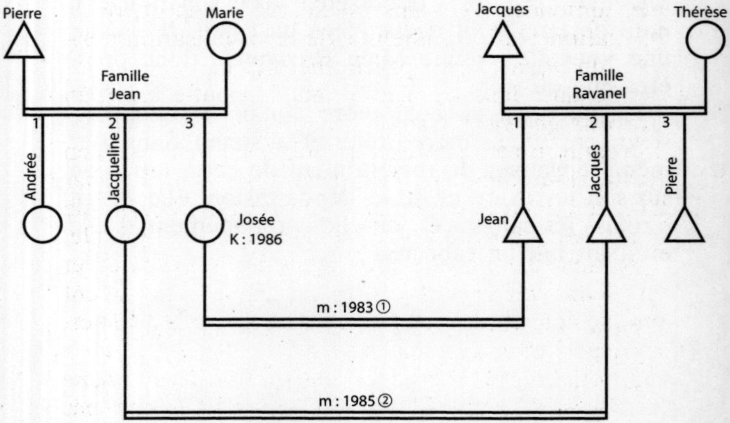

On lui avait « volé » sa chose à elle : celle d'être « la jeune Mme Ravanel » ; or là, il y en a eu deux, et « ça ne collait plus » pour elle.

Elle se sentait dépossédée à nouveau de son identité et de son territoire par sa sœur.

C'était devenu intolérable ! De plus, elle se sentait sans défense, « impuissante » dans cette situation, et sans espoir (*hopeless and helpless* comme le décrivent les spécialistes). C'était donc une perte majeure d'identité et de situation, une *perte d'objet d'amour une deuxième fois, réveillant* le traumatisme et la blessure d'une *perte* majeure *d'objet d'amour dans l'enfance*, perte qui n'a pu être ni parlée ni pleurée (dont le deuil n'a pu être fait). Situation que l'on rencontre souvent dans l'apparition du cancer, comme l'a noté déjà le psychologue américain Lawrence LeShan[1].

Après que nous avons pu mettre tout cela en évidence et le travailler, elle a guéri (avec aussi, bien entendu, des soins médicaux, du sport, de la relaxation pluriquotidienne, de la visualisation positive, du yoga et une psychothérapie).

Il s'agit dans ce cas-ci, aussi, peut-être, d'un « *inceste généalogique* ».

Remarquons de plus que Josée a gardé un lien fort avec sa famille de naissance, ayant épousé « par hasard » quelqu'un portant pour prénom le nom de famille de son père – mais un autre nom de famille.

Notons, en passant, que bien des rencontres et des liens qui aboutissent à un mariage se créent lors de rencontres familiales et de fêtes (baptêmes, mariages, enterrements, etc.).

L'interdit de l'inceste ne concerne pas, ne touche pas les alliés et leur famille. Il n'y a même pas de terme pour qualifier ces rapports entre deux familles unies par un mariage de leurs enfants – ni entre les enfants de deux divorcés remariés ensemble – et qui vivent sous le même toit dans une *famille élargie reconstituée.*

Chacun des frères est libre de tomber amoureux de qui il veut, et même de la sœur de sa « nouvelle sœur » (belle-sœur).

Les *doubles mariages* et *réenchaînements d'alliances* ont parfois pour prolongement *l'inceste de substitution.*

---

1. Le psychologue américain Lawrence LeShan parle de « *perte d'objet d'amour* » dans la vie des malades, une deuxième perte qui réveille le traumatisme et la blessure d'une perte majeure d'un objet d'amour dans l'enfance, qui n'a pu être ni parlée ni pleurée – et dont le deuil n'a jamais été fait, et qu'on rencontre souvent dans le cancer, surtout chez des gens réservés. Voir *Vous pouvez lutter pour votre vie. Les facteurs psychiques dans l'origine du cancer*, Paris, Robert Laffont, 1982.

Voir l'histoire de la conception de Guy de Maupassant dont la mère, Laure Le Poitevin, épouse l'un des meilleurs amis de son frère Alfred, Gustave de Maupassant[1] ; l'autre ami, Gustave Flaubert, deviendra son « quasi-père » et parrain en littérature, et le beau « bel ami » finira mal.

1. Anne Ancelin Schützenberger, *Aïe, mes aïeux !*, *op. cit.*, p. 185-186.

Résumé de notre approche

La recherche scientifique récente a démontré l'importance de la part active que le malade prend par rapport à son processus de guérison pour la guérison, et de la psychothérapie.

Nous pouvons résumer notre approche. C'est important de :
- Se réapproprier la maladie, sa maladie, sa *vie*.
- Découvrir les événements stressants qui ont précédé l'apparition de la maladie (voire l'overdose de stress ou le stress d'anniversaire).
- Apprendre à gérer le stress et se reprogrammer, à faire face.
- Apprendre à se relaxer trois à cinq fois par jour, quinze minutes (et dégager espace temps pour le faire). La relaxation permet de lutter contre l'angoisse, les tensions et les douleurs (et aussi permet une bonne visualisation, en état de relaxation, ondes alpha).
- S'imaginer, se visualiser allant mieux, guérissant et guéri.
- Dessiner sa maladie et la lutte contre la maladie.
- Dessiner sa maladie, son cancer et les globules blancs luttant efficacement contre le cancer et le détruisant. On dit « globules blancs » pour simplifier et généraliser la lutte des divers moyens de défense immunitaire et thérapies (chimio-radiothérapie, chirurgie, médicaments, adjuvants, vitamines, etc.) utilisés pour la lutte contre la maladie.
- Montrer ses dessins à un thérapeute pour contrôler ses images mentales inconscientes (on peut se

croire optimiste et guérissant et avoir, hélas, des images négatives).

- En état de relaxation, visualiser les soins que l'on reçoit, agissant sur le corps (par exemple, voir les rayons détruisant les cellules cancéreuses et seulement celles-ci) ; la chimiothérapie « mangeant » les cellules malignes et respectant les autres ; la chirurgie extirpant une « boule » ou une masse ; l'immunothérapie augmentant les défenses naturelles du corps.
- Se voir, se visualiser, se sentir guérissant et menant une vie agréable.
- Faire au moins deux fois par semaine des exercices physiques que l'on peut même commencer encore au lit, pendant une heure. Faire du sport dès que possible.
- Créer ou recréer une chaîne de soutien amicale : amis, famille, voisins, soignants, amis perdus de vue et retrouvés, association d'anciens malades, voire groupes de prière, groupes de pensée positive avec le malade et sa famille, de personnes optimistes (adultes ou enfants) venant, téléphonant ou écrivant souvent (personnes optimistes mais ne déniant pas la réalité de la maladie et l'éventualité de la mort, de la rechute, de la guérison).
- Se découvrir un « guide intérieur » avec qui l'on puisse dialoguer en pensée et en visualisation, à tout moment, même de nuit.
- S'efforcer de ne rencontrer que des gens agréables, plaisants, « optimistes malgré tout », dont la seule présence vous redonne du tonus. Éviter ceux qui vous font mal, même si ce sont des parents, amis ou collègues qui vous veulent du bien (et dont l'inquiétude vous angoisse). Aider (voire obliger) sa famille à prendre du repos et des distractions et à se faire aider.

- Exprimer ses émotions.
- Se faire une liste d'au moins vingt-cinq choses agréables à faire chaque jour et « se faire plaisir » plusieurs fois par jour ; « ordonnance de choses agréables » : quatre fois par jour au moins (à faire cosigner éventuellement).
- Créer un espace pour soi (un « nid », un « havre de grâce ») *[« besoin de nidification »]*.
- Prévoir des buts à court terme (« aujourd'hui, je vais écouter un nouveau disque », ou voir le coucher de soleil, ou téléphoner à mon ami Pierre) : à moyen terme et à long terme (sur un à dix ans).
- Envisager sérieusement ce que l'on apporte personnellement, soit à la maladie, soit à la guérison, y compris ce que l'on pourrait appeler les « bénéfices secondaires de la maladie » et même les bénéfices secondaires de sa mort (mais oui !). Cela permet souvent un soubresaut utile pour guérir, un sursaut, en cessant de se faire du souci vis-à-vis de personnes ou de situations déterminées (de ses enfants, de sa famille, de son travail ou de l'argent).
- Travailler sur son ressentiment, surmonter son ressentiment : cesser de se « ronger les sangs » par rapport à telle personne ou situation. Oublier, pardonner, tourner la page pour s'occuper de sa santé, garder son énergie pour soi et pour la lutte contre la maladie.
- Découvrir ses croyances et ses prédictions. Faire attention aux « prédictions destructrices » et croyances nocives et travailler sur ses croyances et ses prédictions négatives. Au besoin, essayer de se faire dessiner et expliquer une « courbe de Gauss » et comprendre que les statistiques sont générales mais n'ont pas de valeur de prédiction individuelle personnelle.

– Faire un petit arbre généalogique, marquer dessus quelques événements de vie importants *(génosociogramme)* et voir si quelqu'un de proche ou d'important a été malade gravement, est mort ou a été accidenté à l'âge ou la (ma) maladie s'est déclarée *(syndrome d'anniversaire)* et, si oui, se « déprogrammer » de cette identification inconsciente éventuelle (familiale souvent).
– Envisager ou faire une psychothérapie ou thérapie de soutien. Faire lire à son médecin l'article en anglais de D. Spiegel[1] démontrant que la psychothérapie double la durée de vie des malades atteints de cancer.
– La moitié des malades guérissent avec (et seulement avec) la médecine classique. D'autres ont besoin de plus. Des méthodes adjuvantes et une éthique alimentaire sont souvent nécessaires ; au besoin il faut changer son alimentation, ne plus fumer, ne plus boire, diminuer les viandes, les graisses, sucres, sauces, vin, supprimer l'alcool, les apéritifs et le tabac : manger plus sain, plus digeste et plus simple. Il existe de nombreuses et diverses théories diététiques pour lutter contre le cancer et les maladies, mais toutes s'accordent pour recommander de ne pas trop manger, ne pas trop boire, ne pas fumer, conseillent comme adjuvants des vitamines, des oligoéléments, etc., préconisent de se faire masser, sortir, marcher, faire du sport, du yoga, de la sophrologie, de la kiné, de la musique…
– Éventuellement, reprogrammer sa vie, apprendre à en faire moins, à choisir l'essentiel, à éliminer

1. David Spiegel, H. C. Kraemer, J. R. Bloom, E. C. Gottheil, « The Effect of Psychosocial Treatment on Survival of Patients with Metastasic Breast Cancer », *Lancet*, vol. II, 8668, 14 oct. 1989, p. 888-891.

l'inutile, voire à devenir un peu plus égoïste (il y a des cancers de dévouement !), à ne pas se ronger de soucis et de ressentiments, à se faire plaisir, à savourer les petites joies de la vie quotidienne, à retrouver des sources de joie et de bonheur, faire ce qu'on a très envie de faire, se passionner pour quelque chose, vivre en paix avec soi.

– Et, naturellement, très bien se soigner, avec de bons médecins, un bon entourage et un bon soutien contenant *(holding)*.

BIBLIOGRAPHIE

Bibliographie générale

Complétée par les ouvrages que mes collègues soignants et amis soignés considèrent comme utiles ou importants pour eux.

ALLPORT Gordon, FEIFEL Herman, MASLOW Abraham, MAY Rollo et ROGERS Carl, *Psychologie existentielle*, Paris, Épi, 1976.

ANCELIN SCHÜTZENBERGER Anne, *Le Jeu de rôle* (1975), 5e éd., Paris, ESF, 1995 [Théorie, applications et exercices en thérapie et en formation].

ANCELIN SCHÜTZENBERGER Anne, *Contribution à l'étude de la communication non verbale* (1976), Lille, Université de Lille-III – Paris, Librairie Honoré Champion, 1979.

ANCELIN SCHÜTZENBERGER Anne, *Vocabulaire de base de sciences humaines*, Paris, Épi, 1982 [Communication non verbale, langage du corps, typologie, oncologie, stress, nouvelles thérapies, etc.].

ANCELIN SCHÜTZENBERGER Anne, *Aïe, mes aïeux ! Liens transgénérationnels, syndrome d'anniversaire, secrets de famille et pratique du génosociogramme* (1993), 16e éd., Paris, Desclée de Brouwer, 2015.

ANCELIN SCHÜTZENBERGER Anne, *The Ancestral Syndrome*, Londres/New York, Routledge, 1998.

Ancelin Schützenberger Anne, *Le Psychodrame. Théorie et pratique* (1966), 4e éd., Paris, Payot, coll. « Petite Bibliothèque Payot », 2008.

Ancelin Schützenberger Anne, *Ici et maintenant. Vivons pleinement*, Paris, Payot, 2013.

Ancelin Schützenberger Anne, *Exercices pratiques de psychogénéalogie pour découvrir ses secrets de famille, être fidèle aux ancêtres, choisir sa propre vie*, Paris, Payot, coll. « Petite Bibliothèque Payot », 2013.

Ancelin Schützenberger Anne, *Psychogénéalogie. Guérir les blessures familiales et se retrouver soi*, Paris, Payot, coll. « Petite Bibliothèque Payot », 2015.

Ancelin Schützenberger Anne, *La Langue secrète du corps*, Paris, Payot, 2015.

Ancelin Schützenberger Anne et Devroede Ghislain, *Ces enfants malades de leurs parents*, 2e éd., Paris, Payot, coll. « Petite Bibliothèque Payot », 2005.

Ancelin Schützenberger Anne et Bissone Jeoffroy Evelyne, *Sortir du deuil. Surmonter son chagrin et réapprendre à vivre*, Paris, Payot, coll. « Petite Bibliothèque Payot », 2008.

Ancelin Schützenberger Anne, « The Drama of the Seriously Ill Patient : Fifteen Years Experience of Psychodrama and Cancer », *in* Paul Holmes, Marcia Karp (dir.), *Psychadrama. Inspiration and Technique*, Londres/New York, Tavistock/Routledge, 1991, p. 203-225.

Ancelin Schützenberger Anne, « About Psychodrama and Epilogue », *in* Marcia Karp, Paul Holmes, Kate Bradshaw Tauvon, *The Handbook of Psychodrama*, New York/Londres, Routledge, 1998.

Ancelin Schützenberger Anne, « Health and Death : Hidden links through the family tree », *in* Peter-Felix Kellermann, Kate Hudgins (dir.), *Psychodrama with Trauma Survivors. Acting out your Pain*, Londres/Philadelphie, Jessica Kingsley, 2000.

Ancelin Schützenberger Anne, « Éléments d'histoire de vie et choix théoriques », *in* France Aubert (dir.), *Parcours de femmes. Histoires de vie et choix théoriques en sciences sociales*, Paris, L'Harmattan, 2005,

p. 159-235 [Parcours de cinq femmes, dont Anne Ancelin Schützenberger].

ANCELIN SCHÜTZENBERGER Anne, GEFFROY Yannick, ACCOLLA Patrick, *Vidéo, formation et thérapie. D'autres images de son corps*, Paris, Épi, 1980 [Sur l'utilisation de la vidéo et la confrontation avec son image].

Anne Ancelin Schützenberger sur le cancer :

ANCELIN SCHÜTZENBERGER Anne, « Visualisation, image mentale et cancer », *Bulletin de psychologie*, numéro spécial de psychologie clinique, XXXII, n° 339, Paris, Sorbonne, janvier 1978, p. 361-374 [Bibliographie de 150 titres].

ANCELIN SCHÜTZENBERGER Anne, « Mental Image, Visualization and Cancer », *in* Malcom Pines (dir.), *The Individual and the Group : Boundaries and Interrelations. Vol. 2 : Practice*, New York, Plenum Press, 1982.

ANCELIN SCHÜTZENBERGER Anne, « Images mentales et thérapie du cancer », Congrès de sophrologie, Sofia-Antipolis, *Actes*, 1981.

ANCELIN SCHÜTZENBERGER Anne, *Images, mythe et moral*, in *Concertation nationale sur le cancer*, Marseille, décembre, *Actes* [Ouvrage collectif].

ANCELIN SCHÜTZENBERGER Anne, « Introduction », *in* Carl Simonton, Stephanie Simonton Matthews, James Creighton, *Guérir envers et contre tout*, 3e éd., Paris, Épi, 1985.

ANCELIN SCHÜTZENBERGER Anne, « Récits de vie, images mentales et visualisation », *Entrevues*, n° 3, 1983.

ANCELIN SCHÜTZENBERGER Anne, *Stress. Sophrologie et cancer*, plaquette ronéo, Paris, Le Corps à Vivre, septembre, 1983.

ANCELIN SCHÜTZENBERGER Anne, « Médecine psychosomatique », Forum « santé » du mardi, TF1, 29 novembre 1983.

ANCELIN SCHÜTZENBERGER Anne, « Images mentales, visualisation, psychothérapie individuelle et de groupe comme aide pour la thérapie des cancéreux », *Psychologie médicale*, 15/9, septembre 1983, p. 1609-1611.

Ancelin Schützenberger Anne, « Une approche totale de l'homme malade, réapprendre à vivre », *Biotique*, mai-juillet, 1984.

Ancelin Schützenberger Anne, « La gestion du stress et le cancer », in *Actes, Congrès sur la gestion du stress. Entretiens de Béchant*, Strasbourg, 1984.

Ancelin Schützenberger Anne, « Cancer, stress, visualisation, réalisation automatique des prédictions », Forum « Tabou » du dimanche, France Inter, mai 1984.

Ancelin Schützenberger Anne, « L'enfant de remplacement », in *Actes du Congrès de thanatologie, Paris, décembre 1982*, Société française de thanatologie, 1984.

Ancelin Schützenberger Anne, « Retrouver des raisons de vivre et d'espérer, le malade cancéreux soigné comme un homme total », *Symbioses*, numéro spécial sur les médecines douces, 1984.

Ancelin Schützenberger Anne, *Le Plaisir de vivre* (1966), Paris, Payot, coll. « Petite Bibliothèque Payot », 2011.

Ancelin Schützenberger Anne, *Vouloir guérir. L'aide au malade atteint d'un cancer* (1993), Paris, Payot, coll. « Petite Bibliothèque Payot », 2016.

Ancelin Schützenberger Anne, « The Drama of the Seriously Ill patient : Fifteen Years Experience of Psychodrama and Cancer », *in* Paul Holmes and Marcia Karp (dir.), *Psychodrama : Inspiration and technique*, Londres/New York, Routledge/Tavistock, 1991, p. 203-225.

Ancelin Schützenberger Anne, *Aïe, mes aïeux ! Liens transgénérationnels, syndrome d'anniversaire, secrets de famille et pratique du génosociogramme* (1993), 16e éd., Paris, Desclée de Brouwer, 2015.

Ancelin Schützenberger Anne, « Vie transgénérationnelle et maladie », *in* Luc Bessette (dir.), *Le Processus de guérison. Par-delà la souffrance et la mort*, Montréal, MNH, 1994, p. 57-70.

Ancelin Schützenberger Anne, « L'enfant de remplacement et l'enfant réparateur. L'enfant remplaçant, souvenir d'un traumatisme qu'on n'a pas vécu », *in* Luc

Bessette (dir.), *Le Travail de deuil comme processus de guérison*, Montréal, MNH, 1995.

ANCELIN SCHÜTZENBERGER Anne, « Le cancer en cascade et en ressac, exemple de syndrome d'anniversaire », *in* Luc Bessette (dir.), *Le Travail de deuil comme processus de guérison*, Montréal, MNH, 1995.

ANCELIN SCHÜTZENBERGER Anne, « Transmission de l'angoisse indicible et transgénérationnelle. L'angoisse d'un traumatisme qu'on n'a pas vécu », *Bulletin de psychologie*, Mélanges en hommage au professeur Juliette Favez-Boutonier, Paris, Sorbonne, avril 1996.

ANZIEU Didier, TISSERON Serge *et alii*, *Les Contenants de pensée*, Paris, Dunod, 1993 [« Holding », enveloppes, moi-peau, contenants...].

ARIÈS Philippe, DOLTO Françoise, RAIMBAULT Ginette, SCHWARTZENBERG Léon, MARTY François, *En face de la mort*, Toulouse, Privat, 1983.

ASSAGIOLI Roberto, *Psychosynthèse*, Paris, Épi, 1976.

BAHNSON Claus, BAHNSON Marjorie, « Cancer as an Alternative to Psychosis : A Theorical Model of Somatic and Psychological Regression », *in* KISSEN D. M., LESHAN L. L. (dir.), *Psychosomatic Aspects of Neoplastic Disease*, Pitman, Londres, 1964.

BAILES F.W., *Votre esprit peut vous guérir*, Saint-Jean-de-Braye, Dangles, 1957.

BALINT Michaël, *Le Médecin, son malade et la maladie*, Paris, Payot, 1996.

BAILLY Rosa, *Victoire sur le cancer*, Genève, Mont-Blanc, 1959.

BANDLER Richard, GRINDER John, *Les Secrets de la communication*, Montréal, Éditions du Jour, 1979.

BENGHOZI Pierre, « Porte la honte et maillage des contenants généalogiques familiaux », *Le Groupe familial en psychothérapie, Revue de Psychothérapie psychanalytique de groupe*, n° 22, oct., 1994, p. 81-94.

BENSABAT Soly, avec la collaboration du Pr Hans SELY, *Stress*, Paris, Hachette, 1980 [Comportant quelques résumés du symposium international sur la gestion du stress (1979) et le cancer, Monaco].

BENSON Herbert, *The Relaxation Response*, New York, Morrow, 1975 [Un classique sur les moyens et effets de la relaxation].

BERNE Éric, *Analyse transactionnelle et psychothérapie*, Paris, Payot, coll. « Petite Bibliothèque Payot », 2001.

BERNE Éric, *Des jeux et des hommes*, Paris, Stock, 1966.

BOCQUET Roger, *Les Physiatrons synthétiques et le cancer*, Paris, Maloine, 1981.

BOSS Medard, *Introduction à la médecine psychosomatique*, Paris, PUF, 1959.

BRÉHANT Jacques, *Thanatos. Le malade et le médecin devant la mort*, Paris, Robert Laffont, 1976.

BRÉHANT Jacques, ROMIEU Claude, *La Vie du cancer. Le connaître, le dépister, le soigner, le combattre*, Paris, Ramsay, 1982.

BRESSLER David, TRUBO Richard, *Free Yourself from Pain*, New York, Simon and Schuster, 1977 [Ouvrage expliquant comment pratiquer imagerie mentale et visualisation contre la maladie et la douleur].

BROWN Barbara, *New Mind, New Body*, New York, Harper and Row, 1975.

BRUNEL Claude, *Cancer. Les armes de l'espoir*, interviews avec le Pr Jean Bernard, Paris, Trévise, 1979.

BRUSTON Rosie, *De la méthode Vittoz à la psychologie des profondeurs*, 2e éd., Paris, Épi, 1983 [Une méthode française de détente. Souvent utilisée dans les milieux religieux depuis 1930].

BRY Adelaide, *Visualization : Directing the Movies of your Mind*, New York, Barnes and Nobles, 1980 [Bon livre, utile pour les utilisateurs de la visualisation].

CAILLÉ Robert (dir.), *Choisissez de vivre*, interviews des Pr Jean Bernard, Lucien Israël, Daudel, Paris, Encre Éditions, Ligue nationale contre le cancer, 1979.

CAMERON Ewan, PAULING Linus, *La Vitamine C contre le cancer. La nature et les causes du cancer et le rôle de la vitamine C dans sa prévention ou son traitement*, Montréal, L'Étincelle, 1982.

CANNON Walter B., *Bodily Changes in Pain, Hunger, Fear and Rage*, New York, Appleton Century, 1934.

CANNON Walter B., *La Sagesse du corps*, 2e éd., Paris, Éditions de la Nouvelle Critique, 1946.

CHARON Jean, *J'ai vécu quinze milliards d'années*, Paris, Albin Michel, 1983.

CHILAND Colette, « Psychanalyse et cancer », *Psychologie française*, 1981.

CLARIS Antoine, *Espaces nouveaux de la médecine*, Paris, Robert Laffont, 1977.

COLLECTIF, Actes des congrès « Psychologie et cancer » (1978), Paris, Masson, 1980 ; et de 1980, in *Psychologie médicale* ; et de 1983 in *Psychologie médicale*, nº 15/9, 1984-1985.

COLLECTIF, *Actes et Biotique,* congrès de médecines naturelles, Nice, 1983, in *Revue internationale des médecines naturelles*, mai-juillet 1984.

COLLECTIF, *Cancer, les usagers s'en mêlent*, Fédération des usagers de la santé, Paris, Desclée de Brouwer, 1985.

COLLIÈRE Marie-Françoise, *Promouvoir la vie. De la pratique des femmes soignantes aux soins infirmiers*, Paris, Inter-Éditions, 1982.

COUÉ Émile, *Œuvres complètes*, Paris, Astra, 1976 [Importance de la visualisation et de la pensée positive, par le précurseur de toutes les méthodes de relaxation et visualisation, le célèbre praticien de Nancy du XIXe siècle].

COUSINS Norman, *Comment je me suis soigné par le rire*, Paris, Payot, coll. « Petite Bibliothèque Payot », 2003 [Comment l'optimisme et le rire peuvent favoriser la guérison des maladies même graves ; sur la psychoneuro-immunologie].

COUSINS Norman, *La Biologie de l'espoir. Le rôle du moral dans la guérison*, Paris, Seuil, 1991.

CYRULNIK Boris, *Mémoire de singe et paroles d'hommes*, Paris, Hachette, 1983.

DELISLE LAPIERRE Isabelle, *Guérir. À l'écoute de sa vie, concept santé*, Montréal, Guérin, 1982.

DENOIX Pierre, *Clefs pour la cancérologie*, Paris, Seghers, 1974.

DEROGY Georges, *Vaincre le cancer*, Paris, Minuit, 1958.

DESOILLE Robert, *Le Rêve éveillé dirigé*, Paris, PUF, 1956.

DESOILLE Robert, *Théorie et pratique du rêve éveillé dirigé*, Genève, Mont-Blanc, 1961 ; rééd., *Entretiens sur le rêve éveillé dirigé en psychothérapie*, Paris, Payot, 1973.

DOHRENWIND Barbara Stell, DOHRENWIND Bruce P., *Stressful Life Events*, New York, Wiley, 1974 [Avec des articles de Richard Rahe sur les événements stressants, d'Adolf Meyer, Lawrence Hinkle sur le stress lié à la non-promotion et aux difficultés de promotion].

DONNARS Jacques, *Vivre*, Paris, Tchou, 1981.

DUNBAR Florence, *Emotions and Bodily Changes : A Survey of Literature, Psychosomatic Interrelationships, 1910-1953*, 4e éd., New York, Columbia University, 1954.

EBERLEIN Gisela, *Guide pratique du training autogène, méthode Schultz*, Paris, Retz, 1980.

EVANS Elida, *Psychological Study of Cancer*, New York, Dodd and Mead, 1926.

EVERSON Tilden C., COLE WARREN H., *Spontaneous Regression of Cancer*, Philadelphie, J.B. Saunder, 1966.

FAUBERT Gabriel, CRÉPON Pierre, *Chronobiologie chinoise*, 2e éd., Paris, Albin Michel, 1995.

FELDENKRAIS Moshe, *La Conscience du corps. La santé en 12 leçons*, Paris, Robert Laffont, 1971.

FELDENKRAIS Moshe, *Le Cas Doris*, Paris, Hachette, 1980 [Récit d'un traitement].

FERGUSON Marilyn, *La Révolution du cerveau*, Paris, Calmann-Lévy, 1974.

FISCHER Gustave-Nicolas, *Le Ressort invisible. Vivre l'extrême*, Paris, Seuil, 1994.

FISHER S., CLEVELAND S.E., « Relationship of Body Image to Site of Cancer », *Psychosomatic Medecine*, 18, 4, 1956, p. 304-309.

FRIEDMAN Meyer, ROSENMAN Ray, *Type A Behavior and Your Heart*, New York, Ballantine, 1984 [Typologie de malades cardiaques et chances de guérison].

GAWAIN Shakti, *Techniques de visualisation créatrice. Utilisez votre imagination pour atteindre vos buts* (1978), 5e éd., Genève, Soleil, 1987.

GLASSER Ronald, *C'est le corps qui triomphe,* Paris, Robert Laffont, 1977.

GOFFMAN Erving, *Les Cadres de l'expérience*, Paris, Minuit, 1991.

GORDON J., JAFFE D., BRESLER D. (dir.), *Body, Mind and Health : Toward an Integral Medecine*, Washington, National Institute of Mental Health 1980.

GRANJEON Évelyne, « L'Élaboration du temps psychique dans l'espace et la cure de thérapie familiale psychanalytique », *Le Groupe familial en psychothérapie, Revue de psychothérapie psychanalytique de groupe*, n° 22, octobre 1994, p. 61-80.

GRINDER John, BANDLER Richard, *Les Structures de la magie* (1976), Paris, InterÉditions, 2015.

GRODDECK Georg, *Le Livre du Ça* (1963), Paris, Gallimard, coll. « Tel », 1996.

GROSSARTH-MATICEK Ronald *et alii*, « Psychosocial factors as Strong Predications of Mortality from Cancer Ischemic Heart Disease and Stroke : Yougoslav Perspectivs Study », *Journal of Psychosomatic Research*, vol. 29, 1985, p. 167-176.

GUILLE Étienne, *L'Alchimie de la vue*, Monaco, Éditions du Rocher, 1983.

GUILLEMIN Roger, PAULING Linus, SELYE Hans, « Deuxième symposium international sur la gestion du stress », Monaco, novembre 1979, in S. Bensabat (dir.), *Stress*, Paris, Hachette, 1980.

GUIR Jean, *Psychosomatique et cancer*, Paris, Point hors ligne, 1983 [Avec récits de familles d'enfants leucémiques].

HALEY Jay, *Un thérapeute hors du commun : Milton H. Erickson*, Paris, Desclée de Brouwer, 1995 [Les étapes de la vie et de l'œuvre de Milton Erickson et présentation concrète de son travail de thérapie stratégique d'approche spécifique pour chaque problème].

HAUCK Paul A., *L'Agressivité*, Monaco, Éditions du Rocher, 1983.

HARRIS Thomas Anthony, *D'accord avec soi et les autres* (1973), nouv. éd., Paris, Desclée de Brouwer, 2011.

Hertzlich Claudine, *Santé et maladie*, La Haye, Mouton, 1980.

Hilgard Josephine R. « The Anniversary Syndrome as Related to Late-Appearing Mental Illness in Hospitalized Patients », *in* Ann-Louise Silver (dir.), *Psychoanalysis and Psychosis*, New York, International University Press, 1989.

Holland James F., « Psychological Aspects of Cancer », *in* James F. Holland, Emil Frei III (dir.), *Cancer Medecine*, Philadelphie, Lea and Febiger, 1973.

Holmes Thomas, Rahe Richard, « The Social Readjustment Rating Scale », *Journal of Psychosomatic Research*, II, 1967. [Échelle republiée le 10 juin 1977 dans le *New York Times* et dans de nombreux ouvrages. Liste d'items de stress : 49 % de ceux qui ont un score de plus de 300 dans l'année tombent malades].

Israël Lucien, *Le Cancer aujourd'hui*, Paris, Grasset, 1976.

Israël Lucien, *Vivre avec un cancer*, Monaco, Éditions du Rocher, 1992.

Israël Lucien, *La Décision médicale*, Paris, Calmann-Lévy, 1980.

Israël Lucien, *Cerveau droit, cerveau gauche. Cultures et civilisation*, Paris, Plon, 1995.

Israël Lucien, Adonis Catherine, *L'Infirmière et le Cancer*, Paris, L'Expansion scientifique française, 1977.

Jacobson Edmund, *Progressive Relaxation*, Chicago, Chicago University Press, 1938.

Jacobson Edmund, *Biologie des émotions. Les bases théoriques de la relaxation* (1938), Paris, ESF, 1974.

Jacobson Edmund, *Savoir se relaxer pour combattre le stress*, Montréal, Éditions de l'Homme/CIM, 1980.

Jaffe Dennis, *La guérison est en soi. Des techniques psychologiques qui permettent de mieux se porter*, Paris, Robert Laffont, 1981.

James Muriel, Jongeward Dorothy, *Naître gagnant*, Paris, Interéditions, 1978.

Janet Jacques, *Traitement des cancers par la méthode de Vernes*, Bordeaux, Bionat, 1979, 1999.

Janet Jacques, *Objectif cancer*, Bordeaux, Bionat, 1982.

KHOURY Saad (dir.), *De grands spécialistes répondent*, Paris, Hachette, 1979.

KISSEN David M., LESHAN Lawrence L., *Psychosomatic Aspects of Neoplastic Disease*, Philadelphie, Lippincott, 1984.

KOBASA Suzanne, « Stressful Life Events, Personality and Health and Inquiry into Hardiness », *Journal of Personal and Social Psychology*, 37, 1979, p. 1-11.

KRIPPNER Stanley, RUBIN Daniel, *Les Énergies du vivant*, Paris, Tchou, 1975 [Dossier avec articles sur l'effet Kirlian].

KÜBLER-ROSS Élisabeth, *Les Derniers Instants de la vie*, Genève, Labor et Fides, 1975.

KÜBLER-ROSS Élisabeth, *La Mort, dernière étape de la croissance*, Monaco, Éditions du Rocher, 1985.

KÜBLER-ROSS Élisabeth, *Vivre avec la mort et les mourants*, Genève, Tricorne, 1984.

LABORIT Henri, *La Colombe assassinée*, Paris, Grasset, 1983.

LABORIT Henri, *L'Agressivité détournée. Introduction à une biologie du comportement social*, Paris, UGE, coll. « 10-18 », 1971.

LABORIT Henri, *Les Comportements. Biologie, physiologie, pharmacologie*, Paris, Masson, 1973 [Ouvrage spécialisé du célèbre biologiste, avec 2 000 références bibliographiques].

LABORIT Henri, *L'Inhibition de l'action*, Paris, Masson, 1979.

LABORIT Henri, *La Nouvelle Grille*, Paris, Robert Laffont, 1974 ; rééd. Gallimard, coll. « Folio Essais », 1985 [Grille de lecture du comportement et des réactions de l'organisme à l'agression].

LAGARDE Philippe, *Ce qu'on vous cache sur le cancer*, Lausanne, Favre, 1981.

LESHAN Lawrence L., *Vous pouvez lutter pour votre vie. Les facteurs psychiques dans l'origine du cancer*, Paris, Robert Laffont, 1982. p149

LESHAN Lawrence L., *Cancer as a Turning Point*, New York, Dutton, 1989.

LOISELEUR Véronique, *L'Anthologie de la non-dualité*, Paris, La Table ronde, 1981.

MALTZ Maxwell, *Psycho-Cybernetics*, North-Hollywood, Willshir, 1969.

MASLOW Abraham, *Vers une psychologie de l'être*, Paris, Fayard, 1993.

MATHÉ Georges, *Le Temps d'y penser*, Paris, Stock, 1974.

MATHÉ Georges, *Dossier cancer*, Paris, Stock, 1977.

MAY Rollo, *Amour et volonté*, Paris, Stock, 1971.

MAY Rollo, *Le Désir d'être. Psychologie existentielle*, Paris, Épi, 1972.

MCLEAN Paul D., « Psychosomatic Disease and the "Visceral Brain". Recent Development Hearing on the Papers Theory of Emotions », *Psychosomatic Medecine*, 11, 1945, p. 338-353.

MERTON Robert K., « La prédiction destructrice », in *Éléments de théorie*, Paris, Plon, 1996.

MILLER Emmett E., *Feeling Good*, avec Deborah Lueth, Englewood Cliffs (N. J.), Prentice Hall, 1978.

MONNERET Simon, *Vivre sa mort*, Paris, Denoël, 1978.

MONNERET Simon, *Savoir se relaxer*, Paris, Retz, 1977.

MONTAGU Ashley, *La Peau et le Toucher*, Paris, Seuil, 1979.

MOREL Denise, *Cancer et psychanalyse*, Paris, Belfond, 1984.

MURPHY Joseph, *Exploitez la puissance de votre subconscient* (1962), Genève/Paris, Ariston/Tchou, 2006 [Sur la pensée positive américaine].

NAPIER Augustus, WHITAKER Carl, *Le Creuset familial*, Paris, Robert Laffont, 1980.

NATNANSON Donald L., *Shame and Pride : Affect, Sex and the Firth of the Self*, New York, Norton, 1992.

OYLE Irving, *Guérir par l'esprit. Vos pouvoirs mentaux peuvent vous guérir*, Paris, Retz, 1979 [Sur le guide intérieur].

PEALE Norman Vincent, *Creative Visualization*, New York, 1983.

PELLETIER Kenneth R., *Mind as Healer, Mind as Slayer : A Holistic Approch to Preventing Stress Disorders*, New York, Delacorte Lawrence, 1977.

PINES Ayala, ARONSON Elliot, KAFRY Ditsa, *Se vider dans la vie et au travail*, Montréal, Éditions du Jour, 1982.

POLETTI Rosette, DOBBS-ZELLER Barbara, PARATTE Denise, *Réflexologie. Pour les professionnels de la santé*, Genève, Sophia, 1984.

POROT Maurice, *L'Enfant de remplacement*, Paris, Frison-Roche, 1994.

PROGOFF Ira, *Le Journal intime intensif* (1975), Montréal, Éditions de l'Homme, 1984.

RAHE R.H., MEYER M., SMITH M., KJAER G., HOLMES T.H., « Social Stress and Illness Onset », *Journal of Psychosomatic Research*, 8, 1964, p. 35-44.

RAIMBAULT Émile, *La Délivrance*, Paris, Mercure de France, 1976.

RAIMBAULT Ginette, *L'Enfant et la Mort*, Toulouse, Privat, 1975.

REICH Wilhelm, *La Biopathie du cancer*, Paris, Payot, 1975.

ROGER Yves, *15 spécialistes répondent*, Paris, Ramsay, 1978 [Ouvrage sur le cancer].

ROSENTHAL Robert, JACOBSON Lenore, *Pygmalion à l'école. L'attente du maître et le développement intellectuel des élèves*, Paris, Casterman, 1971.

ROSSI Ernest Lawrence, *Psychologie de la guérison* (1986), Paris, Desclée de Brouwer, 1993.

ROTHENBERG Mira, *Des enfants au regard de pierre*, Paris, Seuil, 1979 [Sur des petits-enfants psychotiques, descendants de déportés].

RUEFF Dominique, *Choisir la vie. Nouveaux combats contre le cancer*, Paris, Le Hameau, 1984.

SALMANOFF André, *Secrets et sagesses du corps. Médecine des profondeurs*, Paris, La Table Ronde, 1958.

SAMUELS Mike, BENNETT Hal, *Spirit Guides*, New York, Random House, 1974.

SCHEFLEN Albert E., *Communicational Structure : Analysis of a Psychotherapy Transaction*, Bloomingthon (Indiana), Indiana University Press, 1973 [Ouvrage montrant en plusieurs centaines de schémas, dessins et photographies l'importance de la communication non verbale et l'effet de la posture, gestualité, mimique, distance, orientation, sur les réactions et l'interaction d'une famille].

SCHILDER Paul, *L'Image du corps*, Paris, Gallimard, coll. « Tel », 1980.

SCHUTZ William, *Joie. Épanouissement des relations humaines*, Paris, Épi, 1974.

SCHULTZ Johannes Heinrich, *Le Training autogène. Méthode de relaxation par autodécontraction concentrative* (1958), nouv. éd., Paris, PUF, 2013.

SCHWARTZENBERG Léon, VIANSSON-PONTÉ Pierre, *Changer la mort*, Paris, Albin Michel, 1977.

SCHWARTZENBERG Léon, *Requiem pour la vie*, Paris, Belfond, 1985.

SELIGMAN Martin E.P., *Helplessness: On Depression, Development and Death*, San Francisco, W.H. Freeman, 1975 [Sur le concept d'absence d'espoir et sentiment d'impuissance : désarroi].

SELYE Hans, *Le Stress de la vie*, Paris, Gallimard, 1962 [Les premières recherches de Selye sur le stress datent de 1936].

SELYE Hans, *Stress sans détresse*, Montréal, Éditions Presse, 1974.

SERRON B., SCHEIN P.S., IMBACH J.-L., *Les Nitrosourées dans le traitement du cancer*, Paris, Inserm/Elsevier, 1982.

SERVAN-SCHREIBER Jean-Louis, *L'Art du temps*, Paris, Fayard, 1983.

SERVAN-SCHREIBER David, *Guérir. Le stress, l'anxiété et la dépression, sans médicaments ni psychanalyse*, Paris, Robert Laffont, 2003.

SHOOK Robert L., *Survivors : Living with Cancer*, New York, Harper & Row, 1983.

SIEGEL Bernie, *L'Amour, la Médecine, les Miracles*, Paris, Robert Laffont, 1989.

SIEGEL Bernie, *Messages de vie*, Paris, Robert Laffont, 1991.

SILVERMANN Samuel, *Psychological Aspects of Physicals Symptoms*, New York, Appleton-Century Crofts, 1968.

SIMONTON Carl, SIMONTON Stephanie Matthews, CREIGHTON James, *Guérir envers et contre tout. Le guide quotidien du malade et de ses proches pour surmonter le cancer*, Paris, Épi, 1982.

SIMONTON Carl, SIMONTON Stephanie Matthews, SHOOK Robert L., *La Famille, son Malade et le Cancer*, Paris, Épi, 1991.

SINGER Jerome, *Imagery and Daydream Methods in Psychotherapy and Behaviour Modification*, New York/ Londres, Academic Press, 1974.

SIRIM (collectif), *Alors survient la maladie. La vie quotidienne vue à la lumière du fonctionnement du cerveau*, Saint-Erme, Empirika, 1983.

SMITH Adam, *Les Cosmonautes de l'inconscient*, avec exercices antidouleur, Paris, Robert Laffont, 1976.

SPIEGEL David, KRAEMER H.C., BLOOM J.R., GOTTHEIL E.C, « The Effect of Psychosocial Treatment on Survival of Patients with Metastasic Breast Cancer », *Lancet*, vol. II, 8668, 14 oct. 1989, p. 888-891.

SPIEGEL David, *Living Beyond Limits : New Hope and Help for facing Life-Threatening Illness*, New York, Random House, 1993.

SPITHAKIS Roger, *La Vérité et le Cancer*, Paris, Resma, 1973 [Faut-il dire la vérité au malade ? Pour une approche psychologique personnalisée des patients, en fonction de leur caractère].

STEINER Claude, *Des scénarios et des hommes*, Paris, Épi, 1984.

THOMAS Louis-Vincent, *Anthropologie de la mort*, Paris, Payot, 1988.

TUBIANA Maurice, *Le Refus du réel*, Paris, Robert Laffont, 1977.

TUBIANA Maurice, *Le Cancer*, Paris, PUF, coll. « Que-Sais-Je ? », 1985.

ULENE Art, *Feeling Fine*, Los Angeles, J.P. Tarcher, 1977.

VEGH Claudine, *Je ne lui ai pas dit au revoir*, Paris, Gallimard, 1979.

WEITZ Shirley (dir.), *Nonverbal Communication*, 2e éd., New York, Oxford University Press, 1979 [Recueil d'une quinzaine de textes sur la communication non verbale, de Darwin et Davies à Kendon et Schützenberger].

WINKIN Yves (dir.), *La Nouvelle Communication*, éd. revue et augmentée, Paris, Seuil, 2000 [Articles sur la communication non verbale traduits de l'américain

– Textes : Bateson Scheflen, Jackson, Watzlawick, Goffman, Sigman…].

Wirsching Michael, Stierling Helm, Hoffmann Florian, Weber Gunthard, Wirsching Barbara, « Psychological Identification of Breast Cancer Patients Before Biopsy », *Journal of Psychosomatic Research*, 26, 1, 1982, p. 1-10.

Wolf Stewart, « Effects of Suggestion and Conditionning on the Action of Chemical Agents in Human Subjects: The Pharmacology of Placebos », *Journal of Clinical Investigation*, 29, 1950, p. 100-109.

Ziegler Jean, *Les Vivants et les Morts*, Paris, Seuil, 1978.

Revues

- Institute for Advancement of Health. Voir www.iha4health.org.
- *Advances in Mind-Body Medicine*, Fetzer Institute, New York, Churchill Livingstone [Revue résumant et critiquant les nouvelles recherches en psycho-neuro-immunologie].
- *L'Impatient*, mensuel d'information et de défense des consommateurs de soins médicaux, Paris, 1977-1997 : n° 22, Psychisme et cancer, septembre 1979 ; n° 23, Prévenir le cancer, octobre 1979 ; n° 24, Le cancer, comment s'en tirer, novembre 1979.
- *Revue de médecine psychosomatique et de psychologie médicale*, Toulouse, Privat, 1966-1983.
- *Lumen Vitae*, Bruxelles, Centre international d'études de la formation religieuse : n° 5, Mort et présence, numéro spécial sur la mort et le cancer présenté par André Godin, 1971.
- *Symbiose*, Paris, Éditions Symbiose, 1938-1988 : n° 38, *Médecines douces*, septembre-octobre, 1984.
- *Fondamental*, Villejuif, Association pour la recherche sur le cancer, 1978-2008 : n° 8, Les thérapeutiques parallèles du cancer.
- *Santé du monde*, Genève, OMS, depuis 1957 : « Cancer, la lutte continue », sept.-oct. 1981 ; « La recherche sur le cancer », mars 1982.

• *Revue du praticien*, XXXVI-9, numéro spécial sur les soins palliatifs, 11 février 1986.
• *Cahiers de la SIRES*, Paris, Société internationale de recherche pour l'environnement et la santé, depuis 1982 : n° 213, « Cancérogène et tests de diagnostic précoce du cancer ».
• *Journal of the Mind/Body Arts and Sciences*, Novato (CA), SOMATICS Institute for Somatic Research, depuis 1976 [Toutes les approches psychocorporelles et biocorporelles].
• *Trames : actualité de la psychanalyse*, Nice, Z'Éditions depuis 1986 : n° 20, « La psychanalyse face au cancer », novembre 1995.

Recherche scientifique récente

ACHTERBERG Jeanne, *Imagery in Healing*, Boston, Shambhala, 1985.

BORYSENKO Joan, *Penser le corps, panser l'esprit*, Paris, Interéditions, 1988.

GREER S., MCEWAN P.J.M. (dir.), « Cancer and the Mind », *Social Science and Medicine*, 20, 1985, p. 771-853.

GROSSARTH-MATICEK R., BASTIAAN J., KANAZIR D., « Psychosocial Factors as Strong Predictions of Mortality from Cancer, Ischemic Heart Disease and Stroke : Yugoslav Prospective Study », *Journal of Psychosomatic Research*, vol. 29, 1985, pp. 167-176.

MAULTSBY Maxie C., *Rational Behavior Therapy*, New Jersey, Prentice Hall, 1984.

ROSSI Ernest Lawrence, *Psychologie de la guérison*, Paris, Desclée de Brouwer, 1993.

SPIEGEL David, KRAEMER H.C., BLOOM J.R., GOTTHEIL E.C, « The Effect of Psychosocial Treatment on Survival of Patients with Metastasic Breast Cancer », *Lancet*, vol. II, 8668, 14 oct. 1989, p. 888-891.

THOMAS C.B., DUSZYNSKI D.R., « Closeness to Parents and the Family Constellation in a Prospective Study of Five Disease States : Suicide, Mental Illness,

Malignant Tumor, Hypertension and Coronary Heart Disease », *The John Hopkins Medical Journal*, 134, 1973, p. 251-270.

Autobiographies de malades Quelques ouvrages recommandés par des malades

BARASCH Marc, *The Healing Path*, New York, Putnam, 1993.

BLANQUET Jocelyne, *Mon chemin du bout de la vie*, Deaux, J. Blanquet, 1983 [Récit de malade].

BOEGNER Philippe, *Les Punis*, Paris, Stock, 1978. [Autobiographie d'un fumeur atteint, opéré et guéri de son cancer].

BRIOT Henry, *Hodgkin 33 33*, Montréal, Éditions du Jour, 1974 [Autobiographie d'un malade guéri, ayant utilisé de nombreuses thérapies avec l'aide de son médecin Jeanne Toussaint].

BROUSSE Simone, *On peut vaincre le cancer*, Paris, Édinat, 1982 [Une malade parle de sa guérison].

COUDERC Monique, *J'ai vaincu mon cancer*, Paris, Belfond, 1977 [Livre d'une malade qui se dit guérie par le jeûne].

COUSINS Norman, *Comment je me suis soigné par le rire*, Paris, Payot, coll. « Petite Bibliothèque Payot », 2003 [Un malade parle de sa guérison – d'une maladie réputée mortelle du collagène, la spondylarthrite ankylosante – par le rire et la vitamine C en mégadoses].

DUQUESNE Jean-Claude, *Dites plutôt : c'est un cancer*, Paris, Le Centurion, 1980 [Récit de malade].

FERAOUN Mouloud, *Le Fils du pauvre, 1954*, Paris, Seuil, 1982 [Roman autobiographique d'un auteur du Maroc, parlant de visualisation antidouleur].

GRAHAM Judy, *Judy Graham et la primevère du soir. Une maladie de civilisation, la sclérose en plaques*, Paris, Épi, 1983 [Récit d'une journaliste malade (sclérose en plaques) et stabilisée, et très active].

GRANGE Anne-Dominique, *Papa m'entends-tu ?*, Paris, L'Harmattan, 2004.

LA BROSSE Sabine de, *La Force de vaincre*, Paris, J.-C. Lattès, 1979 [Récit de malade].

LAMBRICHS Louise, *Le Livre de Pierre. Psychisme et cancer*, Paris, La Différence, 1995.

MARTINEAU Gaston, *Mon cancer et moi*, Le Mans, 1981.

PRÉVOST Françoise, *Ma vie en plus*, Paris, Stock, 1975 [Roman. L'auteur a eu le cancer].

SARDA François, *Le Droit de vivre et de mourir*, Paris, Seuil, 1975 [Livre d'un malade qui se guérit par la macrobiotique].

SATTILARO Anthony, *Rappelé à la vie. Une guérison du cancer*, Paris, Calmann-Lévy, 1983 [Livre d'un malade qui se dit guéri par la macrobiotique].

SEGAL Patrick, *L'homme qui marchait dans sa tête*, Paris, Le Livre de poche, 1977 [Récit autobiographique tonique d'un jeune homme, demi-paralysé depuis son accident, de sa lutte pour se rééduquer et sa réussite].

SIMONTON Carl, *L'Aventure d'une guérison*, avec Reid Henson, Brenda Hampton, Paris, J'ai lu, 1994 [Récit d'une malade guérie d'un cancer terminal, lettres avec quelques commentaires de Carl Simonton. Trad. de l'américain].

ZORN Fritz, *Mars*, Paris, Gallimard, 1980 [Roman autobiographique anonyme d'un malade suisse mort du cancer, et de sa psychanalyse].

Différentes psychothérapies. Quelques ouvrages disponibles

Sur le psychodrame et le jeu de rôle familial

- ANCELIN SCHÜTZENBERGER Anne, *Le Psychodrame : théorie et pratique* (1966), 4e éd., Paris, Payot, coll. « Petite Bibliothèque Payot », 2008.
- ANCELIN SCHÜTZENBERGER Anne, *Le Jeu de rôle*, 5e éd., Paris, ESF, 1995.

- HOLMES Paul, KARP Marcia (dir.), *Psychodrama : Inspiration and Technique*, Londres, Routledge, 1991 [Avec article d'Anne Ancelin Schützenberger].
- LEUTZ Grete, *Mettre sa vie en scène. Le psychodrame*, Paris, Épi, 1985.
- MORENO J. L., *Psychothérapie de groupe et psychodrame. Introduction théorique et clinique à la socianalyse* (1965), 2e éd., Paris, PUF, 1987.
- SALOMÉ Jacques, *Les Mémoires de l'oubli*, Plombières-les-Dijon, Le Regard Fertile, 1984.

Sur la gestalt-thérapie

- GINGER Serge, *La Gestalt. Une thérapie du contact*, Alleur, Marabout, 1995.
- PERLS Fritz, *Rêves et existences en gestalt-thérapie*, Paris, Épi, 1972.

Sur le rêve éveillé dirigé

- DESOILLE Robert, *Le Rêve éveillé dirigé*, Paris, PUF, 1956.
- DESOILLE Robert, *Théorie et pratique du rêve éveillé dirigé*, Genève, Mont-Blanc, 1961 ; rééd., *Entretiens sur le rêve éveillé dirigé en psychothérapie*, Paris, Payot, 1973.

Sur l'analyse transactionnelle et les « scripts de vie »

- BERNE Éric, *Des jeux et des hommes*, Paris, Stock, 1966 [Le fondateur de l'analyse transactionnelle].
- ENGLISH Fanita, *Aventures en analyse transactionnelle et autres vraies histoires*, Paris, Épi, 1984.
- HARRIS Thomas Anthony, *D'accord avec soi et les autres : guide pratique de l'analyse transactionnelle*, nouv. éd., Paris, Desclée de Brouwer, 2011.
- JAOUI Gysa, *Le Triple moi*, Paris, Robert Laffont, 1981.
- STEINER Claude, *Des scénarios et des hommes*, Paris, Épi, 1984.

Sur l'analyse bioénergétique

- LOWEN Alexander, *La Peur de vivre*, 6e éd., Paris, Desclée de Brouwer, 1997.

• Lowen Alexander, *La Bioénergie*, Paris, Robert Laffont, 1978.

Sur diverses thérapies psycho-bio-émotionnelles et les nouvelles thérapies

• Ancelin Schützenberger Anne, *Le Corps et le Groupe. Les nouvelles thérapies de groupe, de la Gestalt à la bioénergie, aux groupes de rencontre et à la méditation*, Toulouse, Privat, 1997.
• Marc Edmond, *Guide pratique des nouvelles thérapies*, Paris, Retz, 1982.

Sur la psychanalyse

• Freud Sigmund : l'ensemble de son œuvre, dont une grande partie se retrouve chez Payot, dans la collection « Petite Bibliothèque Payot ».
• Groddeck Georg, *Le Livre du Ça*, Paris, Gallimard, 1973.

Sur les thérapies familiales

• Boszormenyi-Nagy Ivan, Spark Geraldine, *Invisible Loyalties : Reciprocity in Intergenerational Family therapy*, New York, Harper & Row, 1973.
• Bowen Murray, *La Différenciation du soi. Les Triangles et les systèmes émotifs familiaux*, Paris, ESF, 1984.
• ElKaïm Mony, *Panorama des thérapies familiales*, Paris, Seuil, 2003.
• ElKaïm Mony (dir.), *À quel psy se vouer ? Psychanalyse, psychothérapies, les principales approches*, Paris, Seuil, 2003.
• Heireman Magda, *Du côté de chez soi. La thérapie d'Ivan Beszeremnyi-Nagy*, 2e éd. Paris, ESF, 1996.
• Masson Odette, « Les Personnes et leurs rôles dans les systèmes familiaux morphostatiques », *Bulletin de psychologie*, Paris, Sorbonne, numéro spécial de psychologie clinique VI, XXXVI, n° 360, juin, 1983.
• Satir Virginia, *Thérapie du couple et de la famille. Thérapie familiale*, 4e éd., Paris, Épi, 1983.

Soins de confort, soins palliatifs

- Abiven Maurice, *Pour une mort plus humaine*, Paris, Intereditions, 1990.
- Beth Blandine, *L'Accompagnement du mourant en milieu hospitalier*, 2e éd., Paris, Doin, 1986.
- Jomain Christiane, *Mourir dans la tendresse*, Paris, Le Centurion, 1984.
- Kübler-Ross Élisabeth, *La Mort, dernière étape de la croissance*, Monaco, Éditions du Rocher, 1985.
- Saunders Cicely, Baines Mary, *La Vie aidant la mort*, Paris, Medsi, 1986.
- Sebag-Lanoë Renée, *Mourir accompagné*, 6e éd., Paris, Desclée de Brouwer, 1996.
- Tavernier Monique, *Ce malade qui ne sait plus guérir*, Paris, Éditions nationales administratives et juridiques, 1987.
- Tavernier Monique, *Les Soins palliatifs*, Paris, PUF, coll. « Que sais-je ? », 1991.
- Van Erseel Patrick, *La Source noire*, Paris, Grasset, 1986.

Sur les thérapies transgénérationnelles et le génosociogramme

- Abraham Nicolas, Török Maria, *L'Écorce et le Noyau* (1976), Paris, Flammarion, coll. « Champs », 2001.
- Ancelin Schützenberger Anne, *Aïe, mes aïeux !*, 16e éd., Paris, Desclée de Brouwer, 2015.
- Collectif, *Cahiers critiques de thérapie familiale*, n° 25, *Le Génogramme et thérapie familiale*, Bruxelles, De Boeck, 2001.
- Gaulejac Vincent de, *La Névrose de classe. Trajectoire sociale et conflits d'identités*, 2e éd., Paris, Hommes et Groupes, 1995.
- Heinemann Magda, *Du côté de chez soi. La thérapie d'Ivan Beszeremnyi-Nagy*, 2e éd. Paris, ESF, 1996.
- McGoldrick Monica, Gerson Randy, *Génogrammes et entretien familial*, Paris, ESF, 1990.
- Offroy Jean-Gabriel, *Le Choix du prénom*, Marseille, Hommes et Perspectives, 1993.

- *Real Justice* et *Restaurative Justice*, restauration de la justice et conférences, voir le site www.realjustice.org.
- Tisseron Serge, *Secrets de famille, mode d'emploi*, Paris, Ramsey, 1986.
- Vigouroux François, *Le Secret de famille*, Paris, PUF, 1993.

Associations

De nombreuses associations luttent pour une meilleure information et une aide directe aux malades. Nous ne pouvons pas les citer toutes et nous le regrettons mais la Fédération peut les indiquer. **Mise en garde** : Attention aux dérives et aux sectes (*cf.* rapport du Parlement, Paris, janvier 1996).

- La Ligue nationale française contre le cancer : information, campagnes annuelles, aide aux malades. Édite la revue *Vivre* et le service « Écoute Cancer », ligue-cancer.net.
- Fondation ARC pour la recherche sur le cancer, fondation-arc.org.
- Fédération nationale des centres de lutte contre le cancer, unicancer.fr.
- Collectif interassociatif sur la santé (CISS), leciss.org.
- Le Comité national contre le tabagisme (CNCT), cnct. r.
- La ligue Vie et Santé, liguevieetsante.fr.
- Association pour le développement des soins palliatifs (ASP), aspfondatrice.org.
- Fondation contre le cancer, cancer.be.
- Ligue suisse contre le cancer, liguecancer.ch.

Quelques ouvrages classiques explicatifs sur le cancer et ses diverses thérapies

- Amiel Jean-Louis, Rouëssé Jacque, *Cancérologie*, Paris, Masson, 1984.
- Amiel Jean-Louis, *Cinquante questions et réponses sur le cancer*, Paris, Masson, 1983.
- Denoix Denoix Pierre, *Clefs pour la cancérologie*, Paris, Seghers, 1974 [Livre expliquant en détail les différentes sortes de cancers, avec de nombreux dessins, tableaux et cartes (par le Dr Denoix, de l'hôpital de Villejuif)].
- Holland James F., Frei Emil, *Cancer Medecine*, 8e éd., Shelton (Conn.), People's Medical Publication, 2010 [La bible des cancérologues américains].
- Israël Lucien, *Le Cancer aujourd'hui*, Paris, Grasset, 1976.
- Jacquillat Claude *et alii*, *Les Cancers. Guide clinique, pronostique et thérapeutique*, Paris/Montréal, Maloine/Décarie, 1986 [Pour un public cultivé].
- Mathé Georges, *Dossier cancer*, Paris, Stock, 1977 [Les principales armes du cancérologue].
- Tubiana Maurice, *Le Cancer*, Paris, PUF, coll. « Que-Sais-Je ? », 1985.

Quelques ouvrages sur les méthodes classiques et complémentaires

- Cameron Ewan, Pauling Linus, *La Vitamine C contre le cancer. La nature et les causes du cancer et le rôle de la vitamine C dans sa prévention ou son traitement*, Montréal, L'Étincelle, 1982.
- Collectif, *Cancer, les usagers s'en mêlent*, Fédération des usagers de la santé, Paris, Desclée de Brouwer, 1985.
- Cousins Norman, *La Biologie de l'espoir. Le rôle du moral dans la guérison*, Paris, Seuil, 1991.
- Glasser Ronald, *C'est le corps qui triomphe,* Paris, Robert Laffont, 1977 [Livre explicatif sur le fonction-

nement du corps, des cellules, des thérapies et des découvertes les plus récentes, en particulier les leucocytes, l'immunologie et l'ADN].

- LAGARDE Philippe, *Ce qu'on vous cache sur le cancer*, Lausanne, Favre, 1981.
- RENARD Léon, *Le Cancer apprivoisé de l'être humain*, Aubagne, Quintessence, 2006.
- RUEFF Dominique, *Choisir la vie. Nouveaux combats contre le cancer*, Paris, Le Hameau, 1984.
- SIEGEL Bernie, *Vivre la maladie. Trouver ses propres réponses pour l'affronter*, Paris, Anne Carrière, 1996.
- SIEGEL Bernie, *L'Amour, la médecine, les miracles*, Paris, Robert Laffont, 1989.

Recherches sur les rémissions spontanées et guérisons de longue durée

BARASCH Marc, *The Healing Path*, New York, Putnam, 1993 [Malade opéré et guéri].

BESSETTE Luc (dir.), *Le Travail du deuil comme processus de guérison*, Montréal, MNH Publications, 1995.

BOYD William, *The Spontaneous Regression of Cancer*, Springfield, C.C. Thomas, 1966.

EVERSON Tilden C., COLE WARREN H., *Spontaneous Regression of Cancer*, Philadelphie, J.B. Saunder and Co., 1966.

GOTTHARD Booth, « Psychobiological Aspects of Spontaneous Regressions of Cancer » *Journal of the American Academy of Psychanalysis*, 1, 1973, p. 103ss.

HIRSBERG Carlyle, O'REAGAN Brendan, *Spontaneous Remission : An Annoted Bibliography*, San Francisco, Institute of Noetic Sciences, 1993 [3 500 références de 800 revues médicales].

KENT Jaleyne *et alii*, « Unexpected Recoveries : Spontaneous Remission and Immune Functionning », *Advances. Journal of the Institute for the Advancement of Health*, 6, 1990, p. 66-73.

O'REAGAN Brendan, *Healing, Remission and Miracles Cares : Special Report*, San Francisco, Institute of Noetic Sciences, 1987.

PAPAC Rose J., « Spontaneous Regression of Cancer », *Connecticut Medicine*, 54, 4 avril 1990, p. 180.

PAPAC Rose J., « Idiopatic Regression of Cancer », *in* Luc Bessette (dir.), *Le Travail du deuil comme processus de guérison*, Montréal, MNH Publications, 1995, p. 443-448.

ROUD Paul, *Making Miracles : An Exploration into the Dynamics of Self Healing*, New York, Warner, 1990.

SAUNDERS CHALLIS G.B., STAM H.J., « The Spontaneous Regression of Cancer : A Review of cases 1900-1987 », *Acta Oncological*, 29, 1999, p. 545-549.

SCHILDER Johannes Nicolaas, « Long Term Surviving Cancer Patients and the Ultimate : A Study of Psychosocial Factors Involved », *in* Luc Bessette (dir.), *Le Travail du deuil comme processus de guérison*, Montréal, MNH Publications, 1995, p. 449-459.

WICKRAMESCKERA Ian, « A Conditioned Response Model of the Placebo Effect : Predictions from the Model », in Leonard White, Bernard Tursky, Gary Schwartz (dir.), *Placebo, Theory, Research and Mechanisms*, New York, Guilford, 1985, p. 255-287 [Analysé dans Barasch et Rossi].

Bibliographie sur les secrets, secrets de famille et les transmissions familiales

ABRAHAM Nicolas, TÖRÖK Maria, *L'Écorce et le Noyau* (1976), Paris, Flammarion, coll. « Champs », 2001.

ABRAHAM Nicolas, TÖRÖK Maria, « Introjecter-incorporer. Deuil ou mélancolie », *Nouvelle revue de psychanalyse*, « Destins du cannibalisme », n° 6, 1972, p. 111-122.

ANCELIN SCHÜTZENBERGER Anne, *Les Secrets de famille*, conférence et application-démonstration, Avignon, Palais des Papes, 2003 [Voir Ancelin Schützenberger Anne, Navard Françoise & Champonnier Hélène,

2 cassettes vidéo, auprès de « Journées d'Accords », journeesdaccords@wanadoo.fr].

ANCELIN SCHÜTZENBERGER Anne, « Les secrets de famille, les non-dits, et le syndrome d'anniversaire », *in* Joyce Aïn (dir.), *Transmissions, liens et filiations, secrets et répétitions*, Toulouse, Erès, 2003 [En collaboration avec Catherine Dolto, Boris Cyrulnik, Serge Tisseron *et alii*, quatre « Carrefours de Toulouse » sur la transmission et le secret, 1999-2002].

ANCELIN SCHÜTZENBERGER Anne, « Secrets, secrets de famille et transmissions », *Cahiers critiques de thérapie familiale et de pratiques de réseaux*, Secrets, secrets..., n° 33, Bruxelles, De Boeck, 2004/2.

ANCELIN SCHÜTZENBERGER Anne, « Le génosociogramme », *Cahiers critiques de thérapie familiale et de pratiques de réseaux*, Le génogramme et la thérapie familiale, n° 25, Bruxelles, De Boeck, 2000/2.

ANZIEU Didier, HOUZEL Didier *et alii*, *Les Enveloppes psychiques* (1987), 2e éd., Paris, Dunod, 2003.

ARENDT Hannah, *Le Système totalitaire*, Paris, Seuil, 1979.

ATHANASSIOU-POPESCO Cléopâtre, JOUVET Anne, GUIGNARD Florence, *L'Enfant et la Crèche*, Lyon, Césura Lyon édition, 1987.

AULAGNIER Piera, *La Violence de l'interprétation. Du pictogramme à l'énoncé* (1975), 7e éd., Paris, PUF, 2003.

BEGOIN Jean, « Le soi et l'autre. Solitude, altérité et aliénation », *Cahiers de psychologie clinique*, n° 14, 2000/1, p. 23-52.

BERGERET Jean, *La Violence fondamentale. L'Inépuisable Œdipe* (1984), 2e éd., Paris, Dunod, 2010.

BION Wilfred Ruprecht, *L'Attention et l'Interprétation. Une approche scientifique de la compréhension intuitive en psychanalyse et dans les groupes*, Paris, Payot, 1970.

BION Wilfred Ruprecht, *Transformations. Passage de l'apprentissage à la croissance* (1965), 3e éd., Paris, PUF, 2010.

BION Wilfred Ruprecht, *Éléments de psychanalyse* (1963), 2e éd., Paris, PUF, 2002.

BION Wilfred Ruprecht, *Aux sources de l'expérience* (1962), 3e éd., Paris, PUF, 1996.

BOYER Jean-Pierre, PORRET Philippe, « L'échographie obstétricale. Premières remarques à propos d'un changement épistémologique », *Neuropsychiatrie de l'enfance et de l'adolescence*, n° 35, 1987, p. 8-9.

BRAZELTON T. B., « Communication patterns. Internal working models and the intergenerational transmission of attachment relationships », *Infant Mental Health Journal*, 11, 3, 1990, p. 237-252.

BYDLOWSKI Monique, *Je rêve un enfant*, Paris, Odile Jacob, 2000.

BYDLOWSKI Monique, *La Dette de vie*, 5e éd., Paris, PUF, 2008.

BYDLOWSKI Monique, *Les Enfants du désir. Désirs de la fertilité*, 22e éd., Paris, Odile Jacob, 2008.

COBLENCE Françoise, *Serge Lebovici*, Paris, PUF, 1996.

CRAMER Bertrand, PALACIO-ESPASA Francisco, « Les bébés font-ils un transfert ? Réponse à Serge Lebovici », *La Psychiatrie de l'enfant*, XXXVII, 2, 1994, p. 429-441.

CRAMER Bertrand, PALACIO-ESPASA Francisco, *La Pratique des psychothérapies mères-bébés. Études cliniques et techniques*, Paris, PUF, 1993.

CYRULNIK Boris, *Murmure de fantômes*, Paris, Odile Jacob, 2003.

DAVID Myriam, APPELL Geneviève, *Lóczy ou le maternage insolite* (1973), Toulouse, Erès, 2008.

DEBRAY Rosine, *Bébés/mères en révolte. Traitements psychanalytiques conjoints des déséquilibres psychosomatiques précoces*, Paris, Le Centurion, 1987.

DÉCANT-PAOLI Dominique, « À la recherche de la sécurité perdue de l'enfant », *in* Simon-Daniel Kipman, Danielle Rapoport (dir.), *La Sexualité oubliée des enfants*, Paris, Stock, 1993.

DÉCANT-PAOLI Dominique, « Approche haptopsychothérapeutique de la souffrance », *in* Aïn Joyce (dir.), *Souffrances. Quel sens aujourd'hui ?*, Toulouse, Erès, 1992, p. 123-134.

DÉCANT-PAOLI Dominique, GELBER Thomas, REVARDEL Jean-Louis, « Préface », *in* Frans Veldman, *Haptonomie, science de l'affectivité*, 9e éd., Paris, PUF, 2007.

DENIS Paul, « Séduction de l'image, image de la séduction », in *Emprise et satisfaction. Les deux formants de la pulsion*, Paris, PUF, 2002, p. 179-199.

DEVROEDE Ghislain, *Ce que les maux de ventre disent de notre passé*, Paris, Payot, coll. « Petite Bibliothèque Payot », 2003.

DIATKINE René, *L'Enfant dans l'adulte ou l'éternelle capacité de rêverie*, Paris, Delachaux et Niestlé, 1994.

DIATKINE René, « Le psychanalyste et l'enfant avant l'après-coup ou le vertige des origines », *Nouvelle revue de psychanalyse*, L'Enfant, 19, 1979.

DOLTO Françoise, *Le Sentiment de soi*, Paris, Gallimard, 1997.

DOLTO Françoise, *L'Image inconsciente du corps* (1984), Paris, Seuil, coll. « Points », 2014.

DOLTO-TOLITCH Catherine, *L'Haptonomie périnatale*, CD audio, Paris, Gallimard, 1999.

DOLTO-TOLITCH Catherine, « Dialogue haptonomique pré et post-natal, sécurité affective et ouverture au langage », *Présence haptonomique, Actes du deuxième congrès d'haptonomie, Paris, Palais des Congrès, 1995*, 3, janvier 1996, p. 112-126 ; paru également dans *Rééducation orthophonique*, XXXIII, Paris, juin 1995, p. 139-153.

DORAY Bernard, « Carnet Psy », *Le Carnet-Psy*, 6, 1, 1995.

EMDE Robert N., SORCE James F., « The Rewards of Infancy. Emotional Availability and Maternal Referencing », *in* Justin Call, Eleanor Galenson, Robert Tyson (dir.), *Frontiers of Infant Psychiatry*, New York, Basic Books, 1983.

FERRO Antonio, *Devenir adulte. Problèmes de théorie et de technique psychanalytique*, conférence, Journées Sépéa, septembre 2002.

FONAGY Peter, « Développement de la psychopathologie de l'enfant à l'âge adulte. Le mystérieux déploiement des troubles dans le temps », *La Psychiatrie de l'enfant*, vol. 44, 2001/2.

FRAIBERG Selma, *Fantômes dans la chambre d'enfants*, 3e éd., Paris, PUF, 2012.

FREUD Sigmund, *L'Homme Moïse et la religion monothéiste* (1939), Paris, Payot, coll. « Petite Bibliothèque Payot », 2014.

FREUD Sigmund, *Le Moi et le Ça* (1923), Paris, Payot, coll. « Petite Bibliothèque Payot », 2010.

FREUD Sigmund, *L'Inquiétant familier* (1919) suivi du *Marchand de sable* d'E.T.A. Hoffmann, Paris, Payot, coll. « Petite Bibliothèque Payot », 2011.

FREUD Sigmund, *Pour introduire le narcissisme* (1938), Paris, Payot, coll. « Petite Bibliothèque Payot », 2012.

FREUD Sigmund, *Totem et tabou* (1912), Paris, Payot, coll. « Petite Bibliothèque Payot », 2001.

FREUD Sigmund, *Psychologie des foules et analyse du moi* (1921), Paris, Payot, coll. « Petite Bibliothèque Payot », 2012.

GAULEJAC Vincent de, *L'Histoire en héritage. Roman familial et trajectoire sociale*, Paris, Payot, coll. « Petite Bibliothèque Payot », 2012.

GIDE André, *Si le grain ne meurt* (1924), Paris, Gallimard, coll. « Folio », 1993.

GINESTET-DELBREIL Suzanne, *La Terreur de penser. Sur les effets transgénérationnels du trauma*, Plancoët, Diabase, 1997.

GINESTET-DELBREIL Suzanne, « L'histoire de Freud, de la psychanalyse et des psychanalystes par un acteur », *Revue de l'École freudienne de Paris*, Lettres de l'École, n° 25, La transmission, 1979.

GIONO Jean, *Que ma joie demeure* (1935), in *Œuvres romanesques complètes II*, Paris, Gallimard, coll. « Bibliothèque de la Pléiade », 1972.

GOLSE Bernard, « Transmettre la transmission. Un point commun aux différentes thérapies conjointes parents-enfants », *in* Joyce Aïn (dir.), *Transmissions. Liens et filiations, secrets et répétitions*, Ramonville-Saint-Agne, Erès, 2003, p. 203-221.

GRANJON Evelyn, « Transmission psychique et transferts en thérapie familiale psychanalytique », *Gruppo*, 5, 1989.

GRANOFF Wladimir, *Filiations. L'avenir du complexe d'Œdipe* (1975), Paris, Gallimard, coll. « Tel », 2001.

GREEN André, « De la tiercéité », in *La Psychanalyse. Questions pour demain, Colloque de la SPP, Unesco, Paris, 14-15 janvier 1989*, Paris, PUF, 1990.

HAAG Geneviève, « La mère et le bébé dans les deux moitiés du corps », *Neuropsychiatrie de l'enfance et de l'adolescence*, 33, 2-3, 1985, p. 107-114.

HILGARD Josephie R., NEWMAN Martha F., « Evidence for functional genesis in mental illness, schizophrenia, depressive psychosis, and psychoneurosis », *Journal of Nervous and Mental Disease*, n° 132, 1961/1, p. 3-16.

HILGARD Josephine R. « The Anniversary Syndrome as Related to Late-Appearing Mental Illness in Hospitalized Patients », *in* Ann-Louise Silver (dir.), *Psychoanalysis and Psychosis*, New York, International University Press, 1989

HOUZEL Didier, *L'Aube de la vie psychique*, Paris, ESF, 2002.

HOVASSE Jean-Marc, *Victor Hugo*, Paris, Fayard, 2001.

HUSSERL Edmund, *Sur l'intersubjectivité*, Paris, PUF, 2001, 2 vol.

KAËS René, FAIMBERG Haydée, *et alii*, *Transmission de la vie psychique entre générations*, 2e éd., Paris, Dunod, 2003.

KAËS René, FAIMBERG Haydée, *et alii, L'autre, cliniques, cultures et sociétés*, 1, « Nourritures d'enfances », Grenoble, La Pensée sauvage, 2000.

KAËS René, FAIMBERG Haydée, *et alii, L'autre, cliniques, cultures et sociétés*, 8, « Désirs d'enfant », Grenoble, La Pensée sauvage, 2002.

LEBOVICI Serge, *L'Arbre de vie. Éléments de psychopathologie du bébé*, 2e éd., Toulouse, Erès, 2009.

LEBOVICI Serge, « Quelques notes sur la genèse et l'évolution du surmoi », in *Surmoi II : les développements postfreudiens*, Paris, PUF, 1995.

LEBOVICI Serge, « Interview », in *Psychiatrie humanitaire en ex-Yougoslavie et en Arménie*, Paris, PUF 1995.

LEBOVICI Serge, « La pratique des psychothérapies mères-bébés par Bertrand Cramer et Francisco Palacio-Espasa », *La Psychiatrie de l'enfant*, XXXVII, 2, 1994, p. 415-427.

LEBOVICI Serge, *En l'homme, le bébé*, Paris, Flammarion, coll. « Champs », 1994.

LEBOVICI Serge, « Empathie et "enactment" dans le travail de contre-transfert », *Revue française de psychanalyse*, LVIII, 5, 1994, p. 1551-1561.

LEBOVICI Serge, « L'homme dans le bébé », *Revue française de psychanalyse*, n° 58, 1994/3, p. 661-680.

LEBOVICI Serge (en collaboration avec S. Stoleru), *Le Nourrisson, la Mère et le Psychanalyste*, Paris, Le Centurion, 1983.

MAIN Mary, KAPLAN Nancy, CASSIDY Jude, « Security in infancy, childhood and adulthood. A move to the level of representations », *Monographs of the Society for Research in Child Development*, Growing Points of Attachment Theory and Research, n° 50, 1/2, 1985, p. 66-104.

MALE Pierre, DOUMIC-GIRARD Alice, BENHAMOU Françoise, SCHOYY Marie-Claude, *Psychothérapie du premier âge. De la théorie à la pratique*, Paris, PUF, 1975.

MANDLER Jean M., « Representation », in J.H. Flavell, E.M. Markman (dir.), *Cognitive Development, vol. 3 : Handbook of Child Psychology*, 4e éd., New York, Wiley, 1983, p. 420-494.

MELTZER Donald, « Le conflit esthétique » (1986), in *Donal Meltzer à Paris (1984-2002) : conférences et cas cliniques*, Larmor-Plage, Éditions du Hublot, 2013.

MILNER Marion, « Le rôle de l'illusion dans la formation du symbole. Les concepts psychanalytiques sur les deux fonctions du symbole », *Journal de la psychanalyse de l'enfant*, 8, 1990, p. 244-278.

MILNER Marion, *L'Inconscient et la Peinture. Une approche psychanalytique du dessin chez l'enfant et l'adulte*, Paris, PUF, 1976.

MISSONNIER Sylvain, « Des consultations et des psychothérapies sur Internet ? », *Carnet-Psy*, n° 45, 1999.

MORENO J. L., *Psychothérapie de groupe et psychodrame. Introduction théorique et clinique à la socianalyse* (1965), 2e éd., Paris, PUF, 1987.

MORO Marie Rose, *Enfants d'ici venus d'ailleurs. Naître et grandir en France*, Paris, La Découverte, 2002.

Moro Marie Rose, *Psychothérapie transculturelle des enfants et des adolescents*, 2e éd., Paris, Dunod, 2011.

Nadel Jacqueline, Decety Jean (dir.), *Imiter pour découvrir*, Paris, PUF, 2002.

Nadel Jacqueline, *Imitation et communication entre jeunes enfants*, Paris, PUF, 1986.

Nathan Tobie, *Psychanalyse païenne*, Paris, Odile Jacob, 2000.

Nelson Katherin *et alii*, *Event Knowledge : Structure and Function in Development*, Hillsdale (N.J.), Erlbaum, 1986.

Perez-Sanchez Manuel, Abello Nùria, « L'unité originaire », *Revue française de psychanalyse*, 4, 1986.

Puyuelo Rémy, « On te le dira quand tu seras plus grand », in *Le Nouveau Roman familial ou on te le dira quand tu seras plus grand*, Paris, ESF, 1984.

Puyuelo Rémy, L'*Enfant du jour, l'enfant de la nuit*, Paris, Delachaux et Niestlé, 2002.

Racamier Paul-Claude, *Le Génie des origines. Psychanalyse et psychose*s, Paris, Payot, 1992.

Filiations, Lieux de l'enfance, n° 11, Toulouse, Privat, 1987.

Ricœur Paul, *Soi-même comme un autre* (1990), Paris, Seuil, coll. « Points », 2015.

Ricœur Paul, *Essais d'herméneutique* (1969), Paris, Seuil, coll. « Points », 2013.

Rossi Ernest L., Cheek David, *Mind-Body Therapy : Methods of Ideodynamic Healing in Hypnosis*, New York, Norton, 1986.

Segal Hannah, « Notes sur la formation du symbole », *Revue française de psychanalyse*, XXXIV, 4, 1970, p. 685-696.

Shcank Roger C., Abalson Robert, *Scripts, Plans, Goals and Understanding*, Hillsdale (N.J.), L.Erlbaum Associates, 1977.

Sheldrake Rupert, *Le Septième Sens. Les pouvoirs de l'esprit étendu*, Monaco, Éditions du Rocher, 2004.

Sheldrake Rupert, *La Mémoire de l'univers*, Monaco, Éditions du Rocher, 1989 [Sur les champs morphogénétiques].

SHELDRAKE Rupert, *New Science of Life. Hypothesis of Formative Causation*, Londres, Paladin Books, 1987 [Sur les résonances morphiques].

STERN Daniel N., « Une manière de construire un nourrisson cliniquement pertinent », *Revue de médecine psychosomatique*, 37-38, 1994.

STERN Daniel N., « L'enveloppe prénarrative », *Journal de la psychanalyse de l'enfant*, Naissance de la pensée, processus de pensée, 14, 1993, p.13-65.

STERN Daniel N., *Journal d'un bébé*, Paris, Calmann-Lévy, 1992.

STERN Daniel N., *Le Monde interpersonnel du nourrisson. Une perspective psychanalytique et développementale* (1989), 2e éd., Paris, PUF, 1997.

STOLLER Robert Jesse, *Recherche sur l'identité sexuelle*, Paris, Gallimard, 1978.

TARDOS Anne, DAVID Myriam, « De la valeur de l'activité libre dans l'élaboration du self », *Devenir*, 3, 4, 1991, p. 9-33.

THÉRY Irène, « L'homme désaffilié », *Esprit*, Malaise dans la filiation, décembre 1996.

TISSERON Serge, *Psychanalyse de l'image* (1995), 3e éd., Paris, Dunod, 2005.

TISSERON Serge, *Tintin chez le psychanalyste. Essai sur la création graphique et la mise en scène de ses enjeux dans l'œuvre d'Hergé*, Paris, Aubier-Archimbaud, 1985.

TREVARTHEN Colwyn, « Racines du langage avant la parole », *Devenir*, IX, 1997/3.

TREVARTHEN Colwyn, « The Foundation of Intersubjectivity. Development of Interpersonal and Cooperative Understanding in Infants », *in* D.R. Olson (dir.), *The Social Foundation of Language and Thought : Essays in Honor of Jerome S. Bruner*, New York, W.W. Norton, 1980.

VALLON S., « L'île mystérieuse », colloque Répétition/Novation, *L'Imparfait*, 6, revue de la Fédération d'espaces analytiques, 1986.

VELDMAN Frans, « Prolégomènes à une neurophysiologie de la phénoménalité haptonomique », *Présence haptonomique*, 2, Paris, 1990.

VELDMAN Frans, *Haptonomie, science de l'affectivité*, 9e éd., Paris, PUF, 2007.

WATILLON-NAVEAU Annette, « Essai d'élaboration théorique des thérapies conjointes. Magie ou psychanalyse ? », *Revue belge de psychanalyse*, 28, 1996, p. 51-65.

WHITE B., « L'évolution d'un modèle », *Devenir*, 10, 1998/4, p. 7-22.

WILLIAMS Gianna, *Paysages intérieurs et corps étrangers*, Marmor-Plage, Éditions du Hublot, 1998.

WINNICOTT Donald W., *La Crainte de l'effondrement et autres situations cliniques*, Paris, Gallimard, 2000.

WINNICOTT Donald W., *La Petite « Piggle ». Traitement psychanalytique d'une petite fille,* Paris, Payot, 1980.

WINNICOTT Donald W., *Jeu et réalité. L'espace potentiel* (1971), Paris, Gallimard, coll. « Folio Essais », 2002.

WINNICOTT Donald W., *De la pédiatrie à la psychanalyse*, Paris, Payot, 1989.

WOLTON Dominique, *Internet et après ? Une théorie critique des nouveaux médias*, Paris, Flammarion, 1999.

YEHUDA Rachel, « Low Urinary Cortisol Excretion in Holocaust Survivors with Post Traumatic Stress Disorders », *American Journal of Psychiatry*, 152, 1995, p. 982-996.

REMERCIEMENTS

Je voudrais remercier ici Fraga Tomazi, qui a aimablement relu le texte et les épreuves, Véronique Rat-Morris qui a relu et revérifié la bibliographie, Marie-Claude Bonnet qui a pris en Antartique la photographie de l'oiseau en vol dans la lumière reproduit en couverture de l'édition grand format (DDB), Evelyne Bissone Jeufroy, qui a partagé son expérience de coach aidant dans les tourments et les tourmentes de la vie, et Yves Raffner (Desclée de Brouwer) pour son aimable patience et son efficacité.

TABLE

SECONDE PARTIE
Questions – Réponses – Échanges – Cas cliniques

ANNEXES

Composition et mise en pages : Facompo, Lisieux

Achevé d'imprimer en février 2016
par CPI (Barcelona)

Dépôt légal : mars 2016

Imprimé en Espagne